审 计 与 法 治 丛 书

吴先聪 ◎ 著

国有企业境外投资审计

State-Owned Enterprises Audit of Overseas Investment

知识产权出版社
全国百佳图书出版单位
—北京—

图书在版编目（CIP）数据

国有企业境外投资审计 / 吴先聪著 . —北京：知识产权出版社，2021.9
（审计与法治丛书）
ISBN 978-7-5130-7535-0

Ⅰ.①国… Ⅱ.①吴… Ⅲ.①国有企业—对外投资—审计—中国 Ⅳ.①F239.63

中国版本图书馆 CIP 数据核字（2021）第 091532 号

责任编辑：雷春丽　　　　　　　　　责任校对：潘凤越
封面设计：智兴设计室．段维东　　　责任印制：孙婷婷

审计与法治丛书
国有企业境外投资审计
吴先聪　著

出版发行：	知识产权出版社有限责任公司	网　　址：	http://www.ipph.cn
社　　址：	北京市海淀区气象路 50 号院	邮　　编：	100081
责编电话：	010-82000860 转 8004	责编邮箱：	leichunli@cnipr.com
发行电话：	010-82000860 转 8101/8102	发行传真：	010-82000893/82005070/82000270
印　　刷：	北京九州迅驰传媒文化有限公司	经　　销：	各大网上书店、新华书店及相关专业书店
开　　本：	787mm×1092mm　1/16	印　　张：	13.75
版　　次：	2021 年 9 月第 1 版	印　　次：	2021 年 9 月第 1 次印刷
字　　数：	272 千字	定　　价：	68.00 元
ISBN 978-7-5130-7535-0			

出版权专有　侵权必究
如有印装质量问题，本社负责调换。

序 言

2020年1月，习近平总书记对审计工作做出重要指示，强调审计工作要在党中央统一领导下，适应新时代新要求，紧紧围绕党和国家工作大局，全面履行职责，坚持依法审计，完善体制机制，为推进国家治理体系和治理能力现代化作出更大贡献。因此，有必要从审计与法治融合的视角出发，加强审计法治化研究，这是习近平法治思想在审计领域的具体体现，也是强化审计监督保障作用的必备环节，更是我国经济行稳致远、社会安定和谐的重要保障。

审计与法治联动在国家经济安全、政府权力监督、民主法治建设、民生政策落实、体制机制完善等国家治理现代化方面都起着举足轻重的作用。审计与法治联动，可以化解重大风险，维护国家财政经济安全；审计与法治联动，可以有效遏制各类违法违规行为，打击并严惩贿赂、贪污、腐败等问题；审计与法治联动，可以使人民群众了解各级政府及其部门履职担责情况，推进国家社会共治；审计与法治联动，还可以加强民生政策的有效落实，切实维护好、实现好人民群众的切身利益。因此，审计与法治联合发力，必将推进国家治理体系和治理能力现代化。

西南政法大学监察审计学院（商学院）作为在传统政法院校中发展起来的专门从事商科教育与研究的学院，既有商科教育的专业优势，又有学校法学学科的依托，是全国唯一一所设立审计与法治博士点培育学科的院校。西南政法大学还与国家审计署审计科研所、中国审计学会共建"审计与法治研究中心"，中心由学院审计学科负责建设。西南政法大学监察审计学院（商学院）抽调骨干教师，编写《审计与法治丛书》，力求推出一套回应时代所需、论证充分的研究成果，本丛书具有以下特点。

一、聚焦审计发展中的热点、难点与前沿问题

当前，世界经济增长持续放缓，仍处在国际金融危机后的深度调整期，加之受新型冠状病毒肺炎疫情影响巨大，世界大变局加速演变的特征更趋明显。审计是党和国

家监督体系的重要组成部分，因此需要审计科研乘势而上精准发力，及时揭示和反映经济社会各领域的新情况、新问题、新趋势，本丛书聚焦审计发展中的热点、难点与前沿问题，例如，国家审计与地方政府债务监管问题、资本市场开放后企业社会责任与审计问题、党内监督与审计监督问题以及国有企业境外投资审计问题等。积极回应时代需求，系统深入地研究审计与法治的重点问题，力求解决中国现实问题。

二、以审计学科为基础，融合多学科，填补出版空白

多学科融合研究，常常能够获得单一学科研究无法获得的创新成果。本丛书以审计学科为基础，融合法学、经济学、公共管理学等多学科进行全方位、多层次、多视角研究，分析典型案例，分别对审计促进国家治理、审计法治、审计管理、企业审计等审计重点领域进行深入探讨，力求为国家决策提供切实有效的智力支持。本丛书的出版可在一定程度上填补我国该领域的出版空白。

三、丛书构建

本丛书先后召开编写会议十余次，由中国审计学会会长孙宝厚同志对每本书的论证要点、结构框架、重点问题进行线上或者现场指导。

《审计与法治丛书》包含专著共12部，围绕审计促进国家治理、审计法治、审计管理、企业审计等审计工作的重点领域开展研究，力求推出一套来源可靠、切实有效、论证充分的研究成果。审计学科属于实践性较强的学科，同时，限于资料的有限性，我们力争论述严谨，但也恐有所疏漏，还请各位读者批评指正。

郑国洪
2021年2月28日于毓秀湖畔

目 录

第一章　导　论 // 001
　　第一节　国有企业境外投资审计的重要性　// 001
　　第二节　国有企业境外投资与国有企业境外投资审计的内涵　// 005
　　第三节　国有企业境外投资审计研究理论与动态　// 007
　　第四节　本书研究目的、内容框架与特色　// 012

第二章　国有企业境外投资及其监管 // 017
　　第一节　国有企业境外投资现状分析　// 017
　　第二节　国有企业境外投资监管现状　// 030
　　本章小结　// 041

第三章　国有企业境外投资审计现状与困境 // 043
　　第一节　国有企业境外投资审计概述与特征　// 043
　　第二节　国有企业境外投资审计现状　// 045
　　第三节　国有企业境外投资审计面临的困难　// 056
　　本章小结　// 061

第四章　国有企业境外投资审计目标与重点 // 062
　　第一节　国有企业境外投资政策落实　// 062
　　第二节　国有企业境外投资资金使用　// 067
　　第三节　国有企业境外投资合规性　// 070
　　第四节　国有企业境外投资领导人责任履行情况　// 074
　　本章小结　// 078

第五章　国有企业境外投资审计目标实现路径 // 079
　　第一节　完善对外投资审计法律环境　// 079
　　第二节　利用其他审计工作　// 083

第三节 开展协同审计 // 087
第四节 利用信息技术开展审计 // 094
本章小结 // 100

第六章 基于大数据技术的国有企业境外投资审计 // 101
第一节 国有企业境外投资大数据审计必要性分析 // 101
第二节 国有企业境外投资大数据审计可行性分析 // 104
第三节 国有企业境外投资大数据审计平台与流程 // 105
第四节 国有企业境外投资大数据审计平台应用 // 110
第五节 国有企业境外投资大数据审计案例分析 // 114
本章小结 // 120

第七章 国有企业境外并购审计 // 121
第一节 国有企业境外并购概述 // 121
第二节 国有企业境外并购审计的概念和特点 // 129
第三节 国有企业境外并购审计程序 // 130
第四节 国有企业境外并购审计案例分析 // 135
本章小结 // 142

第八章 国有企业境外工程建设项目审计 // 143
第一节 国有企业境外工程建设项目审计概述 // 143
第二节 国有企业境外工程建设项目审计内容 // 147
第三节 国有企业境外工程建设审计案例分析 // 165
本章小结 // 171

第九章 国有企业境外投资涉税审计 // 172
第一节 国有企业境外投资的主要涉税事项 // 172
第二节 国有企业境外投资涉税审计范围、目标和重点 // 179
第三节 国有企业境外投资涉税审计的现状与问题 // 188
第四节 完善国有企业境外投资涉税审计的建议 // 193
第五节 国有企业境外投资涉税审计案例分析 // 196
本章小结 // 206

主要参考文献 // 208

后 记 // 213

第一章 导 论

第一节 国有企业境外投资审计的重要性

一、国有企业境外投资制度背景

自中国共产党十一届三中全会打开改革开放的大门以来,国有企业一直未停止改革的步伐。从1992年开始,国家制定了一系列政策鼓励企业"走出去",党的十四大报告明确了这一政策。2001年12月11日,中国加入世界贸易组织(World Trade Organization,简称WTO),这一举措标志着我国企业将全面参与世界经济的竞争。自此,国有企业开始大胆地走出国门。党的十七大报告中再次提出"走出去"战略,2013年习近平总书记发起"一带一路"倡议,党的十九大报告提出要提高国有企业的全球竞争力。这些部署为国有企业境外投资业务蓬勃发展铺平了道路。截至2018年底,中国有超过2.7万家的境内投资者在全球188个国家(或地区)设立对外直接投资企业4.3万家,全球80%以上国家(或地区)都有来自中国的投资。中国在"一带一路"沿线国家(或地区)设立境外企业超过1万家,2018年当年直接投资流量178.9亿美元,年末存量1727.7亿美元。中国对外直接投资存量前20位的国家(或地区)占总额的91.7%。[①]2018年,中国对外直接投资涵盖18个行业大类,租赁和商务服务、金融、制造、批发零售四个行业投资占比超七成,流向信息传输、科学研究和技术服务、电力生产、文化教育等领域的投资快速增长。国有企业作为境外投资主力军,对我国国家经济利益和经济安全的影响日益扩大。

随着"走出去"战略的逐步开展,国有企业对外投资规模日益扩大。但是,国际环境的复杂性、多变性等特点使得境外投资面临诸多风险,例如,法律风险、政治风险、经济风险等,加上我国对境外投资业务的监管力度有所欠缺,其风险未得到有效控制,因此,国有企业境外投资项目暴露出一系列问题。例如,利比亚事件中中国建筑集团有限公司、中国葛洲坝集团股份有限公司等国有建筑企业由于项目

---

① 商务部.商务部等部门联合发布《2018年度中国对外直接投资统计公报》[R/OL].[2019-12-06].http://www.gov.cn/xinwen/2019-09/13/content_5429649.htm.

国有企业境外投资审计

停止造成了亿元亏损[①];中国铁建股份有限公司建造的沙特轻轨项目造成人民币41亿元的亏损[②]。上述案例均显示,国有企业在国内彰显的良好的经营状况在境外投资中并未实现,且亏损事件不断发生。当前,国际政治局势不稳定、贸易摩擦不断升级、新型冠状病毒肺炎疫情仍在蔓延,这种不确定环境下的境外投资随时都面临新挑战、新风险。因此,为了防止国有资产流失,目前加强国有企业境外投资审计比任何时候都重要。

事实上,很多国家已有比较成熟的境外投资审计机制。美国、加拿大、英国、法国、日本等国家均成立了专门的审计机构负责境外资产审计,必要时对海外资产进行现场审计。美国主要对使领馆等驻外非经营性机构、对外援助实施审计;加拿大审计署把对境外国有资产投资和援助的审计视为其财务或者绩效审计的一部分,必要时赴境外审计;英国审计署在英国外交部、国际援助部以及这些部门资助的单位(例如海外文化处),每年挑选一些驻在外国的拨款机构进行审计;法国审计法院针对法国所属的公共部门(例如大使馆或法国海外学校)在海外的活动,会赴现场进行审计;澳大利亚审计署对涉及特定政府机构的国外业务,通常会派出审计组赴境外进行现场审计;日本审计院对政府开发援助项目,有权与受援国政府合作,对项目进行现场调查;印度主计审计长公署目前在美国华盛顿、英国伦敦和马来西亚吉隆坡设立审计办公室,负责使领馆等的审计。美国、加拿大、英国等审计机关境外审计实践表明,对境外国有资产实施审计是国际审计界的共识(马广军,2017)。

就我国而言,针对国有企业境外资产安全和国有资产保值增值存在的重大隐患,中华人民共和国审计署(以下简称审计署)在2009年底的全国审计工作会上提出,2010年将加大对境外机构和境外国有资产的审计力度,更好地服务于"走出去"战略[③]。国务院、国务院国有资产监督管理委员会(以下简称国资委)把"深入开展国际化经营"列为2015年的七大重点任务之一。2016年6月,审计署发布的《"十三五"国家审计工作发展规划》强调,要落实涉外审计领域的具体目标和工作重点,建立健全更为严格的境外国有资产审计监督机制,对国有企业境外投资逐步规范到位。2016年底审计署也提出,审计署将从2017年开始加大对国有企业境外投资的审计力度(秦伊,2017)。十九大报告提出要坚决打好防范化解重大风险的攻坚战,境外投资风险也是其中很重要的一部分。2017年3月,中共中央办公厅、国务院办公厅印发了《关于

---

① 王金岩. 利比亚危机伤及中国企业 涉13家央企188亿美元[EB/OL].[2019-12-06].https://news.qq.com/a/20110524/000285.htm.

② 余丰慧. 中铁建沙特轻轨项目净亏逾41亿元 将由国家埋单[EB/OL].[2019-12-06].http://news.sohu.com/20110630/n312072742.shtml.

③ 审计署. 2010年将加大对境外国有资产的审计力度[EB/OL].[2020-08-22].http://news.cri.cn/gb/27824/2009/12/28/3785s2716775.htm.

深化国有企业和国有资本审计监督的若干意见》，标志着国有企业和国有资本审计监督体系和制度进一步完善。《关于深化国有企业和国有资本审计监督的若干意见》提出了深化国有企业和国有资本审计监督的总体思路，明确了要把国有企业境外投资纳入重点审计范围，要求国有企业走到哪里，审计就跟进到哪里，不留死角[1]。李克强总理在2018年4月27日国务院第一次廉政工作会议上指出要加强国有企业境外投资监管体系建设。党的十九届五中全会强调，全面提高对外开放水平，推动贸易和投资自由化、便利化，推动共建"一带一路"高质量发展，积极参与全球经济治理体系改革。这些针对国有企业境外投资监管的政策均说明，我国对境外投资的重视程度，以及随着对外投资规模的不断扩大，加强对国有企业境外投资监管的重要性。因此，国家审计有利于国有资产保值增值、有利于提高国有经济竞争力、有利于扩大国有资本功能。可以看出，国家审计在监督国有资产保值增值方面任务重、地位高。实务中，多数国家和地区不接受其他国家的国家审计，而且不愿意分享审计资源和审计结果，因此，国有企业境外投资审计难以实现。如何完善国有企业审计制度体系，尤其是国有企业境外投资审计，是实务界和学术界讨论的热点，也是摆在我们面前的一道难题。本书将在详细分析我国国有企业境外投资现状、审计及其他监管现状的基础上，深入研究国有企业境外投资审计目标、范围和重点，以及审计实现路径、方式和手段，并用案例详细阐述国有企业境外投资大数据审计实现路径、境外并购审计实现路径、境外工程建设项目审计实现路径和境外投资涉税审计实现路径。

二、国有企业境外投资审计研究的意义

（一）理论意义

国有企业境外投资的审计监督着力于发现国有企业和国有资本管理运营中存在的普遍性、倾向性、典型性问题，关注体制性障碍和制度性缺陷，反映发展运营中的突出矛盾和风险隐患，积极提出解决重大问题和推动改革发展的建议。国有企业境外投资是国有资本流向中不可忽视的方向之一，近几年得到快速发展，然而，境外投资面临着各种风险，复杂的国际形势导致国有企业抗风险能力受到巨大挑战，容易造成国有资产流失，国家审计可以增强国有经济活力、控制力、影响力和抗风险能力，防范国有资产流失。因此，审计机关只有将境外国有资产纳入审计监督范围，才能真正实现对国有资产审计的全覆盖，才能有效发挥审计促进国家治理体系和治理能力现代化的作用，才能真正参与到全球经济治理体系改革之中。对国有企业境外投资审计的研

---

[1] 中共中央办公厅、国务院办公厅印发《关于深化国有企业和国有资本审计监督的若干意见》[EB/OL]．[2020-08-22]．http：//www.gov.cn/zhengce/2017-03/31/content_5182496.htm.

究可以丰富国有企业境外投资审计理论、方法，完善国有资产审计监管体系。目前，就国有企业境外投资审计的研究很少，且主要停留在现象层面探讨审计风险和概念层面讨论审计制度，没有较为系统的界定审计范围、目标、重点的文献，没有境外投资审计方法、审计流程的系统研究，更没有审计模式及其实现路径的探讨。因此，本书的研究填补了这一空白。

（二）实践意义

国有企业境外投资审计的地位日益凸显。境外投资审计，可以为国有企业扩大境外市场，帮助国有企业提升国际竞争能力，使得我国在世界经济舞台上拥有更多话语权，为我国企业在对外贸易中争取到更多税收优惠。

1. 为审计机构实现境外投资审计提供思路、方法和技术

由于各国（或地区）政治制度、法律制度、文化背景等不同，国家审计人员很难被接受进行现场审计，加上地域的限制导致信息不对称、证据无法获取，并且境外投资回收期长、投资运作方式复杂多变等特点，导致境外投资审计面临诸多风险和时空限制。因此，国家审计机构很难完成国有企业境外投资的审计工作。通过研究分析，本书提出多种境外审计实现路径，具体包括：购买社会审计、利用境外投资企业内部审计工作、共享境外国家（或地区）审计结果，构建大数据审计平台等方式解决国家审计机构境外审计难以实现的问题。本书在对国有企业境外审计的现状和困境分析的基础上，从审计主体、审计对象、审计目标、审计重点及审计实现路径等方面进行深入研究，提出了一套可供借鉴的国有企业境外投资业务审计方案框架，为顺利开展境外投资审计提供思路。

2. 帮助国有企业成功"走出去"和"挣回来"

虽然近二十年来国有企业境外投资得到了快速发展，但是投资仍然不足。无论是投资决策选择、项目管理过程，还是资金使用等方面，都存在诸多问题，使得国有企业不能成功"走出去"，或者"走出去"的企业未能"挣回来"，导致国有资本无法实现保值增值，个别国有企业甚至严重亏损、血本无归。因此，对国有企业的境外投资业务进行审计已经成为审计署关注的重要课题。国家审计可以加强国有企业境外投资管理，防范境外投资风险，提高投资效益，维护境外国有资产的安全完整和保值增值，帮助国有企业"走出去"的同时能够"挣回来"。

3. 提高国有企业在国际市场的竞争力

国有企业综合能力的提升能够提高国家的政治地位。审计可以帮助国有企业提高决策能力、经营管理能力和资金使用效率,从而提高企业的风险控制能力和国际竞争力。由于"走出去"的国有企业面对的国际税务环境复杂多变,各国(或地区)税制不尽相同,因而境外投资的法律形式选择、架构搭建、融资安排、商业模式等,都将影响国有企业的税收,从而影响投资收益。本书对国有企业境外投资涉税审计的研究,可以为国有企业境外投资涉税审计实务操作和理论研究提供参考,为减少税务纠纷、增强盈利能力提供指导。因此,本书的研究成果对确保国有企业境外投资税收政策落实、提高资金绩效、维护境外国有资产保值增值和推动沿线投资国税收交流合作等方面有所助益,希望本书能够帮助企业规避境外投资涉税风险,助力企业提高全球竞争力。

4. 助力国有企业参与全球经济治理体系改革

国家审计不仅在国家治理体系中发挥着重要作用,而且将在推动共建"一带一路"高质量发展过程中发挥全球经济治理的作用。在坚持实施更大范围、更宽领域、更深层次对外开放的政策背景下,国有企业将积极投入国际合作、扩大投资规模、拓展投资形式,促进世界经济的繁荣发展。但是在新型冠状病毒肺炎疫情仍在持续和国际局势不稳定等不确定因素背景下,经济全球化遭遇逆风,世界经济增长乏力,发展鸿沟日益突出,地区冲突频繁发生,恐怖主义、极端主义等全球性挑战此起彼伏,使得境外投资项目并不顺利,半路夭折的不在少数。在世界处于大发展、大变革、大调整之际,全球治理供给已明显落后于治理需求,现行全球治理体系已无法适应时代发展。加强全球治理、推进全球治理体制变革已是大势所趋。对国有企业境外投资审计正是国家审计参与全球经济治理体系的途径和实现方式。

第二节 国有企业境外投资与国有企业境外投资审计的内涵

一、国有企业境外投资的内涵

(一)境外投资的概念

关于境外投资的概念,商务部、国资委及国家发展和改革委员会(以下简称国家发改委)分别进行了界定。

(1)2014年10月6日起施行的《境外投资管理办法》(商务部令2014年第3号)第2条规定,本办法所称境外投资,是指在中华人民共和国境内依法设立的企业通过新设、并购及其他方式在境外拥有非金融企业或取得既有非金融企业所有权、控制权、经营管理权及其他权益的行为。

（2）2017年1月7日起施行的《中央企业境外投资监督管理办法》（国务院国有资产监督管理委员会令第35号）第2条规定，本办法所称境外投资是指中央企业在境外从事的固定资产投资与股权投资。

（3）2018年3月1日起施行的《企业境外投资管理办法》（国家发展和改革委员会令2017年第11号）第2条规定，本办法所称境外投资，是指中华人民共和国境内企业直接或通过其控制的境外企业，以投入资产、权益或提供融资、担保等方式，获得境外所有权、控制权、经营管理权及其他相关权益的投资活动。

由上可见，商务部、国资委及国家发改委对境外投资的界定不同，本书讨论的境外投资项目为国有企业在境外的固定资产投资与股权投资。

（二）境外投资的主要形式

境外投资主要包括但不限于下列情形：
（1）获得境外土地所有权、使用权等权益；
（2）获得境外自然资源勘探、开发特许权等权益；
（3）获得境外基础设施所有权、经营管理权等权益；
（4）获得境外企业或资产所有权、经营管理权等权益；
（5）新建或改扩建境外固定资产；
（6）新建境外企业或向既有境外企业增加投资；
（7）新设或参股境外股权投资基金。

（三）国有企业境外投资

国有企业是指国务院和地方人民政府分别代表国家履行出资人职责的国有独资企业、国有独资公司以及国有资本控股公司，包括中央和地方国有资产监督管理机构和其他部门所监管的企业本级及其逐级投资形成的企业。

国有企业境外投资是指国有企业在香港特别行政区、澳门特别行政区和台湾地区，以及中华人民共和国以外通过新设、并购、合营、参股及其他方式，即国有企业直接或通过其控制的境外企业，以投入资产、权益等方式，取得企业法人和非法人项目［以下统称境外投资企业（项目）］所有权、控制权、经营管理权及其他权益的行为。具体而言，国有企业境外投资是指国有企业为了在境外进行生产、销售、融资、经营或研发，通过投入货币、有价证券、实物、知识产权或技术、股权、债权等资产和权益或提供担保的方式，获得境外所有权、经营管理权及其他相关权益，例如，收益分配权、资产支配权、资源勘探或开发权等的活动。

二、国有企业境外投资审计的内涵

（一）审计目标

国有企业境外投资审计是指我国国家审计机关在开展国有企业审计过程中，对投资到境外的国有资产、运用到境外的国家财政、财务资金等境外投资业务的真实、合法、效益情况进行的审计，审计活动贯穿境外投资决策、运营、绩效评价等全过程。

（二）审计对象

国有企业境外投资审计对象主要包括：
（1）国有企业境外投资政策落实；
（2）国有企业境外投资资金使用；
（3）国有企业境外投资合规性；
（4）国有企业境外投资领导人责任履行情况；
（5）国有企业境外投资的其他方面。

（三）审计范围

国家审计机关对国有企业境外投资业务审计的范围主要包括：
（1）国有企业资产在境外投资的经营性机构；
（2）国有企业资产或国家财政资金在境外开设的非经营性机构；
（3）国有企业资产或国家财政资金提供的一些对外无偿援助；
（4）国有企业资产购买外国政府的主权外债等境外债券、在股票市场购买非控股公司的股票等；
（5）国有企业资金对外承揽的工程；
（6）国有企业资产（资金）进行境外资源开发的项目。

第三节　国有企业境外投资审计研究理论与动态

一、国有企业境外投资审计研究的理论基础

（一）境外投资保险制度理论

境外投资保险又称海外投资保险，是投资者向保险机构申请保险后，保险机构对

海外投资者在境外可能遇到的政治风险以及其他非商业性风险提供的保证或保险。即若承保的政治风险以及其他非商业性风险发生，导致投资者遭受损失，则由国内保险机构补偿其损失的制度。目前，大多数国家在国际条文中都用"海外投资保证"来取代"海外投资保险"，因此，海外投资保险制度又称"海外投资保证制度"。虽然从一般意义上说两者是基本一致的，但是从严格法律意义上说，两者是有较大区别的，就投资保险而言，通常只是在一定的条件下按照投资额度的一定比例进行赔偿，而投资保证则是对所遭受损失进行的全部赔偿。对国有企业境外投资进行审计更适用海外投资保险，它是一种抵御各类风险的政策性保险制度。境外投资保险又分为单边投资保险与双边投资保险。在单边投资保险制度下，由投资者所在国单独制定境外投资保险制度，设立保险机构，并不要求投资接受国确认或缔结双边协定，属于国内法调整范围。而双边投资保护协定（Bilateral Investment Treaty，简称BIT）是指国家与国家之间为保护、鼓励和促进本国投资者在对方境内投资而签署的双边条约，是调整国际投资关系最重要的国际法手段和国际投资法律体系中的重要组成部分，主要包括投资促进、投资待遇、征收、投资损失和损害赔偿、外汇转移和代位求偿、"保护伞"、投资方与被投资方的争议解决等条款。在双边投资保险制度下，以对外投资国与投资接受方共同签署具有法律效力的协议为前提，它要求投资接受国予以确认。无论是双边投资协定还是多边投资协定，因属于政府间的协议，均属于国际法范畴。因此，境外投资保险是由政府机构或公营公司承保的，是出于保护投资，不以营利为目的，是以国家信用为基础的一种特殊保险活动与政策性业务，是从国家层面为企业境外投资与国际化经营打造的风险管理平台，它通过事前预防（投保）、事后补偿的方式，来帮助企业在境外投资经营中防范与控制可能发生的政治风险并对因政治风险造成的损失加以补偿。因此，境外投资保险不仅类似民间商业保险强调事后补偿，而且更注重防患于未然。国家审计机关对国有企业境外投资决策、项目经营管理过程、资金使用的合法合规、投资效率等方面进行全面审计，实现了对境外资产的保险功能，起到了防止国有资产流失的作用。

（二）委托代理理论

贝利和米恩斯（Berle and Means，1932）创造性地发现了现代企业所有权与控制权分离的基本特征，两权分离是所有组织情境中委托代理关系产生的根源。而委托代理关系中各种问题产生的一个最大原因就是信息不对称，由于信息不对称带给利益相关者的机会和损失是不均等的，这使得在委托代理关系中，代理人拥有的信息远大于被代理人获知的信息。同时由于代理人和被代理人两者的目标不一致，直接导致代理人的一些行为不符合契约规定，从而给信息匮乏的被代理人带来经济和其他方面的损失。公共权力运行机制下存在比现代企业更为复杂的多层级委托代理关系。通常来讲，公共权力都不能由全体公民直接行使，需要委托政府行使，此时公民是委托人，政府是代理人，这是原始的委托代理关系。政府内部从上到下划分为若干科层，每一个行政级别的划分都代表一次权力的授予，从而产生新一级委托代理关系，称为派生的委托代理关系（郑石桥，2014）。国有企业呈现的委托代理关系就是典型的派生委托代理关系，具有"公众—政府—国资委—企业董事会—企业高管"多层级委托代理关系。如果企业高管与公众的目标不一致，那么高管就有可能利用手中的权利牟取私利，侵占公众的利益。因此，当受托责任关系建立起来之后，客观上就需要对受托人进行监督，而审计作为一个独立的第三方，应当对委托人实行独立的经济监督活动。由于国有企业境外投资业务的多层级代理关系和复杂交易关系，对其经济活动开展监管的任务繁重，仅靠国家审计很难实现，需要以国家审计机关为主体，协同社会审计和内部审计机构，加上其他监督机构相互配合，才能对国有企业境外投资等活动进行全面观察和监督，从而有效地减少信息不对称、揭露隐藏的不法行为、减少国有资产流失。

二、国有企业境外投资审计的研究动态

国有企业境外投资审计的研究还处在起步阶段，已有研究主要从境外投资风险、境外投资审计法律规范和境外投资审计的现状与问题等方面进行了探讨。

（一）国有企业境外投资风险

境外投资风险分为宏观层次风险、中观层次风险和微观层次风险。宏观层次风险主要来源于国家法律、政治和经济等方面；中观层次的风险主要来源于行业；微观层次的风险主要来源于结算、外汇等方面（许晖、姚力瑞，2006）。目前，中国企业境外投资多集中在非洲、东南亚和拉美国家和地区，其主要面临以下四类不规范风险：股权比例风险、金融汇兑风险、经营风险和关税市场准入风险（陶短房，2007）。国有企业境外投资的风险分为企业投资决策风险、境外融资风险、投资环境风险、境外投资保护风险、政府监管及服务风险等（李清文，2008）。

除此之外，境外投资还面临法律风险、制度风险、金融风险、市场风险、文化冲突风险（于丁一，2010）、自然灾害风险（单淑敏，2014）。当然，这些风险不是孤立的，存在一定的内在关联性。肖军、刘玉明（2016）认为，国有企业在境外承包工程时，可能因为国内工程建设经验和市场规则不完全适应、不熟悉国际工程市场运行规则和技术规范、缺乏国际工程管理人才和国际工程合作机制、缺乏一套科学完善的境外项目建设风险管理体系等劣势造成国有资产流失。国有企业在"一带一路"沿线投资的高风险是多种因素共同作用的结果，形成复杂的"组态效应"（马轶群、倪敏、李勇五，2020）。

（二）国有企业境外投资审计监管的法律规范

虽然经济合作与发展组织（Organisation for Economic Co-operation and Development，简称 OECD）（2005）发布的《经济合作与发展组织国有企业公司治理指南》（The OECD Guidelines on Corporate Governance of State-Owned Enterprises）在其首篇第 1 条就提出要"为国有企业确立一个有效的法律和规制框架"。该指南指出，依据法律法规，明确国有资产主体之间、被审计主体与国有资产运行主体间的权利义务关系，提高审计的权威性和连续性，有利于国有资产更稳定地运行。但是我国尚未有一套完备的专门适用于国有企业境外投资监管的法律，因此境外投资审计监管缺乏相应的法律依据（李海燕、李新净、任双梅，2010）。境外投资审计立法严重滞后于实践需要，不仅立法数量少、立法层级低，而且现有立法主要规定一些原则性问题，缺乏实际的可操作性，完全不能满足境外投资审计的实际需要（李慈强，2014）。由于缺乏法律依据和完善的规章制度，审计人员难以对国有企业境外投资的效率效果、资金使用的合规性等做出客观评价（李琬珩、唐滔智，2015）。目前主要是《中华人民共和国审计法》（以下简称《审计法》）对国有资产境外投资审计做了法律层面的规定，但仅从宏观层面对境外国有资产审计进行了授权，未对境外国有资产审计的组织方式、审计范围和审计评价等进行规定，缺乏实施细则。而且，相关法规对境外国有资产监管的规定重前期轻后期，企业"走出去"后监管部门往往不能及时有效地对境外资产实施监督。因此，审计署要积极探索对境外国有资产审计的规则、制度和方法（林忠华，2016）。

（三）国有企业境外投资审计的现状与问题

美国跨国公司成立了专门的第三方审计机构——国际审计委员会，对境外投资进行审计，审计结果向外部独立董事汇报。一套全面的高质量审计标准特别重要，能在一个国家（或地区）和另一个国家（或地区）之间凸显竞争优势，促进公司管理决策全球化。

我国关于境外审计的文献，最早可以追溯到"境外企业审计"课题研究组（1994）的《关于境外企业审计的综合研究报告》，该报告对境外企业审计的必要性和依据、审计内容、审计程序、评价标准等进行了专题研究，为我国早期开展国有企业境外投资审计提供了理论指导。

审计署、国资委和财政部对境外投资有监管权，但是没有统一的领导部门或协作机制，存在"多头政策、多头监管"的问题，不仅增加了监管成本，而且造成监管盲区。目前，对境外资产主要采取外派监事会进行监督，或是委托注册会计师对国有企业的年度财务报表、决算报表等进行审计（张龙平、李淼，2014），这种监管方式不得力，无法保证国有资产保值增值。虽然国家对境外投资审计既有国内法上的依据，也有国际法上的依据，但是由于境外国有资产及经营管理受到我国和被投资方法律制度的双重影响，国家审计的公权力属性决定了境外审计的实施将与外国政府部门或机构发生管辖权冲突和适用法律上的冲突（王克玉，2014）。在审计全覆盖背景下，国家审计亟须"走出去"，但国家审计对境外投资审计实践还在摸索中寻找出路（徐薇，2015）。国家审计机关到境外实施实地审计还存在诸多问题，例如，国有企业境外投资审计方面的法律法规缺乏实施细则，没有明确审计范围，审计组织方式也不确定，造成实地审计无法落地，给审计定性和评价带来困难。另外，传统审计方法不适应境外投资审计（林忠华，2016）。总之，种种原因导致国有企业境外投资审计举步维艰。但是，总是要想办法"走出去"，建议加大国有企业境外投资审计力度，坚持境内外审计统筹规划、整体部署，采取灵活多样的审计方式（刘家义，2016）。而且，对境外国有资产实施审计是国际审计界的共识（马广军，2017）。国有企业境外投资审计因其情况复杂而面临多种风险，难以根据经验进行提前预估，因此，审计重点的确定尤为重要（陈新秀，2017）。李兰雄（2017）认为，国有企业境外投资审计中应主要关注决策内容的适当性、决策程序的完备性、组织实施的有效性、资金使用的合规性以及项目运营的效果性。马轶群、倪敏、李勇五（2020）认为国家审计的重点在于改变境外投资高风险的发生条件。

（四）已有研究学科贡献评述

已有文献主要对国有企业境外投资风险、境外投资法律监管以及境外投资审计现状、审计制度等方面进行了研究，取得了一些成果。学者们的研究主要从现象层面分析了国有企业境外投资的现状，提出了诸如要建立境外投资风险分析指标体系、谨慎评估审计风险并应执行恰当的审计程序、加强对国有企业境外投资项目管理的审计等宏观的建议。但是如何实现审计监管以防范国有企业境外投资风险却鲜有学者深入研究，尤其是国家审计机关如何实现对国有企业境外投资业务进行审计监督的相关研究就更少了。而且实践中，国家审计机关到境外实施实地审计还存在诸多障碍，例如，国有企业境外投资审计方面的法律法规缺乏实施细则，没有明确审计范围和重点，审计组织方式也存在不确定性等问题，导致境外审计无法实施，给审计工作带来困难，无法形成审计结论。

本书将在详细分析我国国有企业境外投资现状、境外投资审计及其他监管现状的基础上，深入研究国有企业境外投资审计目标、范围和重点，探索审计实现的路径、方式和手段，并用案例详细阐述国有企业境外投资大数据审计实现路径、境外并购审计实现路径、境外工程建设项目审计实现路径和境外投资涉税审计实现路径。

第四节　本书研究目的、内容框架与特色

一、本书研究目的

在"一带一路"倡议下，国有企业境外投资业务突飞猛进，但是亏损案例时有发生，使得国有资产不但没有增值，反而流失了。为了实现国有资产保值增值，必须加强对国有资产的监督力度。中央政府对国有企业境外投资的监管非常重视，出台了一系列政策措施。其中一项是要充分发挥国家审计在保护境外投资资产中的作用。在国家审计全覆盖的要求下，国有企业境外投资审计势在必行。但在实务中，国有企业境外投资审计困难重重，无法顺利实施。本书试图为解决国家审计机关对境外投资审计"难"的问题提供理论和实证依据。具体目标如下：

（1）在分析国有企业境外投资审计的现状和困境的基础上，探讨国有企业境外投资审计的目标、范围和重点，构建国有企业境外投资审计目标的实现路径，为审计机关开展境外投资审计提供理论依据。

（2）基于"大智移云"信息技术，构建大数据审计平台、实施流程和方法，以解决境外投资现场审计不可行的问题，为审计机关开展境外投资审计提供新思路、新方法。

（3）深入国有企业境外投资审计实务，制定境外工程建设项目审计、境外并购审计和境外投资涉税审计等的审计程序、具体方法和流程，并利用具体案例演示说明程序和方法的运用。研究结果为审计机关开展境外投资审计提供方法指南，帮助国有企业减少税务风险，助力境外投资的国有资产实现保值增值。

二、研究内容的总体框架

本书主要研究内容包括以下几个方面：

第一章介绍了国有企业境外投资审计研究的制度背景、重要性、研究意义和相关概念。介绍了相关理论基础，梳理了国有企业境外投资审计相关的研究动态，最后阐述了本书研究目的、内容框架与特色。

第二章分析了国有企业境外投资现状，包括国有企业境外投资基本情况、境外投资原则和方式、面临的风险；讨论了国有企业境外投资监管现状，包括国有企业境外投资监管体制演变、国有企业境外投资监管体系、监管政策、监管方式和监管中存在

的问题。

第三章概括了国有企业境外投资审计的特征；介绍了国有企业境外投资审计的现状，主要包括审计依据、审计对象、审计流程、审计机制和审计成效，并根据审计现状揭示当前国有企业境外投资审计面临的困难。

第四章将国有企业境外投资审计的审计对象划分为国有企业境外投资政策落实、国有企业境外投资资金使用、国有企业境外投资合规性、国有企业境外投资领导人责任履行情况这四个部分。逐个分析对其进行审计的意义和范围，分别归纳审计人员在对这些审计对象进行审计时需要关注的目标与重点。

第五章根据审计目标的特点，从境外面临的具体环境和新型审计方法出发，提出法律协议与合作、利用其他审计工作和开展境外投资协同审计这三种国有企业境外投资审计目标实现路径。重点研究跨地区各方协同实现国有企业境外投资审计的目标，探索协同审计的具体方式及相关的协同审计信息技术手段。

第六章首先分析了大数据审计应用于国有企业境外投资项目中的必要性和可行性；其次介绍了大数据审计平台及其审计工作流程；再其次介绍了大数据审计平台在国有企业境外投资政策落实跟踪审计、合规性审计和领导人责任履行情况审计中的应用；最后通过案例研究的方式详细介绍大数据审计平台如何在ZH集团政策落实跟踪审计中应用。

第七章从国有企业境外并购的总体趋势、区域分布、行业分布等方面介绍了国有企业境外并购的基本情况，并从境外并购准备、并购实施、并购整合三个阶段分析国有企业境外并购面临的风险。接着介绍国有企业境外并购审计的概念及其特点，然后从并购准备、实施和整合三个阶段探讨每个阶段的重点审计内容和程序，从而构建了国有企业境外并购审计体系。最后引入ZHY公司并购加拿大NKS公司的案例，具体叙述境外并购审计在并购各阶段的审计程序。

第八章首先介绍了国有企业境外工程建设项目投资现状；之后在厘清国有企业境外工程建设项目审计的主客体、审计范围、审计目标及审计重点的基础上，根据工程建设项目的运行阶段分析每个阶段需要执行的审计内容和程序；最后引入J公司投资建设牙买加N高速公路的案例，介绍如何通过将传统审计与大数据审计相结合、利用云平台、利用第三方工作等方法实现对境外工程建设项目的审计。

第九章在盘点我国税法和税收协定中与国有企业境外投资有关的税收相关法律法规的基础上，分别论述税收审计与税务审计的审计范围，突出审计目标，并提炼出税收审计与税务审计的审计重点。从税收审计和税务审计两个方面分析国有企业境外投资涉税审计现状，并在结合前文研究的基础上，揭示国有企业境外投资涉税审计存在的问题。针对上述指出的问题提出完善国有企业境外投资涉税审计的具体建议。最后用 C 公司的案例展示国有企业境外投资涉税审计的流程和方法。

本书研究内容的总体框架如图 1-4-1 所示：

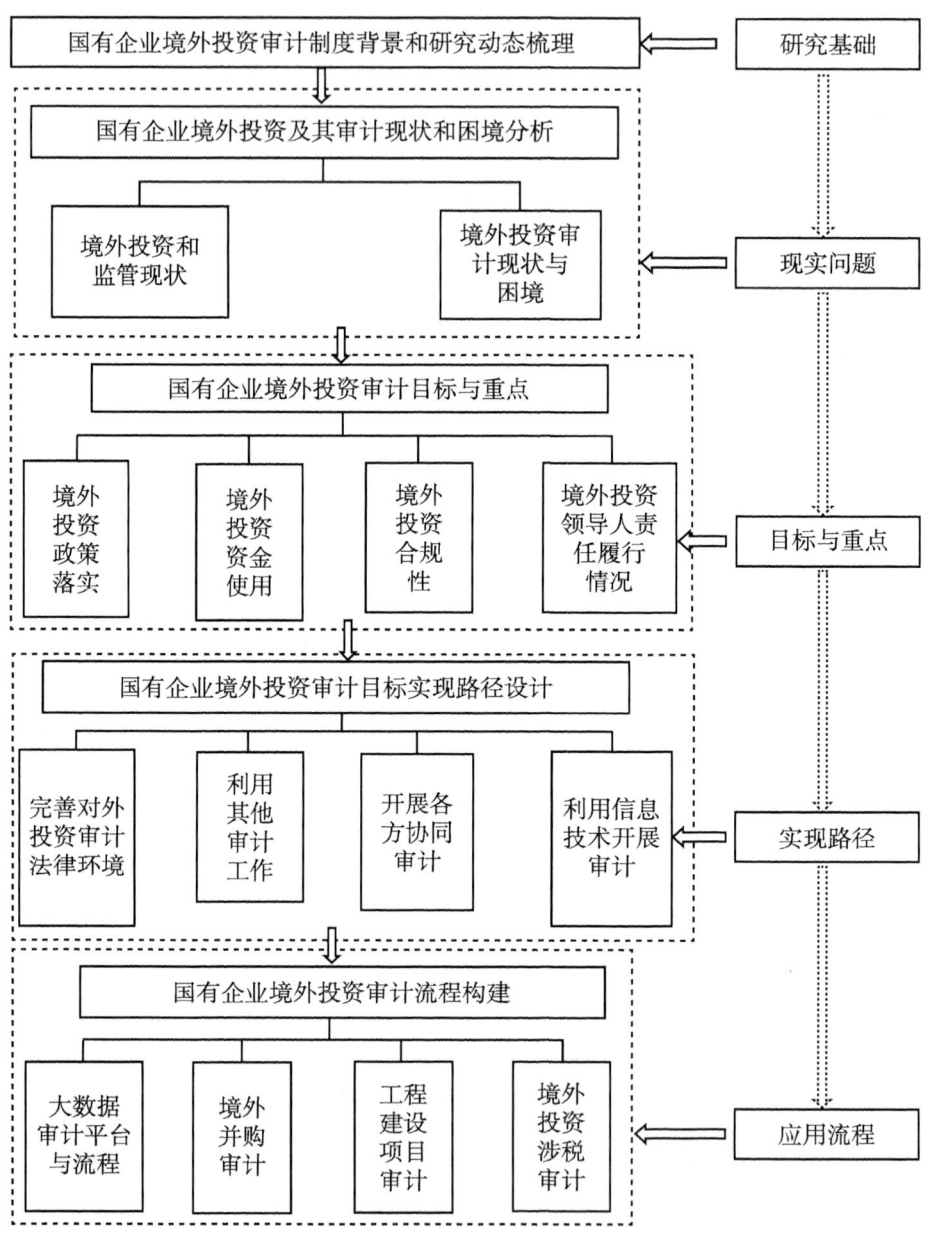

图 1-4-1　本书研究内容总体框架

三、本书特色和应用价值

（一）本书特色

（1）现有文献有关"国有企业境外投资审计"的研究很少，且研究内容多停留在现象层面或是宏观层面，所提建议很难落地。本书基于国有企业境外投资审计的现状和困境，深入审计实务，开创性地将其分为国有企业境外投资政策落实审计、资金使用审计、合规审计和领导人责任履行情况审计，分别探讨审计目标、范围和重点，为审计实务提供理论依据。

（2）由于国有企业境外投资具有规模大、风险高等特征，对其进行审计监督的任务重，加之其他多种原因，国家审计机关很难到境外实施现场审计，因而无法顺利完成审计任务。目前，鲜有文献对此进行研究。为了帮助解决境外国有资产必须审计而又不能实现的难题，本书拟从审计的目标、重点以及审计的方式、方法和手段进行研究，提出完善法律环境、利用其他审计的工作、革新审计技术和开展协同审计等实现路径，且制定了具体的操作方法，以期帮助国家审计机关实现对境外投资的审计，也为以后的研究奠定基础。

（3）与已有研究不同，本书利用具体案例，基于"大智移云"信息技术构建大数据审计平台、实施流程和方法，以解决审计机关实施境外投资现场审计不可行的问题。利用具体案例，研究"一带一路"下备受关注的境外工程建设项目投资问题，制定境外工程建设项目投资审计的流程和程序。为审计机关开展境外投资审计提供方法指引。

（4）境外投资涉税审计的研究还是一片空白，本书拟将国有企业境外投资涉税审计划分为税收审计和税务审计，在厘清审计机关和税务机关对境外投资涉税事项的职责权限的基础上，用具体案例深入研究境外投资涉税事项、涉税风险，制定境外投资涉税审计的目标、范围和重点，设计境外投资涉税审计程序。

（二）应用价值

（1）本书将数据共享理念用于国有企业境外投资审计模式中，为国有企业境外投资审计提供新的思路。本书通过设计大数据审计平台、审计流程，构建基于大数据审计的国有企业境外投资风险防控机制，并用具体案例详细说明审计平台和流程的运用方法，为审计机关开展境外投资审计提供理论指导和操作指引，试图为解决境外投资审计难的问题提供指导。

（2）在"一带一路"倡议下，境外工程建设项目是国有企业境外投资最常用的方式，本书对审计机关开展国有企业境外投资工程建设项目展开研究，设计境外工程建设项目流程。结合国有企业境外工程建设项目的具体实例，拟构建一套科学且可以落地的审计方案，期望能为实务部门开展国有企业境外投资工程建设项目审计提供借鉴和参考。

（3）考虑到国有企业和税收在政府财政收入中的特殊地位，本书拟对国有企业境外投资涉税审计展开研究，为国家审计进一步加强对境外投资国有企业税收的监督提供思路，继而保证国有企业境外所得应纳税额及时足额入库。

（4）本书的研究为国家审计机关监督国有企业境外投资、维护国有资产安全提供可操作性对策，为加强境外国有资产的监管，减少境外国有资产的流失提供方法和保障。

第二章　国有企业境外投资及其监管

全球化进程不断加快，我国一直顺应时代趋势，鼓励企业大胆"走出去"。国有企业一直都是境外投资的主力军，近年来投资规模也在不断扩大，处于高速发展的阶段。但问题也接踵而来，投资失败的案例不断增加，加之风险的多样性，使得我国国有企业境外投资面临着巨大的未知，国有资产的流失也越来越成为我们担忧的问题。面对境外国有资本流失的严峻形势，如何加强有效的监管，降低境外投资的风险，实现国有资产的保值增值，是我们目前亟待解决的难题。

第一节　国有企业境外投资现状分析

一、国有企业境外投资基本情况

（一）我国对外直接投资规模

图 2-1-1 展示了我国从 2002 年至 2018 年的境外直接投资流量情况，可以看出，从 2002 年开始，我国对外直接投资流量逐年递增，2016 年达到最高，然后有所下降。尽管对外直接投资流量的绝对数从 2017 年开始有下降趋势，但是 2018 年中国直接对外投资占全球比例达到了历史新高。2018 年全球直接投资总额同比下降 29%，连续数年出现下降的迹象。中国的对外直接投资为 1430.4 亿美元，同比下降 9.6%，略低于日本的 1431.6 亿美元，但结构进一步优化，质量有所提升。我国在世界的排名上升到第二位，份额也从上一年的 11.1% 上升到 14.1%，是有史以来的最高水平。

根据相关部门发布的可靠数据，中国已连续七年位居全球三大海外直接投资流量之列，其对全球经济的贡献日益显著。如图 2-1-1 所示，2018 年的境外投资流量是 2002 年的 53 倍，连续三年占全球份额的 10% 以上，这表明中国的对外投资对全球的影响正在扩大。从双向投资看，中国的对外直接投资和吸引外资（1390.4 亿美元）近乎持平。

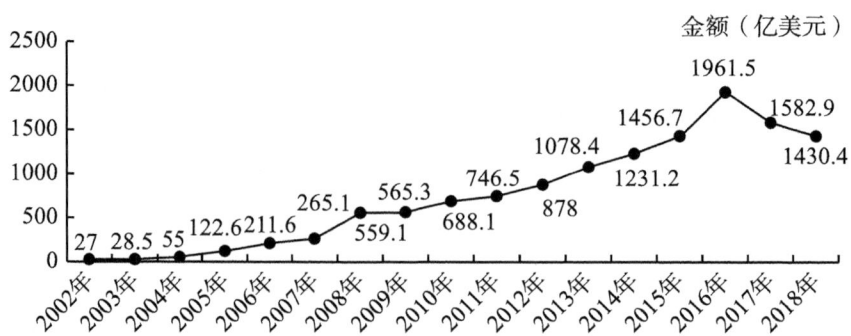

图 2-1-1　2002—2018 年中国对外直接投资流量

图 2-1-2 展示了我国从 2002 年至 2018 年的境外直接投资存量情况。据商务部发布的《2018 年度中国对外直接投资统计公报》的数据显示，从 2002 年到 2018 年，中国的对外投资年均增长率达到 28.2%，2013—2018 年累计流量达 8741.1 亿美元，占外国直接投资份额的 44.1%。[①]

如图 2-1-2 所示，截至 2018 年底，中国对外直接投资存量为 19822.7 亿美元，比上一财政年度末增加了 1732.3 亿美元，是 2002 年末对外直接投资存量的 66.3 倍；在全球外国直接投资流出存量中所占的份额从 2002 年的 0.4% 增加到 6.4%，排名也提升至第三位，仅次于荷兰（2.4 万亿美元）和美国（6.5 万亿美元）。然而，就对外直接投资存量规模而言，中美之间的差距相对较大，仅相当于美国的 30.6%。

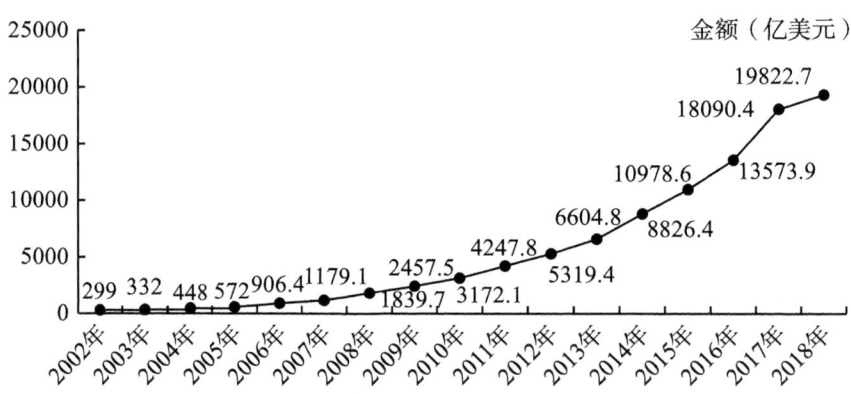

图 2-1-2　2002—2018 年中国对外直接投资存量

由于缺乏统计数据和统计技术的局限性，本书无法使用可靠的数据来跟踪有关中国国有企业对外直接投资区域分布的总体数据，只能根据国有企业在对外直接投资中所占的比例来估算。截至 2017 年底，中国共有 25529 家外商直接投资公司，其中国有

---

① 商务部等部门联合发布《2018 年度中国对外直接投资统计公报》[R/OL].［2020-01-12］.http://fec.mofcom.gov.cn/article/tjsj/tjgb/201910/20191002907954.shtml.

企业有 1422 家，占 5.6%，比上年增长 0.4%。

（二）我国对外投资区域分布情况

中国对外投资区域分布的总体特征是，对非洲和美国投资在快速增长，但对欧洲投资显著下降。根据《2018 年度中国对外直接投资统计公报》，截至 2018 年底，中国对外直接投资存量分布在全球 188 个国家（或地区），占全球总国家（或地区）的 80.7%。[①]

截至 2018 年底，中国对外直接投资存量地区构成情况如表 2-1-1 所示。

表 2-1-1　2018 年中国对外直接投资存量地区构成情况

洲别	比重/%	金额/亿美元
亚洲	64.4	12761.4
南美洲	0.7	129
北美洲	24.7	4902.2
欧洲	5.7	1128
非洲	2.3	461
大洋洲	2.2	441.1
合计	100	19822.7

从表 2-1-1 可知，在亚洲，2018 年中国对外直接投资存量总额为 12761.4 亿美元，占中国对外直接投资总额的 64.4%，主要在我国香港和澳门，以及新加坡、韩国、马来西亚、巴基斯坦、阿拉伯联合酋长国、泰国、缅甸、哈萨克斯坦、以色列等地区或国家。其中，在我国香港的投资额占亚洲投资总额的 86.2%。

在南美洲，中国的投资总额为 129 亿美元，占中国对外直接投资总额的 0.7%，主要集中在秘鲁、巴西、委内瑞拉、阿根廷、厄瓜多尔、智利等。

在北美洲，中国的投资总额为 4902.2 亿美元，占中国对外直接投资总额的 24.7%，主要分布在加拿大、美国、开曼群岛、英属维尔京群岛。

在欧洲，中国的投资总额为 1128 亿美元，占中国对外直接投资总额的 5.7%，主要分布在荷兰、卢森堡、瑞士、意大利、挪威、英国、德国、瑞典、法国、俄罗斯和西班牙。中国在中欧和东欧的投资存量为 22.7 亿美元，占欧洲投资总额的 2%。

---

① 商务部等部门联合发布《2018 年度中国对外直接投资统计公报》[R/OL].[2020-01-12].http://fec.mofcom.gov.cn/article/tjsj/tjgb/201910/20191002907954.shtml.

在非洲，中国的投资总额为461亿美元，占中国对外直接投资总额的2.3%，主要分布在尼日利亚、坦桑尼亚、埃塞俄比亚、安哥拉、阿尔及利亚、南非、刚果（金）、埃及、加纳、肯尼亚、莫桑比克、苏丹等。

在大洋洲，中国的投资总额为441.1亿美元，占中国对外直接投资总额的2.2%，主要分布在澳大利亚、新西兰、萨摩亚、斐济等。

基于以上数据，我们可以从不同的经济体看出中国截至2018年底对外投资的情况：

从发展中经济体来看，中国对其的直接投资额达到对外直接投资总额的4/5以上。具体来看，中国在发展中经济体的投资额为17085.3亿美元，为中国对外直接投资总额的86.19%，其中我国香港11003.9亿美元，占发展中经济体投资总额的64.4%。

从发达经济体来看，中国的直接投资额达到2431.7美元，占中国对外直接投资总额的12.3%，其中，排在前五名的经济体的直接投资额分别为：欧盟907.4亿美元（占发达经济体投资总额的37.3%）、美国755.1亿美元（占31.1%）、澳大利亚383.8亿美元（占15.8%）、加拿大125.2亿美元（占5.1%）、瑞士50亿美元（占2.1%）。

从转型经济体来看，中国的直接投资额达到305.7亿美元，占中国对外直接投资总额的1.5%。其中，位列前五名的国家的直接投资额分别为：俄罗斯142.1亿美元（占46.5%）、哈萨克斯坦73.4亿美元（占24%）、乌兹别克斯坦36.9亿美元（占12.1%）、塔吉克斯坦19.5亿美元（占6.4%）、吉尔吉斯斯坦13.9亿美元（占4.5%）。

从"一带一路"沿线国家来看，中国的直接投资额达到1727.7亿美元，占中国对外直接投资总额的8.7%。投资额位列前五的国家分别为：新加坡、俄罗斯、印度尼西亚、马来西亚、老挝。

综上，中国对境外直接投资排名前20位的国家（或地区）总额为18186亿美元，占中国对境外直接投资总额的91.7%，它们分别是美国、新加坡、澳大利亚、英国、荷兰、卢森堡、俄罗斯、德国、印度尼西亚、加拿大、马来西亚、老挝、哈萨克斯坦、瑞典、韩国、百慕大群岛、开曼群岛、英属维尔京群岛等国家和地区以及我国香港和澳门地区。

（三）我国对外投资产业结构分布情况

截至2018年底，我国对外直接投资覆盖了国民经济的18个主要领域。其中，对制造业、批发和零售业、传统租赁和商业服务业、金融业的投资总额已超过1000亿美元，租赁和商业服务业仍然排名第一，金融业排名第二。

如表2-1-2所示，传统投资领域在境外投资的产业结构分布中起着重要引领作用，其中对文化、电力生产和供应、通信、科学研究和技术服务等领域的投资增长十分迅速。

表 2-1-2　2017—2018 年中国对外直接投资主要产业构成情况

（单位：亿美元）

行业	2017 年投资金额	2018 年投资金额	同比 /%	2018 年投资额占比 /%
租赁和商业服务业	542.7	507.8	−6.4	35.5
金融业	187.9	217.2	15.6	15.2
制造业	295.1	191.1	−35.2	13.4
批发和零售业	263.1	122.4	−53.5	8.6
软件和信息技术服务业	44.3	56.3	27.1	3.9
水、电、气、热力的生产和供应业	23.4	47	100.8	3.3
科学研究和技术服务业	23.9	38	59.0	2.7
体育、文化和娱乐业	2.6	11.7	350.0	0.8
交通运输、仓储和邮政业	54.7	51.6	−5.6	3.6
采矿业	−37	46.3	—	3.2
建筑业	65.3	36.2	−44.6	2.5
房地产业	68	30.7	−54.9	2.1
农林牧渔业	25.1	25.6	2.0	1.8
居民服务、修理和其他服务业	18.7	22.3	19.3	1.6
住宿和餐饮业	−1.9	13.5	—	0.9
教育业	1.3	5.7	338.5	0.4
卫生和社会工作业	3.5	5.2	48.6	0.4
水利、环境和公共设施管理业	2.2	1.8	−18.2	0.1
合计	1582.9	1430.4	−9.6	100.0

2018 年，中国对外直接投资涉及租赁和商业服务业的投资额达到 507.8 亿美元，与上一年相比下降了 6.4%，占全年总投资的 35.5%，其中投资主要分布在卢森堡、英属维尔京群岛、新加坡、美国、开曼群岛等国家和地区和我国香港地区。

涉及金融业的对外投资额为 217.2 亿美元，与上一年相比增长了 15.6%，占全年总投资的 15.2%。中国 2018 年非金融类境内投资者对境外金融企业投资 10.8 亿美元，仅占境外金融企业投资总额的 5%，而金融业境内投资者对境外金融企业投资达到了

206.4 亿美元（占 95%）。

涉及制造业的境外投资额为 191.1 亿美元，与上一年相比下降了 35.2%，占全年总投资的 13.4%。其中，主要涉及纺织、食品加工、医药制造、金属制品、有色金属冶炼和压延加工、非金属矿物制品、通信及其他电子设备制造、通用设备制造、汽车制造等。其中，对金属制品、通信及其他电子设备制造、通用设备制造、汽车制造等装备制造业的投资额为 114 亿美元（占 59.7%），比上一年增长了 3.4%。

涉及批发和零售业的投资额为 122.4 亿美元，与上一年相比下降了 53.5%，占全年总投资的 8.6%，其中主要涉及英国、美国、韩国、新加坡等国家和我国香港地区。

综上，涉及以上领域的投资额合计为 1038.5 亿美元，达到全年对外直接投资总额的 72.7%。

此外，中国 2018 年外国直接投资涉及软件和信息技术服务业的投资额达到 56.3 亿美元，与上一年相比增长了 27.1%，占全年总投资的 3.9%；流向水、电、气、热力的生产和供应业的投资额为 47 亿美元，与上一年相比增长了 100.8%，占 3.3%。流向科学研究和技术服务业的投资额为 38 亿美元，同比增长 59.0%，占 2.7%。流向体育、文化和娱乐业的投资额为 11.7 亿美元，同比增长 350.0%，占 0.8%。2017 年流向采矿业、住宿和餐饮业的投资额均为负值，2018 年则分别为 46.3 亿美元、13.5 亿美元。

二、国有企业境外投资原则和方式

（一）国有企业境外投资的主要原则

商业原则是企业得以存在并发展的基石，是任何企业开展商业活动必须遵循的基本理念，亦是企业内外部处世的技巧。因此，国有企业在对外进行投资的过程中，应当遵循相应的商业原则，才能更加持续稳定地发展，走得更长远。具体来说，国有企业境外投资应遵循以下原则。

1. 互利共赢

虽然盈利是企业的根本，但在日益变化的经济形势下互利共赢才是发展趋势。因此，企业在"走出去"的过程中更应当与合作方建立互利共赢的关系，在对外投资中除了考虑盈利性，更要关注投资的安全性。

2. 诚信经营

诚信是企业在经营中必须遵循的道德规范，也是企业生存和发展的根本，还是企业进行有效管理的基础。只有诚信经营的企业才能拥有更多忠实的客户，同时也更容易与被投资方建立互利共赢的合作关系。

3. 承担社会责任

国有企业的资产为国家所有,维护国有资产的保值增值是国有企业应当承担的首要责任;国有企业在开展境内外业务时虽然是以经济效益为根本,但更应当把社会效益放在首位,更好地为社会贡献国有企业的力量,努力为社会、消费者提供优质的产品和服务,不断致力于满足社会需求;切实维护员工权益,尊重员工人格,提供良好的工作条件和待遇,进行相应激励和约束。

4. 可持续发展

在高速发展的时代,企业不应当只关注眼前的发展,在进行对外投资的过程中除了致力于提高企业核心竞争力和追求盈利以外,最根本的发展目标应当是为企业的明天考虑,实现经济、社会和环境之间的平衡,促进可持续发展,有长远的发展目光。企业的可持续发展必然决定了国家的可持续发展,企业的未来也关乎着国家的未来。

5. 健康、安全和环保

目前各国或地区对健康、安全、环保愈加重视,越来越多的国家设立了更加严格的健康、安全、环保标准作为准入壁垒。因此,我国企业在开展境内外业务时要遵循环保和安全的原则,注重环境的保护,对完善健康、安全、环保制度予以更多重视。

6. 创新

在竞争日益激烈的环境下,创新作为企业生存和发展的源泉,是企业提升竞争力的关键。如果一个企业不懂得创新,不懂得开拓进取,必然会走向失败。创新的根本意义就在于突破自己,在激烈的竞争环境下使自己立于不败之地。因此,企业要勇于创新,不断尝试,提升自己的竞争力。

7. 公平竞争

为了避免贸易摩擦,促进构建更公平的竞争环境,企业应当遵循自由竞争原则,并在相关法律允许的范围内进行公平、有序的竞争。

(二)国有企业境外投资的主要方式

1. 跨境并购投资

跨境并购是跨境兼并和跨境收购的总称,是指我国国有企业为了达到某种目的,通过一定的渠道和支付手段,将境外企业的所有资产或足以行使运营活动的股份收买,从而对境外企业的经营管理实施实际的或完全的控制行为,它被视为对外投资的一种重要方式。

基于《世界投资报告2018》的数据可发现，2010—2017年，中国跨境并购规模持续增长，并且在全球范围内表现十分活跃。中国2017年的市场份额在全球跨境并购中与前一年相比有所增加，然而全球对外直接投资总额却持续下降，全球对外直接投资的数量持续下降，全球跨境并购的数量也大幅下降，这也进一步凸显了我国跨境并购投资的发展势头。2018年上半年，我国跨境并购总交易额达261.1亿美元，并购次数为140次，并且并购涉及的国家和地区有41个，涉及的行业达16个，主要集中在制造业和采矿业。[1]

2. 股权投资

股权投资是指国有企业通过投资获得对外投资公司的股份，从而形成对该投资公司的实际控制或对其产生重大影响。虽然在中国国有企业的对外投资中，股份并购为国有企业的对外股票投资的主要方式。但是，近年来，股权投资的环境逐渐改善，国有企业也逐渐采用股权投资的方式。这主要是由于股权投资与其他投资方法相比有其自身的优势：不仅有利于合理地分配公司的资源以增强公司的整体竞争力，还有利于优化公司的资本结构，并发掘公司自身的特点。

2018年，中国国有企业新增股权投资为704亿美元，占当年中国非金融对外直接投资流量的49.2%。但是，股权投资由于其固有的局限性而具有较高的风险。如果要提高对外投资的成功率并确保国有资产的保值增值，我们还有很长的路要走。

3. 实体投资

实体投资是一种通过在被投资方设立企业或设立国有企业海外分支机构进行投资的方式。实体投资收入回报相对稳定并且风险相对较小，也因此受到实体投资投资者的青睐。此外，实体投资还可以为东道国创造更多的就业机会并提高其生产水平。我国全面综合考量了发展中国家的实际情况之后，认为实体投资更适合发展中国家。因此，实体投资主要在发展中国家进行。我国对发展中国家的实体投资是正确的选择，这点可以由我国近年来在发展中国家和地区的投资取得了丰硕的成果加以证实。在走向世界的同时，我国还为一些发展中国家的经济发展作出了重要贡献，使其他国家受益，赢得了投资国和人民的称赞，并树立了大国形象。

4. 项目建设投资

除了跨境并购投资、股权投资和实体投资外，项目建设投资也逐渐发展起来，并在近年来得到了广泛的应用。项目建设投资的方式主要是由我国的企业对外承包境外的工程项目。随着我国工业化进程的加快以及与世界经济的紧密结合，越来越多的国

---

[1] 联合国贸易和发展会议. 世界投资报告2018［R/OL］.［2020-01-28］.https：//unctad.org/webflyer/world-investment-report-2018#tab-2.

有建筑企业发展态势良好,能够大胆"走出去",在境外承包工程项目。当然,中国企业成功承包海外项目的能力与我国装备制造业的快速发展及其奠定的坚实的技术基础是分不开的。自 2010 年以来,中国公司在亚非地区开展了许多建设项目,亚非地区逐渐成为我国项目建设投资的主要区域,并且其项目建设投资年销售额近 1000 亿美元,已成为我国境外投资的重要组成部分,也为"一带一路"倡议作出了重要贡献。

三、国有企业境外投资风险

(一)国有企业外部风险分析

1. 政治风险

政治风险一直以来都是我国对外投资面临的主要风险之一,并对经济风险、法律风险等风险都会产生一定影响。近年来,我国一直在积极开拓海外市场,并逐步加快全球化进程,但由于时间短、缺乏经验,因而预防和管控政治风险成了当务之急。政治风险是指由于被投资方政治环境的不确定性,例如,政局变化、政策变化、权力交替以及发生内战等,从而对投资企业造成不利影响,导致重大经济损失,甚至投资失败。由于政治风险具有突发、多变且难以预测的特点,如果企业不加强防控,就会造成严重的危害。政治风险多种多样,并且被投资方的内部政局天差地别,其存在的政治风险更是不同,政治风险主要有以下几种:

(1)政局动荡风险。一个国家的政局是否稳定关乎其社会是否稳定,经济能否发展迅速。我国国有企业对外投资的范围广泛,涉及六个大洲,各个国家(或地区)的政体和国情也各不相同。如果被投资方的政局动荡,那么投资企业势必会受到相关政治因素的影响。一旦发生战争和动乱,投资企业也可能面临物资受损、人员伤亡的危险。特别是当前"一带一路"沿线的被投资方,多数国家(或地区)政局不是特别稳定,内战、政党之争时有发生,这对我国国有企业的投资造成了较大阻碍。

(2)政府干预风险。近年来,随着我国国际地位不断提升,综合实力不断增强,有些国家(或地区)便忌惮中国的投资,认为可能不利于其本国(或本地区)相关产业的发展。为了保护其本国(或本地区)民族产业,发展其本国(或本地区)经济,就以各种借口,例如安全威胁、经济威胁等设置种种障碍,这不利于我国投资企业的长期发展。

(3)政府腐败风险。政府腐败风险也会对投资造成直接影响。在一些国家或地区,政府腐败已经是很常见的现象。政府腐败不仅会引起政权的不稳定,而且会导致市场资源配置不均衡。政府或某些集权者通过私自占用大量资源,无视市场规则,使得投资者被迫在一个不公平的环境中进行竞争,不仅增加了成本,大大减少了收益,还降低了投资成功率。

（4）恐怖主义风险。在一些东南亚、南亚、中东等地区或国家，宗教和民族矛盾一直是持续存在的难题，近年来冲突更是不断升级。由于受到极端主义的教唆和煽动，极端恐怖袭击时有发生，社会秩序动荡必然会影响经济的发展，从而影响投资企业的经营。甚至某些极端组织直接对投资的项目进行破坏性强且难以控制的恐怖袭击，对我国投资企业造成了极大的损失。在恐怖袭击频发的地区，一定要提前做好防范和应急措施。

2. 经济风险

中国企业在进行海外投资过程中，被投资方经济环境和形势也是瞬息万变的，这些变化会使得投资企业的效益受到一定的影响，这种不确定性被称为经济风险。被投资方的经济形势可以说对投资企业产生着直接影响，如果其经济形势向好，那么投资企业的收益也会有所增长，反之，投资企业会遭受损失。有很多影响经济环境的因素，例如，汇率、货币贬值、通货膨胀等，因此我们根据影响因素把经济风险分为宏观经济风险、汇率风险、市场风险、偿债风险。

（1）宏观经济风险。宏观经济风险是指被投资方经济状况变化对投资企业利润造成波动的风险，与经济体制、政治及其他因素密切相关，世界经济形势、商品价格走势、财政和货币政策、产业发展、国民消费等都会引起宏观经济的波动。宏观经济影响的不确定性，意味着投资企业在进行投资决策前应当做好风险评估，根据实际产生的风险进行规避和应对。特别是"一带一路"沿线的国家，经济条件和发展水平各不相同，对于这些经济状况波动较大的国家，要进行深入调查，熟悉其经济环境，做好防护措施。

（2）汇率风险。汇率风险主要指在国家间的贸易或者金融交易中，以外币计价的资产与负债，由于汇率变动而引起其价值上涨或下跌的风险。企业在对外投资中会涉及多种货币，本国货币、被投资方货币以及美元等计价货币，这些货币之间相互的转换，都会增加汇率风险。汇率的频繁波动，尤其是汇率下降，会导致毛利率的降低，产生难以估算的费用或盈利，从而对投资企业造成极大的影响。此外，一些境外企业在会计核算时采用实时汇率，境内企业需要进行实时更新，就需要开设境内境外两个账户，同时进行账务处理，为企业进行核算带来了不小的挑战。

（3）市场风险。被投资方市场的不稳定性和市场特殊的导向性给对外直接投资者带来的风险称为市场风险。近年来，我国进行了广泛的投资，不仅覆盖了欧洲等发达国家（或地区）还包括许多发展中国家（或地区）。由于这些被投资方之间的经济发展水平存在较大差异，产业结构不同，市场发育程度也存在明显差别。因此，像欧洲发达国家（或地区）的国内法律体系相对完善，市场化水平相对较高，投资环境更加稳定安全,其带来的便利性更能吸引境外投资者的目光。但是,像中亚、非洲等区域一些国家或地区的市场发育较滞后,相对封闭的市场和投资项目的进入门槛高,使得投资风险也随之加大(李俊锋等,2017)。

(4)偿债风险。偿债风险主要是指被投资方无力偿还债权人债务,进而导致债权人可能面临损失的风险。一般而言,当一个国家负债水平高而偿债能力差时,债务危机就更容易爆发,无论是实体投资还是股权投资,各类投资的安全性都将会受到极大的影响,给投资企业带来巨大的冲击。回顾过去,金融债务产生的风险都会引起国际资本的波动,尽管波动的大小不同,但都影响经济的稳定健康运行。因此,被投资方的负债水平和偿债能力对经济稳定性有着重要影响,也给投资企业带来了极大的威胁和不确定性。

3. 文化风险

文化风险是指由于不同国家(或地区)之间的社会习俗、风土人情、行为规范、思维方式、价值观念、道德观念等文化背景的差异而引发冲突,导致投资企业受到损失或投资失败的风险。如果投资企业不及时调整战略,主动适应被投资方的文化,那么文化冲突必定会影响企业的发展。特别是近年来我国在对外投资时存在一些文化冲突。一方面,由于我国自身管理不规范,存在偷税漏税行为,这些行为使得当地人对我国存有"防备之心";另一方面,我国人员因为语言沟通障碍以及生活习性的不同,较难以处理好与当地人的关系。文化方面的冲突对我国顺利开展业务带来了不小的挑战。

因此,境外投资并不只涉及资本的流通,企业也不能只紧盯投资收益,还要看到多重环境特别是文化环境对企业的影响。深入了解被投资方的文化背景,才能更好地适应当地文化环境,化解在投资中遇到的因文化差异产生的冲突,制定更符合实际情况的投资战略,以实现所投资产保值增值的目标。不同于政治风险和经济风险那样具体、直接,文化风险具有隐蔽性和广泛性,在所有风险中往往是最不起眼而容易被忽略的风险。很多企业在进行投资决策时,并不关注文化风险,认为它们并不会带来直接重大的影响,但恰恰相反的是,文化会渗透到社会的方方面面,企业经营的每个环节都无不受到文化的影响。

文化差异对企业经营的影响不仅来自外部,内部的文化冲突也需要引起高度关注。在企业外部,不了解被投资方的社会风俗文化很可能造成消费偏好差异甚至引起文化冲突,造成当地民众的反感和抵制。而在公司内部,如果员工之间存在文化传统、观念上的差异,很容易产生沟通障碍以及在工作观念和方式上发生冲突,这给企业的经营管理增加了难度。

由于历史轨迹和文明演变都是不同的,每个国家和地区形成的文化也是独具特色的。在我国企业对外投资的过程中,对于色彩迥异的文化,我们应当深入了解,汲取精华，融入本国文化。文化之间难免有摩擦碰撞，要努力促进不同文化的交融，这样才能使得投资合作更"接地气"。

4. 法律风险

法律风险是指中国企业在对外投资过程中，由于本国法律与被投资方法律的差异，致使企业违背了当地法律而受到经济损失的可能性。中国企业投资的国家（或地区）由于政治经济和文化背景不同，社会发展水平存在较大的差异，因此法律体系也各有不同，涉及大陆法系、英美法系、伊斯兰法系等。中国企业在对外投资时不仅要面临各异的法系而且涉及的法律繁多复杂，因此法律风险也是需要重点关注的对象。

中国投资的对象大部分是发展中国家，有些国家经济落后，法律法规体系不健全，特别是在对外投资方面的法律存在大片空缺。法律的缺失使得投资企业无法可依，有时候在发生利益冲突时，因为执法随意，没有严格的标准，被投资方为了维护自身国家企业的利益，在司法判决中会做出偏向本国而不利于投资企业的裁判。

与此同时，有些国家（或地区）的法律法规受到文化、民族、宗教的多重影响，法律体系复杂烦琐，如果对被投资方的法律法规不了解，在做出投资决策时极易"踩雷"。特别是部分国有企业在对外投资方面处于起步阶段，存在投资经验不足的情况，只注重企业经营效益，而忽略了法律风险的影响，或者了解得不够全面深入。并且，法律总是要适应社会的变化，法律政策需要不断地进行调整和变革，特别是在政局、经济形势动荡，法治还在不断发展的国家（或地区），法律体系发生变动的可能性比较大。因此，法律变化风险对投资的损害也是需要考虑的，企业在进行投资前要深入研究被投资方的法律环境，在进行投资时更不能松懈，时刻关注被投资方相关法律政策的变化。

各个国家（或地区）之间的法律体系不同，势必会使得各自在法律理念和原则上存在差异，在处理同一件事情的方式上甚至有较大区别。例如，在劳动合同上，双方依据的法律不同，就很可能引起劳动关系纠纷。法律风险始终贯穿于投资的整个过程，如果在面临法律差异时不加以正确处理，上升到法律冲突，必然会给投资带来不小的阻碍。中国企业如果要投资某个国家（或地区），首先应考虑的就是本国法律和被投资方法律的差异以及在对外投资方面双方是否存在冲突并加以考证，前期做好全面调查。

（二）国有企业内部风险分析

1. 经营风险

（1）决策不当风险。企业在对外投资过程中不免会遇到各种与决策相关的问题，无论是区位、产业、战略定位的选择，还是小到任何一个细节的决策，都会对企业经营产生影响。影响投资决策的因素有很多，例如，投资决策所处环境、掌握的信息数量和可靠程度等都会影响决策的准确性。像获取的信息完整性和准确性欠缺，根本原因就是对境外投资环境调查不足、分析不够，许多企业在境外投资中因为事前调研不够，规划不清晰，盲目投资，最终导致投资失败。例如，很多企业只是为了响应国家鼓励"走出去"的号召，而对投资项目的可行性缺乏透彻系统的分析和研究。此外，无法全面掌握被投资方及所在地的有关情况，对影响投资收益的各种因素考虑不到位，从而导致投资决策失误，这也是造成对外投资风险的重要原因。从我国企业自身情况来看，决策集权化和决策流于形式的问题仍然存在，并且大多管理层普遍存在经验决策和主观决策的现象，由此导致决策失误时有发生（郑巍、徐峰林，2011）。

（2）经营管理风险。企业经营管理风险，是指由于本国企业内部组织、企业文化、人力资源与被投资方有一定的差别，而造成的企业在经营过程中管理不当，给投资企业造成经济损失的不确定性。总的来说，企业的经营管理风险一般涉及三个方面即管理制度、内部组织、人力资源，这三个方面出现了问题都会给企业经营管理带来不小的阻碍。

现代企业经营理念尤其关键，但一些企业并没有严格按照现代管理制度对企业内部进行管理，从而出现产权不明晰、权责不明确、机制不灵活、管理不科学等现象。虽然我国一直积极致力于"走出去"，但我国企业发展长期受中国传统文化和旧有体制的影响，先天不足，加之缺乏现代化管理经验，在国际竞争中处于劣势地位。并且在我国的大部分企业中，没有建立有效、完善的内部控制体系的现象普遍存在，设立的内部控制仿佛只是摆设，在投资过程中一般遇到风险很难进行有效的规避，因此并没有发挥出其应有的预测和管理作用。

中国企业在"走出去"的过程中，由于本国经营环境和被投资方的经营环境存在差别，企业内部组织结构存在冲突也是难免的。企业无论是选择保持原来的组织结构还是选择改变组织结构以适应当前经营环境，都势必面临着风险。如果企业选择保持原来固有的经营理念和组织结构，一旦进入新的市场，不熟悉的竞争环境必然会使得企业难以控制、措手不及。有些企业虽然选择改变自己的组织结构以适应投资环境，但磨合也是需要时间和成本的，在整个磨合过程中可能会出现调整后的组织结构和原来经营管理相冲突的问题。

在对外投资方面，高素质人才是非常稀缺的，尤其是熟悉对外投资流程、被投资方环境以及投资企业经营运转的全面人才，同时还随时面临着这些优秀人才的流失。人力资源也是很容易被忽略的，因此一定要加以重视，在企业中配备素质过硬的人才，以减少境外投资管理风险。再者，对企业员工的管理也是需要关注的，特别是政治、经济、文化、社会环境方面的因素对员工价值观、思想观念的影响，由此产生的差异也极易造成人力资源管理方面的风险。

2. 财务风险

财务风险是国有企业境外投资过程中需要重点关注的风险指标。财务风险是指由于不可控因素导致企业经营中实际取得的财务收益与预期不一致的不确定性。任何企业在进行投资时都会因为不可控的因素面临大大小小的风险，不仅有随机因素的影响，还可能因为获取的数据不全面、不充分，导致投资企业对真实情况产生误解，给企业带来更大的风险。任何环境的差异包括政治、经济、文化、法律等方面的信息不对称归根结底都会作用到财务风险上。企业的财务风险主要包括财务管理风险以及投资、筹资活动产生的风险，这些都与资金的流动有着密切的联系。

所有企业都不可避免地面临着复杂的财务管理问题，并且资金的流动始终贯穿于投资的整个过程，因此对资金的管理极易产生风险，资金的来源、周转和使用都需要合理规划，如果企业的资本结构不合理、资金使用不当、资金链出现问题，那么企业偿债能力就会受到影响，这些都会加重财务风险。此外，本国的会计制度和被投资方的会计制度是不完全相同的，因此核算出的会计信息可能会与实际不符，影响会计信息质量。

企业决定对外投资时，无论是选择项目投资还是选择并购投资，对资金的需求都是很迫切的，必须大规模地进行融资。因此，融资能力的高低对投资是否成功的影响不言而喻。目前，我国对外投资融资体系并不完善，国有企业虽然因为其综合实力强和政府的信用争取到部分银行贷款，但也仅限于国内贷款，国外市场依旧面临着融资难的困境。即使被投资方企业信贷体系已经比较完备和开放，但如果企业融资机制不完善，方式不合理，也会造成企业在融资过程中出现信息不对称、门槛高、筹集困难等问题。

第二节　国有企业境外投资监管现状

一、国有企业境外投资监管体制演变

（一）第一阶段：投资"无人问津"，体制不完善（1978—1988年）

1978年召开了中国共产党十一届三中全会，从那时起，中国开始实行改革开放政策，即对内改革、对外开放，中国也开始寻求由计划经济向市场经济的转化。但当时正处于改革开放初期阶段，我国注重引进外资，以解决国内资金短缺、技术落后等问题，相比之下，对外投资却处于无人问津的状态，当时并未重视对该方面的监管。虽然在本阶段中国总体经济处于快速发展时期，但对外投资方面显得"格格不入"，基本上处于落后状态。此时的对外投资也主要是以国有企业为主，其他企业数量寥寥无几。

同时，我国意识到权力过于集中是经济管理体制的致命缺陷，应该大胆下放，让地方政府和企业在经营管理中拥有更多的自主权和控制权，因此掀起了一波国有企业改革热潮，改革的主要手段就是让国家和政府把权力下放到企业。虽然国有企业在进行改革后取得了一定的成绩，但是从根本来看国有资产管理体制却未改变，这说明适合我国国有企业发展的国有资产管理体制还有待完善。

（二）第二阶段：取得重大突破，但未设立专门的监管机构（1988—2003年）

1988年之前，国务院设立了国有资产管理局来管理国有资产。随着国有资产管理局的成立，国有资产的产权管理职能逐渐从政府的社会经济管理职能中分离出来（马海涛、王爱君，2009）。我国为了防止权力的过于集中，将国有资产管理的权力下放到多个部门，包括国有资产管理局、主管部门和委员会、财政部以及其他相关部门。本以为下放部门权力会使权力相互制衡，能够防止权力过于集中，但正因为下放到多个部门，这种多部门监管的特征使得各部门监管混乱、范围重叠，大大降低了监管效率。

1992年，为了加强对境外国有资产的监督和管理，国有资产管理局、财政部以及国家外汇管理局联合发布了《境外国有资产产权登记管理暂行办法》。1993年召开了中国共产党十四届三中全会，为了加快改革开放的步伐，全会通过了《中共中央关于建立社会主义市场经济体制若干问题的决定》，该决定同时也为国有资产管理体制改革带来了新的突破。该决定进一步明确了国有企业改革的目标，即建立一个"产权明晰、权责明确、政企分开、管理科学"的现代企业制度，同时提出政府的社会经济管理职能要和国有资产所有者职能相分离。因此，为了响应中央号召，各地政府纷纷开始自行对国有资产管理体制进行探索，并取得了一定的成效。

随后，在2002年召开了中国共产党第十六次全国代表大会，提出了深化国有资产管理体制改革的重大任务，国有资产管理体制改革要贯彻"三分开、三统一、三结合"原则，简而言之就是政府和企业要分开，政府授权国有资产监督管理机构对企业国有资产履行出资人职责，不直接管理国有企业；企业所有权和经营权要分开，国有资产监督管理机构不得直接干预企业的自主经营权；中央和地方分别履行出资人的责任；国有资产监督管理机构实行管资产和管人、管事相结合的监督管理职能（章迪诚，2008）。该原则结束了国有资产管理上的混乱局面，是国有资产管理体制改革取得的新突破。

（三）第三阶段：开创了崭新的局面（2003年至今）

到了2003年4月，国务院成立了国资委，这为国有资产的监管开创了新局面。国资委的成立初步地改善了国有资产多头管理的混乱局面，进一步完善了国有资产监管体制，并且在加强国有资产监管方面取得了成效。全国多地设立国资委，中央到省级再到地市级三个层次分别设立国资委，并且分别履行出资人的职责，同时也明确了出资人的职责，实现职责从机构落实到人。

经过一系列的实践，相关法律、政策的出台都使得我国国有资产管理体制逐步完善以及符合我国国情，但仍有许多历史遗留问题和新的困难待解决，还需我们在今后的路上不断探索。

二、国有企业境外投资监管体系

国资委作为特设机构，由国务院授权，代表国家履行出资人职责，对境外国有资产进行监督和管理。同时，构建了其他相关部门协助国资委进行监督和管理的体制，即形成了以商务部进行投资审核和日常管理为核心，国家发改委、国家外汇管理局、国家审计机关、外交部和财政部等部门各自履责为辅的多个部门协调运作模式。具体监管部门和职能如表2-2-1所示。

表2-2-1 国有企业境外投资监管主体及其职能

监管层面	监管主体	职能简介
政府监管	国资委	境外国有资产监管
	商务部	投资审核、日常监管
	国家发改委	投资战略制定、投资项目审查
	国家外汇管理局	资金监管
	财政部	财政管理与拨款
	国家审计机关	审计监督
	中国人民银行	贷款、人民币结算
	中国进出口银行	贷款
	地方人民政府	出资人、日常监管、战略制定
企业监管	国有资产授权经营机构	日常监管

（一）政府监管

1. 国资委

国资委是国务院直属特设机构，依照《中华人民共和国公司法》等法律和行政法规代表国家履行出资人职责，其监管范围包括中央所属企业（不含金融类企业）的国有资产。

国资委对境外国有资产管理的主要职责有：依照相关法律和行政法规行使职责，负责企业国有资产的基础管理工作，并对境外国有资产进行监督和管理，防止国有资产流失和滥用；深化人事制度改革，对相关负责人进行选拔任用、考核并根据其经营业绩进行奖惩，建立符合社会主义市场经济体制和现代企业制度要求的选拔和聘用机制；加快推进中国特色国有企业的现代企业制度建设，完善公司治理结构；负责组织所监管企业上交境外国有资本收益；参与国有资本经营预算有关管理制度和办法的制定，按照有关规定编制和执行国有资本经营预决算等工作；负责督促检查所监管企业在对外过程中贯彻落实国家各项方针政策及有关法律法规、标准等工作；负责起草国有资产管理的法律法规草案，制定有关规章和制度，依法指导和监督地方国有资产管理工作；监督国有资产的保值增值。

为突出"管投向、管程序、管风险、管回报"的境外投资监管目标，国资委于2017年1月修订发布的《中央企业境外投资监督管理办法》明确规定，国资委应以提高境外国有资本安全为重点，致力于建立信息对称、权责对等、运行规范、风险控制有力的中央企业境外投资监督管理体系。

2. 商务部

商务部是根据第十届全国人民代表大会第一次会议批准的国务院机构改革方案和《国务院关于机构设置的通知》设立的，主管国内外贸易和国际经济合作，隶属于国务院。商务部是境外投资的主要审批部门，负责拟定境外投资的管理办法和具体政策，依法对境内非金融企业对外投资开办企业进行核准或备案。

商务部对境外国有资产管理的职责主要为：拟定对外投资法律法规以及相关政策，对其他涉及对外投资业务的部门提出建议；制定实施境外投资的资格条件以及控制措施，以规范对外投资的秩序；根据相关资格，境外投资者业务进行严格的核准和审批；前期对境外投资相关业务进行总体战略规划，协调项目的总体实施，进行相应的指导和管理；对正在实施的境外投资业务进行密切关注和监测，及时提出建议；在后期对投资业务进行总体评估和评价；对外进行双边谈判，协商双边经济贸易合作政策，并且负责执行相关文件；建立多边和双边政府经贸伙伴关系机制，并组织有关工作。

2014年商务部颁发了修订后的《境外投资管理办法》，该办法进一步规范了境外投资，主张实施宽松管理模式，即备案为主，核准为辅，缩减了核准范围，缩短了核准时间，同时加入了负面清单进行管理。不言而喻，国家商务主管部门需要特别注意应对国有资产的境外投资给予更多监管，但除了注重国有资产的保值增值之外，还应密切关注国有资产境外投资的合法性、合规性和安全性，尤其是要加强对境外国有资产投资真实性的审查，严厉打击虚假、非法投资。同时，为了鼓励更多的企业进行境外投资，应当大力支持战略方向清晰、具有明显优势的国有企业，支持它们通过境外投资和境外经营规模的扩张勇攀世界高峰。

3. 国家发改委

国家发改委作为宏观调控部门，主要负责全面研究和拟订经济和社会发展政策，统筹兼顾，指导总体经济体制的改革和实施，同时还负责境外资本投资审核、风险预测预警和风险信息发布等。

国家发改委对境外资产监管的主要职责有：研究并提出对外投资总体目标和战略规划部署，即对境外国有资产的投入和使用进行规划；密切关注境外国有资产动态，分析国有资产使用状况；调查和研究对外投资相关政策，及时优化政策，提出修改意见；参与境外投资相关法律法规的修订；参与对境外投资项目的审查，对国外贷款建设资金的使用进行指导和监督；负责组织协调对外投资合作相关事宜。

国家发改委分别于2014年和2017年发布《境外投资项目核准和备案管理办法》和《企业境外投资管理办法》，规定了国家发改委应当履行主管部门的职责，进行全程监管，并明确了企业进行对外投资必须经国家发改委核准或备案，旨在促进境外投资持续健康发展，维护国家利益和国有资产的安全。

4. 国家外汇管理局

国家外汇管理局是对外汇收支、买卖、借贷、转移以及国际结算、外汇汇率等实施管制措施以调节外汇市场波动，维护外汇市场稳定的国家机关。

根据国家外汇管理局发布的《境内机构境外直接投资外汇管理规定》，其对境外资产监管的主要职责有：根据我国国际收支形势和境外直接投资情况，研究推进对境内机构境外直接投资外汇资金来源范围、管理方式及其境外直接投资所得利润留存境外的相关政策，并进行及时调整；负责对境内机构境外直接投资的外汇收支和登记实施监督管理，并对投资产生的收益和形成的资产及时进行登记；对境外投资相关收支、对外负债和债权进行汇总并跟踪监测，按规定披露相关信息，同时不能忽略对跨境资金进行流动监测。

5. 财政部

财政部是国务院组成部门，其前身为1949年10月1日成立的中央人民政府财政部。

财政部对境外投资监管的主要职责有：拟订和执行与财政、税收相关的发展战略、宏观方针政策、中长期规划、改革方案及其他有关方面；负责涉外相关财政收支管理；负责办理中央对外投资项目的财政拨款，同时进行严格监督；按照国家预算安排，制定财政税收收入计划；参加涉外财政、税收和国际关税谈判，签署涉外相关协议、协定草案；制定国际税收协议和协定范本。

为提升国有企业境外投资财务管理水平，提高对外投资效益，加强国有资本服务于"一带一路""走出去"等国家倡议和战略的能力，财政部制定了《国有企业境外投资财务管理办法》，该办法从决策、运营、绩效评价的流程对国有企业境外投资财务管理的相关职责进行规定。在加强境外投资财务管理的同时，也不能忽略内部财务监督机制。国有企业应当在该办法的指导下，根据集团实际情况完善自身境外投资财务管理制度体制，并加强对内部员工开展专业培训的力度，定期进行内部选拔或者实行外部聘用以提升人才素质。

6. 国家审计机关

（1）审计署。审计署由国务院设立，是我国的最高国家审计机关，在国务院领导下，主管和领导全国的审计工作。审计署对国务院负责，向其报告工作。同时，审计署设置派出机构，对重点地区和部门实行审计监督。

审计署对境外国有资产管理的主要职责有：负责起草和制定境外投资审计的相关法律法规；主管并统领境外国有资产的审计工作，制定方针政策，组织实施对中央企业境外投资进行专项审计；审查企业是否严格遵循了相关的法律法规以及贯彻落实国家重大政策措施和宏观调控部署的情况；审查境外投资决策情况；重点关注资金的使用和往来情况，对资金的来源、使用进行审查，对财政财务收支的真实、合法和效益进行监管，以防止国有资产的流失；审查相关单位财务制度以及内部控制制度设立和执行情况；对领导人责任履行情况进行监督管理，主要审查其经济责任的履行情况。对审计发现的问题，及时督促相关单位和领导人进行整改；向国务院或相关政府部门上报境外国有资产审计的结果和情况等。

（2）地方审计机关。县级以上各级人民政府设立地方审计机关，分别在省长或自治区主席、市长、县长、区长和上一级审计机关的领导下，领导本行政区的审计工作，负责本级审计机关范围内的审计事项，对上级审计机关和本级人民政府负责并报告工作。

地方审计机关对境外国有资产管理的主要职责有：参与相关审计法律或政策的拟定，负责制定地方性法规和政策；主管全省或全市审计工作，负责制订审计工作计划；对省属、市属国有企业投资的项目以及相关单位领导人进行专项审计，并出具审计报告；向本级政府通报审计结果，提出完善和整改建议，并督促相关部门或领导人进行整改；向上级审计机关及时汇报境外国有资产审计结果和情况等。

7. 中国人民银行和中国进出口银行

中国人民银行对境外投资主要负责提供境外直接投资人民币结算业务和贷款，为了使境外投资相关业务更加便捷地展开，中国人民银行制定了《境外直接投资人民币结算试点管理办法》。中国进出口银行对我国企业各类境外投资项目所需资金提供本币及外币贷款。

8. 地方人民政府

对于部分国有企业及国有控股、参股企业并不是由国务院履行出资人职责，而是由省、自治区、直辖市人民政府和设区的市、自治州级人民政府按照国务院相关规定分别设立国有资产监督管理机构。而这些国有资产监督管理机构根据授权，并代表国家对这些国有及控股、参股企业，履行出资人职责，依法对企业国有资产进行监督和管理。省、自治区、直辖市人民政府履行出资人职责的国有控股、国有参股企业，由省、自治区、直辖市人民政府确定，并报国务院国有资产监管机构备案；其他由设区的市、自治州级人民政府履行出资人职责的国有及控股、参股企业，由设区的市、自治州级人民政府确定并进行公布，并报省、自治区、直辖市人民政府国有资产监管机构备案。地方政府进行自主管理就要求在国家的法律法规和统一规划下，灵活地发挥自身优势，根据实际情况确定本地区境外投资的战略和方向，更高效、更有针对性地制定地方层面的投资管理条例。

（二）企业监管——国有资产授权经营机构

除了相关政府部门对境外国有资产进行监督管理外，国有资产授权的经营机构，例如，国有控股公司、国有参股公司，对投向境外的国有资产负有最直接的监管责任。作为代表政府行使国有资产运营的机构，国有资产授权的经营机构依法对境外国有资产进行经营、监督和管理，在境外投资过程中发挥着重要的统领作用。在国有资产授权经营机构内部的治理中，通常包括股东大会、董事会、监事会，它们也在国有企业的资产监管中发挥关键性作用。股东大会在国有企业的资产运行中担任着国有资产所有者的角色，对公司重大的决策和重要的人事任免具有主要的权力。董事会对国有企业资产的运行进行规划和细致管理，并执行国资委的相关规定及时进行反馈和报告。

监事会负责对国有资产的保值增值情况进行监督。在公司治理结构比较完善的企业中，董事会下通常设有审计委员会，审计委员会下设有内部审计部门，内部审计部门除了对企业投资财务方面的事项进行审查，还要负责对企业与投资相关的活动进行审查，例如，投资决策是否合规、投资计划编制与实施情况、产权管理情况、绩效评价情况等环节，并且重点关注企业投资全过程的相关风险。当然，内部审计部门还应当积极配合国家审计机构等开展审计工作。

国有资本授权经营机构对境外投资的监管应当依据国家有关规定和监管要求进行。例如，国务院对于负面清单中禁止投资类境外投资项目进行禁止，对于符合限制类境外投资项目，必须报送国资委，以进行审核，之后再报政府部门审批；对于未列入负面清单的境外投资项目，应按照公司发展战略自行进行决策，政府不再进行审批。

三、国有企业境外投资监管政策

（一）《境外投资敏感行业目录》

国家发改委根据境外投资有关法律法规和政策，研究制定了《境外投资敏感行业目录（2018年版）》，自2018年3月1日起施行。该目录规定了境外投资敏感项目，包括武器装备的研制生产维修、跨境水资源开发利用、新闻传媒。同时根据《国务院办公厅转发国家发展改革委、商务部、人民银行、外交部关于进一步引导和规范境外投资方向指导意见的通知》（国办发〔2017〕74号），需要限制企业境外投资的行业有房地产、酒店、影城、娱乐业、体育俱乐部以及在境外设立无具体实业项目的股权投资基金或投资平台。

（二）《企业境外投资管理办法》

《企业境外投资管理办法》是为了加强对境外投资的指导，完善境外投资全程监管，维护我国国家利益和国家安全，根据《中华人民共和国行政许可法》《国务院关于投资体制改革的决定》《国务院对确需保留的行政审批项目设定行政许可的决定》等法律法规制定的办法。该办法对境外投资的定义以及核准、备案的相关规定做出了详细的说明，区分了境外投资主体，规定了多个境内投资主体投资同一个境外项目时该如何履行核准，采取"事前管理有区别，事中事后全覆盖"的管理思路。同时明确投资主体应当承担的法律责任，对境外投资过程中的不当行为、违法行为进行惩戒。

（三）《对外投资备案（核准）报告暂行办法》

《对外投资备案（核准）报告暂行办法》是由商务部、人民银行、国资委、中国银行业监督管理委员会、中国证券监督管理委员会、中国保险监督管理委员会及国家外汇管理局联合发布的。该办法规定了各部门对境内投资主体开展境外投资活动实行部门协作的管理模式,并细化了各主体在违规时采取的惩戒措施。同时明确了境外投资备案或核准实行最终目的地管理原则,规定对境外投资备案或核准按照"鼓励发展和负面清单"进行管理。明确了开展境外投资要对基本情况、流量、存量等进行定期报告。

(四)《境内机构境外直接投资外汇管理规定》

随着我国企业境外投资规模的不断扩大,为了加强对资金的管理,促进和便利企业跨境投资资金的运作,国家外汇管理局颁布了《境内机构境外直接投资外汇管理规定》,以规范境外投资外汇方面的监管。该规定对境外直接投资外汇登记和资金汇出进行了详细规范,同时明确了对前期费用的汇出、项下资金的汇入和结汇的相关规定。

(五)《中央企业境外投资监督管理办法》

2017年,国资委颁布《中央企业境外投资监督管理办法》,根据中央企业实际情况,规范其投资行为,加强对投资的管理,实现国有资产的保值增值。该办法明确了国资委履行出资人的职责,强调了通过完善投资管理制度、实行负面清单等方式以加强境外投资监管体系的建设。同时规定要注重投资事前、事中、事后即全过程的监管,根据实际情况对相关制度进行动态调整,以防止国有资产的流失。

(六)《关于进一步引导和规范境外投资方向的指导意见》

随着我国企业境外投资的步伐不断加快,规模逐渐扩大,为了使境外投资更加规范地开展,防范相关投资风险,国家发改委、商务部、人民银行、外交部联合发布《关于进一步引导和规范境外投资方向的指导意见》以指导各企业更加有序地开展境外投资。该意见首先提出境外投资遵循的指导思想和基本原则,明确规定境外投资鼓励、限制和禁止的领域,同时针对性地提出了开展境外投资的保障措施。

四、国有企业境外投资监管方式

(一)国有企业境外投资阶段监管

1. 投资前的审批与核准

我国国有企业进行对外投资前必须要经过政府相关部门的审查和批准,并且只有核准通过了才能进行境外投资。《国务院关于投资体制改革的决定》明确规定,在开展对外投资前项目必须经国家发改委的核准,境外创建企业必须经商务部核准。目前,我国对外投资的事前审批流程通常为：首先判断其是否属于负面清单，交由国资委进行审批或备案；其次根据其是否属于敏感项目到发改委办理境外投资项目核准或备案；然后到商务部进行境外投资核准；最后到国家外汇管理局办理境外投资外汇登记和备案，进行外汇汇出。由此可见，我国国有企业进行境外投资前的审批流程是非常严格的，不仅需要按具体标准加以区分，还要经过国资委、国家发改委、商务部、国家外汇管理局四个部门的审批和核准后才能进行投资。

2. 投资中的风险防控

我国国有企业在对外投资过程中会涉及不同的国家和地区，国际投资环境复杂且变数大，企业在对外投资过程中将面临诸多的风险。在各类风险充斥的环境下，在对国有资产对外投资的过程中的重要任务之一就是对投资中可能遇到的所有风险进行防控，并对风险进行分类，区别管理。我国国有企业在进行风险防控的时候应当及时关注政治局势、经济环境、法律法规的变化，及时掌握投资环境最新变化。同时，我国国有企业在对外投资中会提前进行计划，以有效应对由于风险产生的各种突发性安全隐患，更好地防患于未然。虽然在经历了大量的实践后大部分国有企业的风险防范意识有所提升，但是在具体对外投资过程中仍然有许多风险不能轻视。因此，在目前风险不断加剧的大背景下，加强对国有资产对外投资风险的监管，有效防控各类风险，是目前我国国有企业在对外投资中监管的关键手段。

3. 投资后的日常运营管理

与严格的投资前的审批流程相比，对国有资产投资后的监管就显得格外松懈。我国对境外国有资产的管理主要是投资事前阶段的评估、审批、产权登记备案等，并且有明确的规章制度。但对投资后国有资产运营状况的管理，如是否保值、增值等方面的实质监管较少，也没有明确的规章制度作为依据。投资后的日常运营管理一般是进行基本的管理，也就是对国有资产的产权进行界定和登记，以及定期对国有资产进行资产评估。同时每年度商务部和国家统计局会对投资情况进行统计，商务部和国家外汇管理局也对境外投资是否符合相关规定进行年检。在年度统计和检查后，即使是出现亏损的境外企业和项目，也较少采用惩治手段。因此，国有企业进行投资后往往会出现疏于管理的情况，对是否产生效益、产生多少、有无亏损，并未过多地在意，也没有根据国际市场形势的变化而不断推陈出新，及时调整自身的经营策略，这样不仅不能实现国有资产的保值增值的目标，反而加剧了国有资产的流失。

（二）国有企业境外投资后的专项评价

在完成国有企业境外投资项目后，企业自身应开展专项评价，形成相应的评价报告，并及时将报告上报给国资委。报告内容主要包括投资项目完成情况、投资效果、存在的问题以及建议等情况。企业通过专项评价报告，能够总结境外投资的经验，进而分析在投资过程中的优势或不足，从而完善国有企业投资决策机制，提高投资管理水平。同时进行专项评价报告能提升投资效率和效果，以保证项目的投资成功率，为后续开展投资提供借鉴参考。除了评价以外，投资主体还应当在投资项目完成后，向国资委、国家外汇管理局等相关监管部门上报相关数据及信息，国资委对相关数据进行评价和反馈，要求企业及时进行整改。

（三）国有企业境外投资的审计监督

在境外投资过程中，由于投资对象地处境外，受到政治环境、经济形势以及社会环境等多重因素的影响，面临着诸多风险隐患。加之，我国境外投资的监管尚处于初级阶段，缺乏实践经验。因此，为了保护国有资产的安全完整，促进国有资产保值、增值，维护国家经济安全，保护投资者和经营者合法权益，在对境外国有资产进行日常运营管理中对境外国有资产进行审计成了必要的监管方式之一，发挥国家审计的监督职能成了有效的保障。目前，对国有企业境外投资进行的是全过程的审计监督，对投资资金的来源、使用以及效益进行了全过程跟踪审计，重点关注了相关法律法规政策的落实情况，并对相关领导人责任履行情况进行了审查，同时对投资过程中相关行为的合规性也进行了监督，以保证国有资产的安全性。在对境外投资开展审计过程中会面临风险多样化、跨区域管辖权冲突、准则存在差异等问题，因此，应当对国有企业境外投资项目开展常态化审计，创新审计方式。国家审计作为国有企业境外投资监管重要方式之一，还难以实现全覆盖，因此审计工作者还有很长的路要走。

五、国有企业境外投资监管存在的问题

（一）多头监管

国务院授权国资委代表国家对境外国有资产进行直接和全面的监督和管理，行使出资人的权利，而审计机关、国家发改委、财政部、商务部等都辅助国资委对境外国有资产进行监管。国资委负责管理国有资产的产权，商务部在境外投资前会进行审批管理，审计机关对境外国有资产进行全面审计，国家发改委负责规划对外投资战略，财政部则负责税收和绩效管理。虽然看起来各部门对境外国有资产都进行了有序的分工监管，但往往适得其反，出现了管理不到位、效果小的情况，追根溯源就在于管理者繁杂，形成了多头监管的局势，使得众多监管部门相互之间以及监管部门和企业之间的信息不对称，很容易出现监管范围重叠的问题，各部门之间进行沟通协调既费时

又烦琐，导致监管效率和效果受到影响。

（二）境内国有企业监管不足

评判一个企业能否长期向好发展的标准很大程度依赖于企业经营管理方式的好坏，而我国在对对外投资的国有企业进行管理时由于缺乏实践经验，出现了对其监管不到位的现象。近年来，随着我国"走出去"的步伐逐渐加快，我国国有企业对外投资的规模、范围也在逐步扩大，但境内母公司依旧将境外投资业务与境内业务统一监管，加之母公司对子公司的管理需要逐层向下，势必会造成国有资产因为监管薄弱而流失。例如，在集团国有企业中，首要是监督管理境外投资的子公司，再由境外投资子公司对下一级投资公司进行监管，这样复杂的层级使得母公司难以对境外子公司进行全面监管。

（三）境外投资企业自身存在管理缺陷

国有企业在对外投资时最开始只是注重投资的审批以及资金的投入使用，但是对于境外子公司的董事会、监事会以及管理层的设立并没有过多关注，因此境外投资企业在自身的管理上存在一些盲区。例如，如果公司负责人或管理者权力不受限，董事会和监事会的设立就是形式主义，没有实际权力，形同虚设；如果负责人或管理者有舞弊行为，便可一手遮天，损害公司利益，造成国有资产的流失。

（四）法律法规的多重限制

境外投资涉及许多繁杂的法律条例，同时要受我国、被投资方和国际惯例的多重法律的监管。无论是我国政府相关部门在对国有资产进行监管时，还是国有企业自身在监管时，都应考虑被投资方相关管理法律法规和国际相关条例。对同一项业务可能会因为国家的不同，法律上有着较大的差别，管理方式也是天差地别，因此法律的多重限制给国有资产的监管带来了不小的难度。在对外投资时应当认真研究投资国的政治局势、经济政策以及文化背景等，特别是相关法律制度以及与经营管理相关的税收制度、汇率制度等，以保证我国境外国有资产获得更多的收益，以达到保值增值的目标。

本章小结

本章主要是对国有企业境外投资及其监管的现状进行分析，介绍了境外投资规模、区域分布、产业结构分布等基本情况，同时介绍了投资的主要原则和主要方式，然后主要对国有企业境外投资面临的风险做出了全面的分析。本章将国有企业境外投资面临的风险分为两大类，首先是企业面临的外部风险，也就是政治、经济、文化、法律等风险，这些风险都是外部环境对企业的影响，同时也不能忽略企业自身内部的一些风险，其主要包括经营风险和财务风险。本章还对国有企业境外投资的监管现状进行了分析，国有资产管理体制虽然在逐步完善，但还存在多头监管、监管不足、企业自身存在管理缺陷等问题，这些历史遗留问题以及新出现的问题仍待解决。

第三章　国有企业境外投资审计现状与困境

国有企业境外审计，是指审计机关依照我国以及被投资国家（或地区）的法律规定，并参照国际惯例，对国有企业或以国有资产对外投资的其他经营性组织在境外的财务收支及有关经济活动、重大政策的落实情况、领导人责任履行情况等进行审计监督，以保护国有资产的安全完整，促进国有资产保值增值，维护国家经济安全，保护投资者和经营者合法权益的独立监督活动。对境外投资的国有企业实施审计旨在对公共资源的使用和效益进行监督，是公众交予国家的一项重要使命。

第一节　国有企业境外投资审计概述与特征

一、国有企业境外投资审计概述

按照定义的范围，国有企业境外投资审计定义分为狭义和广义。狭义的国有企业境外投资审计是指审计机关在国有企业开展投资后，对该国有企业及其投资项目的资产、负债和权益进行审查和评价的一项经济监督活动。但作为一个专项审计，国有企业境外投资审计绝不单单只是对财务收支进行审计，其涉及的范围更加广泛。广义的国有企业境外投资审计是指按照《境外国有资产管理暂行办法》《企业国有资产法》，由审计机关根据《审计法》及其实施条例和《中华人民共和国国家审计准则》（以下简称《国家审计准则》）等规范对境外国有资产的经营管理情况进行审查和评价的一项经济监督活动（李淼，2010）。

本书研究的国有企业境外投资审计正是运用的广义定义，即审计机关对境外投资的国有资产的真实性、合法性和效益性进行监督评价，防止国有资产流失。同时，以任期内国有企业领导人责任履行情况为重点，对领导人在境外投资过程中的特定行为是否符合既定标准进行评价，从而加强国有企业境外投资领导人的责任。因此，境外投资审计不仅包括财务审计，还涉及合规性审计、政策落实审计和领导人责任履行情况审计等。

二、国有企业境外投资审计特征

与境内国有资产审计相比，境外国有资产审计具有以下特征。

（一）跨区域进行审计具有难度

因为境外国有资产位于异地，审计的环境与境内有明显区别，境外投资审计面临的情况比境内更加复杂多变。首先，从外部看，境内审计和境外审计最明显的差别就是审计人员面临的政治、经济、文化、法律等背景不同，特别是双方在法律法规、制度方面的差异给审计人员带来了不小的挑战。同时，境内外由于作息时间和思维方式的不同，使得审计人员难以适应，开展审计工作存在诸多障碍。因此，审计人员在进行审计时应当提前做好准备，以适应这种差异给审计带来的变化。其次，从内部看，由于境外投资项目股权结构不同于国内，利益相关者不仅多而且复杂，并且涉及国际项目的利益相关者还包括其他国家（或地区），如果处理不当，很有可能引起国家间（或地区间）的冲突。同时，如果企业在经营过程中，没有将投资企业的管理方法、内部控制制度等落实到位，或者企业运作过程中直接使用国内的一套管理制度，没有使用被投资方的会计准则，也会增加审计难度。

不同于境内审计的是，在开展境外审计时还要受到严格的时间和成本的限制，并且由于形势状况多变就要求审计人员具备丰富的审计经验，面对审计问题能够灵活多变，敏锐地处理各种问题和突发情况，这也给审计人员带来不小的压力。

（二）审计准则的差异使得审计更具灵活性

每个国家（或地区）因发展情况不同、法律法规不同，会计准则也不尽相同。由此，境外投资的企业会计人员很可能借机利用会计准则在国家（或地区）之间的差异粉饰财务报表，审计人员需要对此高度关注并在可疑的情况下及时做出反应，以应对因准则差异带来的风险。而对于审计程序的选择，可以选择具有针对性的，也可以不局限于某一种；可以是境内和境外审计机构的共同合作，也可以是境外各类审计机构相互沟通合作；另外，可以参考多个审计机构都认可的潜在错报水平，从而设计专门的审计程序以识别财务报表中实际存在的错报（李淼，2010）。同时，如果审计人员发现舞弊迹象，就应当采取专门程序以发现由此产生的错报，鉴于舞弊不可能是孤立发生的事项，审计人员应当评价该项错报对审计工作其他方面的影响。

（三）境外投资业务的复杂性使得审计风险多样化

我国国有企业境外投资业务涉及众多行业，从最初的餐饮投资、工程项目投资等单一行业逐渐扩展到资源开发、信息通信、医疗等新兴行业,并且重点投资的对象逐渐转移,向国内经济发展所需行业倾斜,其投资领域主要集中在三个方面:一是投资工程项目,例如,中国铁建股份有限公司、中国建筑集团有限公司开展"一带一路"建设和周边基础设施互联互通等;二是投资金融领域,例如,中国投资有限责任公司投资美国黑石集团等;三是投资制造业,近年来我国境外投资主流方向是制造业。国有企业境外投资业务涉及的类型广泛且复杂,以致审计风险多样化,风险控制存在较大难度,加上审计人员能力、审计经费和时间等限制,审计工作常常流于形式,难以及时发现问题并合理降低审计风险。

第二节　国有企业境外投资审计现状

一、国有企业境外投资审计依据

(一) 国际法律法规及惯例

境外投资活动往往牵涉多个国家(或地区)的利益,对此的审计活动也受到国际相关法律法规的管辖。因此,国家审计机关在开展境外投资审计工作时不仅要考虑本国的规定,还应当考虑国际条约的规定。虽然国际法对境外审计并没有详细的规定,但是国际审计组织的决议、宣言等都为境外审计工作提供了重要的依据。例如,最高审计机关国际组织第四届国际会议在"对国家海外机构及其他海外机构的控制"专题中认为,如同对国内机构一样,最高审计机关有义务控制本国在海外的国有公司及驻海外机构的财务活动(王克玉,2014)。1977年最高审计机关国际组织第九届代表大会上通过的《利马宣言》指出:"设在国外的政府机构和其他驻外机构应由最高审计机构审计。"在该宣言第23条关于"对政策投资的工商企业的审计"中,明确规定了"如果政府握有某些企业的很多股份,审计机关就要对这些企业进行审计"。最高审计机关国际组织1986年在悉尼通过的《关于绩效审计、公营企业审计和审计质量的总声明》第3点也指出"公营企业拥有大量的国家资金、政府投资和其他物质资源,需要有充分的经济责任,这种经济责任只有经过最高审计机关审计后,才能得到保证"(王克玉,2014)。

另外,世界贸易组织协定中的条约也是境外审计的重要依据和评判标准。世界贸易组织协定一直以保护环境,实现经济可持续发展为重要方向,这就要求在进行审计时不应当只注重财务收支方面的审计,还应该关注绩效审计。因此,我国审计机关在对境外企业进行审计时不应当只关注条约本身的规范,还应当关注协定中的重要理念和发展方向,将其和审计依据相结合,及时做出调整。同时,我们不能忽略的是,我国已经和许多国家和地区签订了大量双边经贸条约和投资条约,这些条约也是进行审计工作的重要依据。

审计机关在审计依据、范围和方法等方面也应遵守国际惯例和条约。正如最高审计机关国际组织第四届国际会议所传达的内容:如果一国最高审计机关认为应对驻外机构所在国做必要的调查,其调查所采用的方法应该完全尊重所在国的主权并遵守国际惯例。再如,一国审计机关有权直接审计或间接地对境外国企开展绩效审计,这本身就是对国际惯例的遵循。同时对被审计对象是否合法合规,经济效益、财务收支是否真实、合法等进行评判时,也要依照国际惯例。例如,在国际税收方面,如果双方国家没有明确的税收协定,则应按照国际惯例来确定相关收入的征收或是否免征。

(二)我国相关法律法规和制度

在我国,境外国有资产审计就是按照《企业国有资产法》《境外国有资产管理暂行办法》,由审计机关依据《审计法》及其实施条例和《国家审计准则》对企业境外投资形成国有资产的资产、负债和权益进行审查和评价的一项经济监督活动。

1.《企业国有资产法》

该法第65条规定,国务院和地方人民国家审计机关依照《审计法》的规定,对国有资本经营预算的执行情况和属于审计监督对象的国家出资企业进行审计监督。

2.《境外国有资产管理暂行办法》

该暂行办法第4条规定,财政(国有资产管理)部门对境外国有资产管理履行下列职责:(1)制定境外国有资产管理规章、制度,并负责组织实施和检查监督;对违法违规行为责任人给予经济、行政的处罚。(2)建立境外国有资产经营责任制,组织实施境外企业国有资本金效绩评价。(3)审核境外企业重大国有资本运营决策事项。(4)组织境外机构开展国有资产产权界定、产权登记、资产统计、资产评估等各项基础管理工作。(5)从总体上掌握境外国有资产的总量、分布和构成。(6)检查监督境外国有资产的运营状况,并向本级政府和上级财政(国有资产管理)部门反映情况和提出建议。(7)办理政府授权管理的其他事项。

该暂行办法第20条规定,境内投资单位应对境外机构中方负责人进行任期审计和离任审计。审计工作应尊重所在国(或地区)的法律。

该暂行办法第32条规定,境内投资者违反国有资产管理和境外投资法规、制度,因下列行为导致国有资产流失和造成恶劣影响的,财政(国有资产管理)部门可根据不同情节给予通报批评，建议监察、审计部门立案审查，对责任人员可建议有关部门给予经济和行政的处分，触犯刑律的，移送司法机关依法追究刑事责任。（1）未经政府或政府授权部门批准擅自对外投资；（2）对所属境外机构国有资产总体情况和流失情况不掌握、不报告、不处理；（3）对所属境外机构不明确管理职能机构及其工作职责，造成管理失控；（4）未按规定程序批准和登记，擅自同意将其所属机构国有资产向境外转移；（5）未经可行性论证，盲目决策，致使国有资产遭受损失；（6）向境外投资时，弄虚作假，逃避审批，擅自转移资产或不按规定进行资产评估；（7）对政府规定报告、备案事项不按要求报告或备案；（8）其他。

3.《审计法》

该法第 19 条规定，审计机关对国家的事业组织和使用财政资金的其他事业组织的财务收支，进行审计监督。

该法第 20 条规定，审计机关对国有企业的资产、负债、损益，进行审计监督。

该法第 21 条规定，对国有资本占控股地位或者主导地位的企业、金融机构的审计监督，由国务院规定。

该法第 22 条规定，审计机关对政府投资和以政府投资为主的建设项目的预算执行情况和决算，进行审计监督。

4.《审计法实施条例》

该条例第 3 条规定，《审计法》所称财政收支，是指依照《中华人民共和国预算法》和国家其他有关规定，纳入预算管理的收入和支出，以及下列财政资金中未纳入预算管理的收入和支出：（1）行政事业性收费；（2）国有资源、国有资产收入；（3）应当上缴的国有资本经营收益；（4）政府举借债务筹措的资金；（5）其他未纳入预算管理的财政资金。

该条例第 19 条规定，《审计法》第 21 条所称国有资本占控股地位或者主导地位的企业、金融机构，包括：（1）国有资本占企业、金融机构资本（股本）总额的比例超过 50% 的；（2）国有资本占企业、金融机构资本（股本）总额的比例在 50% 以下，但国有资本投资主体拥有实际控制权的。审计机关对前款规定的企业、金融机构，除国务院另有规定外，比照《审计法》第 18 条第 2 款、第 20 条规定进行审计监督。

该条例第 20 条规定，《审计法》第 22 条所称政府投资和以政府投资为主的建设项目，包括：（1）全部使用预算内投资资金、专项建设基金、政府举借债务筹措的资金等财政资金的；（2）未全部使用财政资金，财政资金占项目总投资的比例超过 50%，或者占项目总投资的比例在 50% 以下，但政府拥有项目建设、运营实际控制权的。审计机关对前款规定的建设项目的总预算或者概算的执行情况、年度预算的执行情况和年度决算、单项工程结算、项目竣工决算，依法进行审计监督；对前款规定的建设项目进行审计时，可以对直接有关的设计、施工、供货等单位取得建设项目资金的真实性、合法性进行调查。

5.《国家审计准则》

审计机关应当依据《国家审计准则》对企业境外投资形成国有资产的资产、负债和权益进行审查和评价，以指导和规范审计机关以及审计人员执行相关业务。《国家审计准则》全文包括总则、审计机关和审计人员、审计计划、审计实施、审计报告、审计质量控制和责任、附则共七章200条。

（三）投资所在国（或地区）法律法规

境内外审计境外国有资产的法律法规是有明显区别的。每个国家和地区在制定自己的法律法规时都是依据自身的实际情况，并且法律法规并不是一成不变的，而是在不断演变和完善的。由于各国（或地区）的具体情况不同，这决定了各自文化、政治格局、经济形势天差地别，因而在财务制度、法律方面也是存在一定差异的。这就会导致审计人员对国有企业境外投资进行审计时，出现审计依据的不同，甚至出现审计程序和结果有差别的现象。这就要求审计机构在审计国有企业的境外投资时，要仔细考量本国和被投资方的法律差异，进行深入了解，以保证审计的严谨性。

例如，境内外的征税政策是有差别的，国有企业在对外投资时，可能会钻法律的漏洞，利用两国（或地区）法律的差别偷税漏税，因此如果在审计时没有查清两国（或地区）的税收制度可能就会忽略掉这一情况。

二、国有企业境外投资审计对象

（一）国有企业境外投资政策落实审计

国有企业境外投资政策落实审计，是指审计机关依法对国有企业在境外投资过程中贯彻落实国家重大政策措施和宏观调控部署情况进行动态监督和检查。政策落实监督检查关注的重点主要是贯彻落实的事前规划、事中执行、事后效果等，以保证政策的落地生根，达到预期目标。政策落实审计的流程就是审计机关通过开展重大政策措施落实情况跟踪审计，以揭示政策措施在执行中存在的种种缺陷，反映政策实施的效果。但政策落实审计也不单单只是政策监督，它还可以通过检查出的一系列问题，纠正不规范行为，及时汲取经验和提出创新举措，从而确保政令畅通，促进中央和地方重要政策的部署落实到位。作为服务于国家治理的重要途径，国有企业境外投资政策落实审计能够预防境外投资政策贯彻落实中的相关风险，及时揭示相关政策在贯彻落实中的机制弊端和障碍，以防止投资政策贯彻执行中的腐败，提升政策的执行效果，强化对决策的管理。

（二）国有企业境外投资资金使用审计

国有企业境外投资资金使用审计，是指审计机关对境外投资资金使用的真实性、合法性和效益性进行精准监督的活动。国有企业在境外投资过程中，投资资金的流转和使用背后都隐藏着极大的风险。为了使资金能够精准直达，有效使用，避免腐败和流失，有必要对资金的流向和使用建立核查、审计以及反腐的运行机制，对国有企业境外资金实现全周期的监控。从资金的审批和投入、招标的运作、采购等方面可能存在的漏洞入手，及早预警和防范，加强对项目资金全过程的严格管控；规范境外机构资金调度机制，确保境外资产调度、拨付畅通，防止资金侵占挪用现象；对境外投资项目核算计价、款项支付等实施有效的监督机制，避免出现决策不合规、财务管理不规范、违规套取资金等管理漏洞，杜绝腐败现象。为有效规避国有企业境外投资资金使用的风险，为资金高效使用提供强有力的保障，防止出现舞弊情况，防范国有资产流失，应加强对国有企业境外投资的资金使用审计的研究。

（三）国有企业境外投资合规性审计

国有企业境外投资合规性审计，是指审计人员和审计机构依据现行法律法规和财经制度对国有企业在境外投资过程中特定行为是否符合既定标准的审计。进行国有企业境外投资合规性审计的目的就在于检查被审计对象是否存在违反相关准则、程序的行为，对其合规性做出评价，促使国有企业在境外投资过程中对违规情况及时进行相应整改。进行不定期的合规性审计有利于加强对境外投资的管理，帮助国有企业查找投资项目管理中存在的潜在风险和问题，防范重大经营和管理风险，保障企业战略目标的实现。国有企业对外投资的风险管理对企业的生存与发展越来越重要，不少企业管理层已构建的对外投资管理体系是否合规、是否与本企业的发展相匹配、是否有效运行都属于合规性审计的内容，因此，开展对外投资管理体系的合规审计研究也是非常必要的。

（四）国有企业境外投资领导人责任履行情况审计

国有企业境外投资领导人责任履行情况审计，是对国有企业领导人任期内国家政策贯彻落实情况，所在部门、单位财务收支真实性、合法性、效益性进行的重要风险防控、重大经济决策、国有资产管理所应当承担的各项责任履行情况的监督活动。开展领导人责任履行情况审计，不仅能够全面地审查领导人在任期内的国有企业境外重大经济决策情况、投资风险防范情况、项目经济效益情况、财务管理状况以及是否遵守相关法律法规等，还能加强对企业领导人的监督管理，促进其遵纪守法，认真履责，对其权力进行约束和监督并且能够不断完善对领导人的监督机制，及时防止、发现和纠正领导人的不当行为。因此，需要定期开展国有企业境外投资领导人责任履行情况审计，这也是为领导人做"体检"。

三、国有企业境外投资审计流程

如图 3-2-1 所示，国有企业境外投资审计流程主要分为项目计划阶段、审计准备阶段、审计实施阶段以及审计终结阶段，具体事项如下：

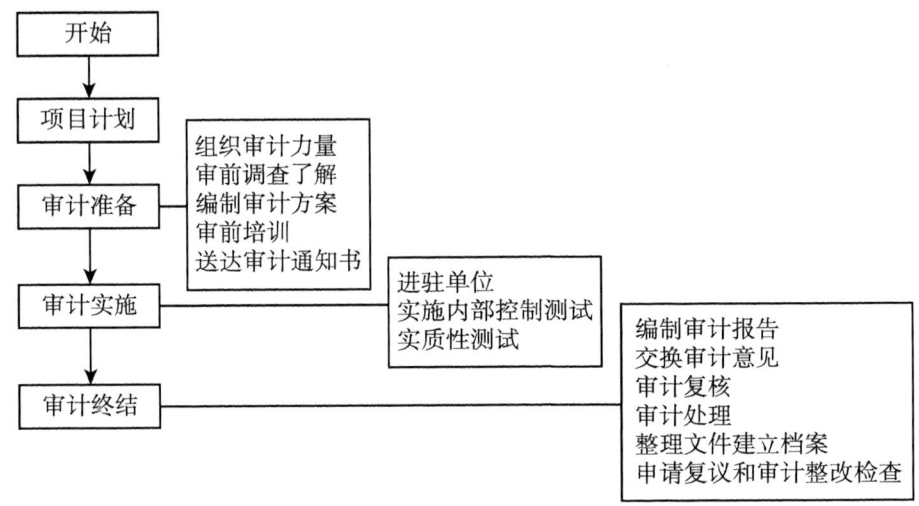

图 3-2-1 国有企业境外投资审计流程

（一）项目计划阶段

国家审计机关在进行对外投资审计之前在国内要进行事先统筹，根据审计项目做出统一部署安排。

（二）审计准备阶段

1. 组织审计力量

审计机关根据境外投资审计具体要求成立专项审计小组，选定经验丰富的审计组长，审计组长对审计工作承担全部责任，协调处理审计中各方面的事务，在审计过程中遇到需要请示的重大问题及时向派出的审计机关上级进行汇报。在安排审计组成员时，特别是对于难度较大的境外国有资产审计，应当选派有一定经验和素质较高的审计人员，在面临困难时也能保证审计效率和审计效果。同时，在选派审计人员时要严格遵守回避制度，与被审计单位或被审计人员有利害关系的人员都不能进入审计组。审计组成员应当在组长的领导下积极配合，履行好自己分配的任务。

2. 实施专项审计调查

审计组在开展审计工作前，必不可少地要对被审计单位的相关情况进行调查了解，特别是在开展国有企业境外投资审计前需要进行专项的审计调查。调查了解的重点内容包括：投资项目的决策和审批、境外投资的总体规模、国有资产的流向、项目的运营情况；相关风险因素、被投资方的经济环境、行业情况等外部因素；被审计单位性质、组织结构、管理体制、内部控制等情况；相关法律法规以及政策执行情况，相关业务活动以及财务收支情况等。除此之外，还应该对被投资方进行延伸调查，检查收益的真实性、完整性、盈亏状况，如果存在亏损还应进一步调查亏损的具体原因，同时应当注意是否存在以往接受审计和整改的情况，以及需要了解的其他情况。

3. 编制审计方案

在进行了专项审计调查，了解了被审计单位的基本情况后，审计人员根据初步的专项调查结果，来确定审计目标和需要重点关注的事项，筛选出有疑点的问题，有针对性地编制境外审计实施的方案。审计方案的基本内容包括：审计依据，具体步骤，被审计单位情况，审计目标、重点、范围、内容，审计工作要求和进度安排，审计组内部分工等。

4. 审前培训

在开展审计工作前，审前培训是必不可少的。特别是在进行境外国有资产审计时，在面临陌生的环境以及各种未知的挑战时，必须要提前做好准备，认真了解学习审计项目相关的法律政策、制度规定等，知悉境外审计的相关事项，结合境外审计业务的特点和重点，有针对性地对项目进行分析和研讨，集思广益，才能实现审计目标。

5. 送达审计通知书

审计机关在开展审计前会向被审计单位送达审计通知书。如果因为取证要到境外进行实地审计，也应当与被审计单位进行事前沟通和协商，保证审计人员境外审计的顺利开展。除了审计通知书外，还要送达承诺书。审计承诺书的目的在于明确被审计单位的责任，就是要求其负责人和财务主管就所提供的会计资料以及其他资料的真实性、完整性承担责任，并且承诺书是作为审计证据必须计入审计工作底稿的重要内容。

(三) 审计实施阶段

1. 进驻审计单位

在完成审计准备工作后，涉及境外国有资产审计时，如果审计组认为有必要进行实地审计，审计人员应当进驻投资项目所在地。进驻现场后，审计人员应当和相关部门和人员进行接洽，召开会议通报审计工作流程及被审计单位需要配合的事项，以保证审计人员在工作中进行有效的沟通以及审计工作的顺利开展。

2. 实施内部控制测试

审计组应当首先调查和了解被审计单位的内部控制，并且根据内部控制调查结果实施控制测试。审计人员运用经验和专业知识对其内部控制做出是否可以信赖的评价，并且据此对原来的审计方案进行审查，决定是否对原审计方案进行调整。

3. 实质性测试

在完成内部控制测试后，审计人员根据控制测试结果中存在的疑点和隐患，有针对性地确定审计的内容和重点，运用检查、观察、盘点、分析性复核等方法，对财务收支、领导人责任相关的各项指标、重大决策经济项目、执行国家相关政策等情况的真实性、合法性以及效益性进行实质性测试与评价，从而获取充足的审计证据以支持审计意见。

一般对境外资产进行审计采用的方法有：由于境外审计有严格的时间限制，审计人员不能对所有文件进行详细核查，应当根据专项调查结果有针对性地进行检查；分析被审计单位的相关比率或指标及其变动趋势，同时与预期的数据和相关数据的差异相比较，以核查被审计单位提供的会计信息的真实性、可靠性和完整性；在追踪资金流向时，由于国有资产数量的庞大以及时间和成本等因素的限制，审计人员往往只能采用抽样的方式选择一定的样本进行审计，并根据样本审计结果决定是否要扩大审计样本；审计人员从被审计单位的银行账户入手，检查与境外国有资产相关的账户的开设、使用与注销是否合理，其发生额是否正常，各明细账户的余额与会计报表所反映的结果是否相符，以及明细账户的增设与注销、发生额的可信度与稳定性等。

(四) 审计终结阶段

1. 编制审计报告

在编制审计报告前，首先要收集工作底稿等审计资料进行检查验证并且按审计项目的性质和内容分类整理，保证审计证据的真实性、充分性、相关性，为审计报告的编制做准备。

初步编制审计报告后，审计组要向派出审计机关提交审计报告，待审计机关审核审计报告后，应当出具审计机关的审计报告。审计报告不仅是最终结果，也是对上一阶段审计工作的总结。

2. 交换审计意见

交换审计意见是一个动态的过程，主要是审计组和被审计单位或被审计人员相互沟通的过程，这就需要双方就审计出的相关问题进行沟通协商以达成共识。特别是在境外审计过程中，各方面的差异给沟通带来不小的阻碍，审计人员更要有技巧地进行充分交流。审计组在提出审计报告后，经过审计机关的审批，以审计机关的名义征求被审计单位、被调查单位和拟处罚的相关责任人的意见，涉及领导人的责任履行情况审计还应当征求被审计人员的意见。如果在协商过程中双方有意见不一致的问题，审计组要保持客观公正的态度，进一步核实，必要时做出修改。

3. 审计复核

审计组将征询了意见后的审计报告移送审计机关复核机构或专职复核人员进行复核，并提出书面复核意见。审计报告复核后，交由审计机关进行审定。如果有复核修改后的审计报告，审计机关应当将相关审计材料连同书面复核意见报送审计机构审理。

4. 审计处理

对于审计工作中发现的各种问题，审计组需要做出审计处理。对于政策落实审计中出现的相关问题，应要求被审计单位落实相关部门的职责，并要求其积极整改。对于领导人责任履行情况审计中出现的问题，应根据被审计人员履行职责的情况，界定其应承担的责任。对于被审计单位违反规定的资金投入与使用，依法应当由审计机关在法定职权范围内进行处理处罚，审计组应出具审计决定书。对于应当由其他相关部门处理处罚或追究相关责任人员责任的事项，审计组应当移送相关部门处理。

5. 整理文件建立档案

审计档案作为国家档案的重要组成部分，是记录审计活动真实性的资料，也是分享经验的宝贵资源。审计组在报送审计报告后，就应将该审计项目的相关资料进行整理归档。

6. 申请复议和审计整改检查

被审计单位和被审计人员对审计机关做出的审计决定书不服的，可以依照相关法规申请复议。

在实施审计工作的过程中，审计人员应当就发现的问题向被审计单位或相关人员进行反馈。在审计结束后，审计机关应当建立审计整改检查机制，督促被审计单位根据审计结果进行整改，并且及时跟进检查其整改情况，并将整改情况及时报送给相关负责单位或本级政府。

四、国有企业境外投资审计机制

在国务院的领导下，我国现行的国有企业境外投资审计主要是以审计署（包括各省特派办）为主，国资委、商务部以及财政部协同审计署，对境外国有资产进行财务审计、绩效审计以及领导人责任履行情况审计，如图3-2-2所示。

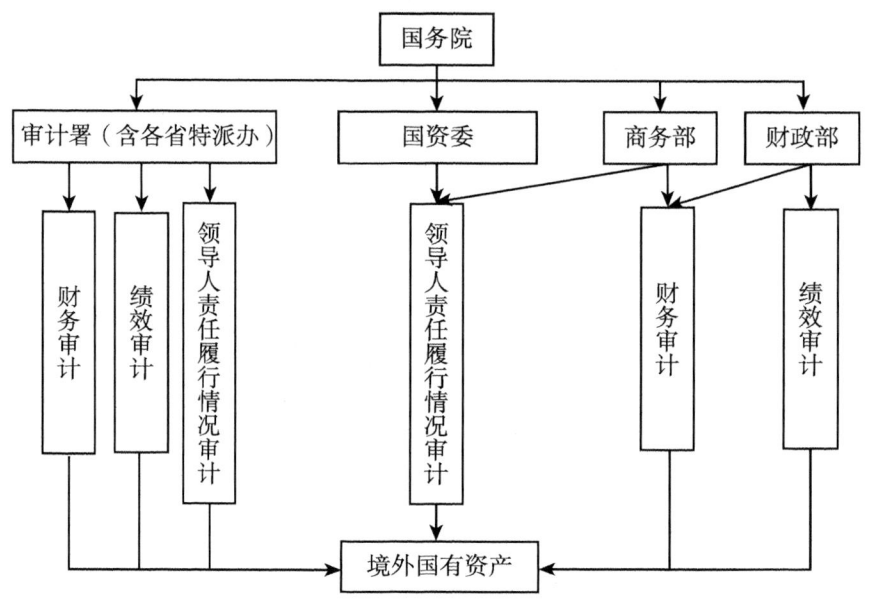

图3-2-2 国有企业境外投资审计机制

我国境外国有资产审计体制主要是国有资产审计体制的扩展和延伸，以相关法律法规为依据，以审计署为主导对境外国有资产进行全面审计，同时审计署还要对国资委领导人责任履行情况进行审计。国资委和商务部协助审计署对国有企业领导人离任和任期责任履行情况进行审计。此外，在审计署对境外国有资产进行财务审计的同时，商务部和财政部也会对境外国有资产的财务审计进行监督。通过对境外国有资产审计体制的分析我们可以发现，在对国有资产进行审计过程中确实存在许多重复的部分，但重复不一定意味着审计没有漏洞，这些重复的部分极有可能引起部门间的相互推诿，浪费审计资源，不利于审计工作的顺利开展。

面对风云变幻的国际形势，我国境外投资面临着重重困难和挑战，国有资产很容易因为政局动荡、经济形势变化等面临流失。为了更好地实现国有资产的保值增值，对境外国有资产的审计是非常必要的，而我们在面对大环境的变化时，能做的就是不断地对境外国有资产审计体制进行改革，以便更好、更灵活地应对各种问题和突发情况。

五、国有企业境外投资审计成效

本部分是基于审计署从 2010 年开始到 2018 年每年发布的审计公告（主要针对中央企业的审计）结果进行的统计分析，如表 3-2-1 所示。

表 3-2-1　2010—2018 年国有企业境外投资审计结果统计

财务报告年度	审计公告发布年度	被审企业数量/家	境外投资存在问题的企业数量/家
2016	2018	35	3
2015	2017	20	15
2014	2016	10	4
2013	2015	14	2
2012	2014	11	4
2011	2013	10	0
2010	2012	15	4
2009	2011	17	5
2008	2010	6	0

由表 3-2-1 可以看出，从 2010 年到 2018 年经审计署审计的中央企业数量是呈波动上升趋势的，这说明国家审计在不断加大对央企的审计监管力度，对境外投资的监管也越来越重视，一定程度上保障了国家利益，维护了境外国有资产的安全。由此可见，我国国家审计在不断加大对违法乱纪的境外投资行为的监督广度和力度，境外投资审计的监管也取得了一定的成效。

在审计过程中实行监督及事后督促企业整改，杜绝欺诈舞弊行为，提升企业的投资效率，确保国有资产的保值增值，是对中央企业境外资产进行审计的最终目的。在检查出问题后，审计机关通过整改机制，督促企业对存在的问题进行整改，在一定程度上防止了舞弊行为的进一步发生以及国有资产的流失。根据 2018 年发布的中央企业审计结果公告，在国家审计机关的监督下相关企业的整改取得了一定成效，绝大多数中央企业能够完善相关制度，修正会计报表，对经营决策中违规行为问题进行整改，能够挽回部分国有资产的流失。

党的十八大以来，对待境外国有资产，审计署和各级审计机关坚持发挥审计的监督职能，进行客观公正的评价；坚持在审计报告中如实披露相关内容，保证披露的信息与实际情况一致。同时，立足于将本国国情和遵循国际惯例相结合，有效保证审计工作的顺利开展，按时保质完成审计任务。此外，审计署在投资项目实施过程中，加强了统筹工作，科学地组织实施审计。从相关资料来看，对中央企业的审计监督不仅重点关注了资金使用和项目绩效等情况，还对企业的境外资产的运营和管理情况、重大经济决策以及相关领导人责任履行情况等开展审计。通过审计，揭示了相关单位和人员在贯彻落实国家战略、方针以及中央决策部署、遵守境外投资相关法律法规、境外国有资产运营管理、项目绩效等方面存在的问题，提出了加强境外国有资产管理、完善境外审计机制等方面的意见建议，积累了境外国有资产审计组织管理以及应对突发情况等方面的经验，在防止境外国有资产流失，促进境外国有投资运营和管理的规范和高效等方面发挥了积极作用。

同时，在境外投资审计过程中创新了审计模式，在探索中逐步扩大境外投资审计的覆盖面。在境外投资审计过程中坚持融入现代科技，并对审计手段进行创新，不断探索境内与境外一体化的审计组织模式，将大数据技术引入审计工作，建立大数据审计平台，推动审计机关信息化。通过加大对境外投资的数据采集和分析力度，有效运用大数据审计技术，提升了审计工作效率和效果，同时逐步扩大了境外投资项目审计覆盖面。

第三节　国有企业境外投资审计面临的困难

一、被投资方对我国审计工作的限制

我国国有企业在被投资方注册企业的，无论是独资企业还是合资企业，注册成功后都会成为当地企业。虽然该企业属于我国国有企业境外分支机构，但因为处在境外，我国没有直接的监管权力，所以在对其国有资产进行审计时，其实是在对境外企业进行审计。因此，被投资方很可能因为管辖权不接受我国对投资企业进行审计，不予办理审计人员的签证。事前如果没有和被投资方沟通协调清楚，审计人员便难以在境外开展审计工作。例如，在奥地利进行境外投资时，当地有明确的法律规定，即使是股东或投资方也不能进行审计，只有本国才能开展审计。

同时，即便我国配合被投资方的要求，积极协调，但被投资方也可能会设置各种问题来阻碍审计工作的开展。除了管辖权冲突等法律方面的阻碍以外，政治局势、经济政策、价值观念、文化风俗等方面存在的差异都会不同程度地影响着审计范围、方法以及内容等方面从而阻碍审计工作的顺利开展。尤其是近年来国际局势风云变幻，出现了一系列国家间的争端，例如，中美贸易摩擦等，这在无形中也给审计工作的开展带来了极大的困难。

二、相关法律法规不健全

当前，国有企业在境外投资过程中虽然有国内国外的相关法律法规作为依据，但其适用的法律法规还存在以下问题。

（一）缺乏具体实施细则

审计机关在对国有资产进行审计时有相关法律法规作为指导，例如《审计法》《审计法实施条例》《国家审计准则》《企业国有资产法》等，但是却缺乏指导境外投资审计的具体实施细则和执业准则。例如，境外国有资产审计的组织方式、审计范围和审计评价等这些在实际审计过程中很必要的内容也没有具体详细的规定，有待进一步扩充和完善。因此，有些部门在进行审计时，没有具体法律法规作为依据，导致审计时掺杂主观因素，存在不严谨的问题，给审计带来了不小的挑战。不过，我国在对境外国有资产的监管道路上一直不断前进，2017年发布的《中央企业境外投资监督管理办法》，就是对境外投资审计的一项指导性重要规范，但是现在仍然没有解决的问题是未能制定实施境外国有资产审计的细则，大部分相关法律法规都是比较宏观的，并未落实到细节。对于境外投资审计在法律法规方面的完善，还需要多做努力，在实践中不断加强。

（二）法律法规之间存在冲突

对同一事项不同的法律法规还存在冲突。一方面，由于各国（或地区）的实际情况不同，各方面都存在一定的差异，而每个国家（或地区）的法律法规是依据自身情况制定的，于是国家（或地区）间在法律法规方面就存在差异，而这种差异会使审计依据受到影响，对境外资产的审计是不小的挑战。另一方面，国内的法律法规的差异也会影响境外国有资产的审计。在境外审计方面，我国出台了《审计法》《境外国有资产管理暂行办法》《企业国有资产法》等相关法律法规，但这些法律法规由于制定和出台的主体不同，对审计的重点和内容也不同，这就导致对同一事项几部法律法规有不同的规定。在审计机关对境外国有资产进行审计时，正是由于审计法律依据存在较大差异，因而极有可能出现在审计过程中审计程序相冲突的情况，从而浪费审计资源，降低审计效率，影响结果的正确性。因此，为了保证高效严谨地实施审计，审计机关在对国有企业境外投资进行审计时，应当重点关注不同的法律法规是否存在矛盾之处，及时对相关条例和准则进行转换。

（三）相关法律法规对境外国有资产监督重前期轻后期

从法律规定来看，我国目前的法律法规重前期而轻后期，也就是法律法规重点集中在投资的审批阶段，注重审批流程、手续，但是投资后监管方面的法律法规比较缺失，对后期境外国有资产的监管很薄弱，只注重投资，不注重收益。并且监管部门对企业进行监管前，对其经营状况了解甚少，缺乏对投资项目的跟踪管理，忽略了对资金使用效益和合规性的审计，同时相关人员承担的责任也未明确规定，缺少对境外国有资产的了解和监管。虽然近年来商务部对境外投资开始实行统计、年检和绩效评价制度并进行定期报告，但其内容并非专门针对国有资产。因此，目前国有企业境外投资监管领域还有待进一步深入研究，特别是法律保障方面，法律的缺失极易导致审计机关可能因为审计措施的不得当而较难对境外企业的经营情况做出客观公正的定性和评价。

三、各监管机构之间职责划分不清

目前，我国国有企业境外投资监管是由审计机关、财政部、国资委、商务部等多个部门共同负责的。具体的分工是审计机关对境外国有资产进行财务审计，并且作为政府部门的监管单位，审计机关还要对国资委是否履行职责进行经济责任审计，而国资委和商务部则对国有企业境外业务的主要管理者进行监督，商务部和财政部也对境外国有资产的财务审计进行监督。由此，可以看出这些部门虽然看似各有分工，但是上级控制层面并没有协调好各部门的工作，各部门关系错综复杂，分工太过笼统并不详细具体，在实际的审计过程中，极易出现因为部门之间职权的重叠而互相推脱的现象，甚至有些区域出现监管盲区。而且不同的审计机关隶属不同的监督部门，各个部门的审计依据也不相同，各审计机关根据自己的审计系统和标准进行审计，不仅使审计成本增加，造成审计资源的浪费，还会造成监管的混乱，不利于境外国有资产的监管和我国政府公信力的建立。

为了解决这个问题，国务院专门设立了直属机构也就是国资委和地方国资委，辅助审计机关、财政部、商务部规范审计，以改善国有企业境外投资管理的问题。虽然设立了监管直属机构，明确划分了各部门在进行审计时相应的职责，并且制定的法律条款规定了各部门职责和审计对象，但在实际的执行过程中还是存在多头管理的现象。因此，上级部门还应不断完善国有企业境外投资审计职责的划分和授权，明确各个审计部门在对境外国有资产进行审计时的权责，确保各个审计部门在审计时是相互独立的，这样才能保证审计结果的可靠性、真实性。同时，指导境外国有资产审计的规范大多都是"暂行办法"，权威度不足，相关监管部门在审计时会"畏首畏尾"，遇到问题互相推诿，阻碍审计工作的顺利开展。

四、审计专业人才培养不能满足需求

审计署第一次"走出去"开展境外审计试点工作是在1999年，这些年来我国国有企业对外投资的对象主要集中在我国香港地区，一般来说我国审计人员都是对境内的国有资产进行审计，境外国有资产审计对于他们来说还是崭新的领域，因此审计的难度也是不言而喻的，这就对他们的业务能力、职业素质提出了更严苛的要求。目前，由于境外审计经验的缺乏，我国审计机关在对境外国有资产进行审计时甚至没有摸清境外国有企业的经营状况和环境，就盲目地开展工作，忽略了许多细节，阻碍了审计工作的顺利开展，影响了审计结果的准确性。同时，在境外投资过程中，国家和地区间制度的差异决定了我国国有企业不仅要遵守国内的相关法律法规，还应遵守被投资方的法律法规和相关准则。审计人员虽然精通我国审计相关法律法规，但我国境外国有资产遍布世界各地，而审计人员对被投资方的法律法规并不了解，要想在短期内熟悉被投资方的法律法规、技术标准、会计准则等实则难上加难。同时，境外审计人员数量较少、专业知识较单一，主要精通审计和财会知识，缺乏计算机以及工程技术等方面的专业人才。这使得审计机关开展建设项目和重工业领域的专项审计时缺乏相关专业能力的人才。因此，目前我国审计机关的审计人员只能勉强达到审计基本要求，综合素质还有待提升，要想更好地促进国有企业境外资产的审计工作质量的提升，必须加强对审计人员的全面培训，加强团队建设。

缺乏境外审计前的专项培训，未能得到境外审计经验丰富的审计人员的专业指导和培训是目前审计人员难以顺利开展审计工作的重要原因之一，因此加强对审计人员相关业务的培训就成了当务之急。目前，审计机关虽然对审计人员在开展境外审计之前会进行培训，但这些培训只是让审计人员大致了解相关内容，并未对其进行外语、国际惯例、国际会计准则和审计标准等专业培训。同时，虽然审计范围不断扩大，审计事项更加复杂，但是审计机关缺乏对审计人员进行相关专业技术的培训，例如，计算机、建筑等专业知识的培训，这导致实践中紧缺大量专业人才。

五、境外业务审计条件受限

(一) 境外审计范围受限

在审计范围方面,境外国有资产归国家所有,因此其也是囊括在我国审计监督范围之内的,我国审计机关有权对全部的境外国有资产进行监督和评价,但由于境外的国有企业子公司与境内国有企业的距离较远,加之由于某些国家(或地区)安全形势问题,以及相关制度差异等问题,使得境外审计难度升级,审计范围受到严重的限制。根据相关调查,审计署除了对国有企业驻港机构开展过少量审计之外,大量境外国有资产基本上都没有得到审计的监督。并且审计署开展的境外审计业务也主要集中在我国港澳等地区,对其他地区特别是非洲、拉丁美洲等国家或地区的国有企业审计严重偏少。虽然在 2014 年国务院就颁布了《国务院关于加强审计工作的意见》,明确提出境外国有资产属于我国审计监督范围之内,但该规范缺乏一定的权威性。如果要对境外国有资产实现审计范围全覆盖,还应当有详细的法律规定作为强有力的支撑,这样才能更好地促进国有资产的保值增值。

(二) 审计时间不充裕

审计人员在境外进行审计时,审计时间是不太充裕的,时间的紧迫性对赴境外进行审计的工作人员是极大的挑战。一般的商务签证有效期为一次停留不得超过 30 日,一年累计不得超过 180 日。签证时效的限制使得审计机关只能派出少量审计人员,并且这些审计人员必须在短时间内开展审计工作。因此,审计人员必须在规定时间内高效地完成审计,首先就是要迅速地对被投资方的政治、经济、文化、法律等情况进行了解,以便审计工作的顺利开展,然后熟悉被审计单位的经营状况、管理方式、内部控制等,收集充分适当的证据,完成审计工作。时间的紧迫性大大增加了审计的强度和难度,这就要求审计人员在进行审计时必须提前计划部署好所有工作。

(三) 必要审计程序无法保证实施

由于法律法规和语言等诸多障碍,加之存在相关境外人员不配合工作、两国(或地区)人民思维方式不同等情况,审计人员很难通过询问、观察、函证等常见方式从相关人员那里了解企业的实际情况。同时,在完成审计工作后,审计人员如果发现收集的证据不充足或者无效,他们不能像在境内审计一样,随时返回被审单位获取相关资料。各种限制使得审计人员调查取证的难度大大增加,各方面都存在资源力量不够,审计程序难以实施的问题。因此,这就要求安排工作时在事前、事中、事后三个阶段合理分配审计任务:事前做好各项工作的统筹规划,以便保证审计程序的顺利实施;

审计过程中快速高效地开展工作；事后及时进行反馈与整改工作。这些都是影响境外审计效率和审计结果的重要因素。

本章小结

本章主要介绍了国有企业境外投资审计的现状，并从现状中分析了存在的困难。首先通过国有企业境外投资审计概述和特征引入主题，这部分简要叙述了境外资产审计狭义和广义的定义以及与境内国有资产审计相比，其所具有的突出特征。接下来介绍了国有企业境外投资审计的现状，主要是从审计依据、审计对象、审计流程、审计机制以及审计成效这五个方面展开的。通过对现状的梳理，我们不难发现境外投资审计存在的问题和面临的困难，法律法规不健全、审计机构权责不明、审计专业人员缺乏以及审计条件受限都是影响境外投资审计顺利开展的因素。本章通过对现状和困难的分析能帮助我们更好地了解我国国有企业境外投资审计的现实状况。

第四章　国有企业境外投资审计目标与重点

当前，我国对外投资已经进入新的发展阶段，将进一步扩大境外投资规模，但国有资产"走得出去"却"挣得回来"的现象时有发生，造成了国有资产的流失。主要原因是国有企业对投资国家（或地区）的政治法律、经济环境的不熟悉以及对所投资境外项目的了解不深入，存在许多投资目的不明确、投资计划不健全的投资项目，造成大量境外国有资产的经营状况不佳、盈利实现能力稳定性不强甚至经济损失等问题。例如，中国铁建股份有限公司沙特轻轨建设项目造成人民币41亿元的亏损、利比亚发生战乱事件导致国有企业涉损合同额达188亿美元等，这些投资亏损严重的案例折射出国有企业境外投资过程中风险意识薄弱，风险管控能力欠缺的问题，因此，需要对国有企业境外投资加强审计监督。本章将对前文提到的国有企业境外投资的四个审计方向（政策落实、资金使用、合规性、领导人责任履行情况）做进一步的阐述，深入探究四个审计方向的审计意义、审计目标及审计重点，进一步细化国有企业境外投资审计的工作内容，提出境外投资审计工作中需要重点关注的实质内容。

第一节　国有企业境外投资政策落实

一、政策落实审计的意义

为引导和规范国有企业境外投资，国资委、商务部、财政部、审计署等相关部门先后出台了许多政策措施。相关文件明确指出境外审计机构要进一步确保境外国有资产安全、可控、有效地运营，防止一些国有资产"走得出去"却"挣得回来"。确保国有企业在境外投资过程中严格执行国家相关政策，能够按照出台这些政策的机关的本意和初衷落实国有企业境外投资政策，是国家审计机关进行政策落实审计的根本意义。为达成这一目标，国家审计机关必须对国有企业境外投资相关政策进行跟踪审计，对相关政策贯彻落实的情况做到"执行一步，审计一步"，必须保证政策落实工作的时效性，这是强化国家审计机关为国有企业境外投资业务提供服务与保障的基本需要。除此以外，由于相关政策制定时间、被投资方国情变化等客观原因，国有企业境外投资过程中也必然存在政策的局限性、信息的不对称、不可预测的重大事件等问题，可能导致具有良好初衷的国家政策在贯彻过程中因曲解、滥用等而无法达到既定的政策目标（李晓冬，2020）。因此，为了确保达成国有企业境外投资政策出台的初衷，让相关政策更好地为国有企业境外投资业务保驾护航，必须加强对国有企业境外投资政策落实的跟踪审计。

国有企业境外投资政策落实审计的范围主要有以下几个方面：一是在国家部门制定政策的阶段，审计人员应当重点关注政策的出发点是否符合国有企业境外投资的实际需求、政策执行下游的相关部门是否就帮助企业顺利执行新政策出台了相应的辅助政策、国有企业自身是否已经设立一套完整且有效的新政策贯彻开展制度等；二是在政策实施阶段，审计人员应当对政策的实施过程进行监督检查，通过技术手段检查政策执行是否存在偏差、境外投资项目实施是否滞后、资金是否存在沉淀等问题；三是在政策落实完成阶段，审计人员应当重点对政策执行成果进行检验，一方面要直接检验境外投资政策的执行效果情况，另一方面要对配套措施的制定和执行效果情况进行检验。

二、政策落实审计的目标

国有企业境外投资政策落实的总体目标是检验政策是否已经被执行、执行过程中的效率、政策执行的最终效果及产生的效益，继而根据这些反馈，为相关国家机关和机构在政策修正、调整、继续或中止提供可靠依据（牛彦绍，2017）。国有企业境外投资审计过程中，对相关政策贯彻落实的跟踪审计可以实时地反馈政策执行的效益和效果，使国家机关可以及时了解到国有企业境外投资过程中真正存在的问题和困难。只有对国有企业境外投资的实际情况有深刻的了解，国家机关才能据此完善政策，使政策更加贴合实际，从而确保国有企业境外投资政策切实落地，也才能更好地为国有企业境外投资保驾护航。明确了国有企业境外投资政策落实的总体目标后，可以进一步细化探究国有企业境外投资政策的落实审计具体目标。

（一）提高境外投资政策执行力

简单来说，政策执行力就是通过对政策相关资源的使用和调度，使政策有效落实的能力。而国有企业境外投资政策的执行力主要包含了国家机关制定并修正境外投资政策的能力、国有企业理解境外投资政策的能力、政府机关提供政策配套资源的能力和及时完善境外投资政策的能力等。

首先,制定境外投资政策的能力指的是政府机关在相关政策内容制定时和政策落实时,是否有能力将政策的初衷契合国有企业境外投资的实际业务需求,从政策制定的源头保证政策本身的科学性和合理性。其次,修正境外投资政策的能力是指在境外投资政策实施的过程中,及时发觉和修正境外投资政策的错误、及时停止或强化政策执行的能力。再次,国有企业理解境外投资政策的能力,是指国有企业作为政策的执行主体能够深刻理解政策的要求并能够据此建立保障政策执行有效的内部控制制度。最后,政府机关提供配套资源的能力和及时完善境外投资政策的能力,是指在境外投资政策的落实过程中,国家相关部门是否能够根据国有企业境外投资过程中的实际需求,及时整合有利资源为政策的顺利实施提供必要的帮助,并在理解和分析政策的实施成果时,做出客观合理的评价。

提高国家机关与国有企业境外投资政策执行力是顺利实施相关政策的基础和前提,其中对境外投资政策不断地实时修正及完善又是实施政策的核心,大大保障了政策的效能和合理性。因此,政策落实的一大目标就是要提高境外投资政策的执行力,保障境外投资过程中相关政策落实到位,提高境外投资政策效果,并不断地为优化境外投资政策提供可靠依据。

(二)提高企业对境外投资政策支持度

根据以往的投资案例可以发现,在境外投资过程中,某些国有企业为了获取更高的投资收益,往往试图探寻境外投资政策存在的漏洞,逃避国家政策的监管与约束,从而达成某些被国家政策禁止的经济交易。既然企业蓄意逃避政策监管是为了获取更高额的投资利益,若国家机关在相关政策制定之时就保障了企业在不违反政策的情况下也能获取相应的高额投资收益,那么企业将积极推动境外投资政策的落实。相反,若在某个境外投资政策的执行和实施过程中国有企业将损失一部分投资收益,则国有企业会抵触该境外投资政策的实施,使得相关政策的落实情况不尽如人意。在政策落实的过程中,审计人员需要关注国有企业内部对各项境外投资政策的主观意见和处理态度,并通过审计工作反映出真实的政策效果来及时向政策制定部门反馈,帮助相关部门完善境外投资政策,以提升企业对境外投资政策的信赖与支持,从而使企业主动地贯彻落实境外投资政策。

三、政策落实审计的重点

从时间节点上看,对境外投资政策实施效果方面的评估可以分为事前、事中和事后三个阶段(顾燚,2019)。国有企业境外投资政策落实审计的目标是通过审计工作检验国家政策执行的效率、效果及产生的效益,继而根据这些反馈,为相关国家机关和机构政策的修正、调整、继续或中止提供可靠依据。审计目标贯穿了政策执行的全过程，所以审计人员在审计时应当关注政策执行中的各个重要节点。以政策执行的时间流程划分，可分为政策制定阶段、政策执行阶段及政策执行完成阶段。针对事前阶段的评估主要是政策制定方面的评估，而涉及事中与事后阶段的评估则属于政策执行方面的评估。基于这个现实情况，政策落实审计应当始终与政策实施的进度保持同步，在每一阶段的工作完成后，审计人员都要及时对该阶段的政策落实情况进行审计并评价该阶段的政策落实情况是否合理。通过时间节点上的同步，审计人员可以及时发现政策落实过程中的问题和难处，通过给相关部门的有效反馈可以及时修正相关政策，对境外投资政策的效益性有极大提升。

（一）对政策制定阶段的审计

对境外投资政策落实情况的审计，审计人员在政策制定时就要介入，以便及早地揭示和及时反映出存在妨碍境外投资政策顺利贯彻实施的困难和突出问题，这有利于完善境外投资政策措施，推进境外投资政策贯彻落实，提升境外投资政策的执行效果。在境外国有企业投资优惠政策的投放实施阶段的相关政策审计主要工作有：（1）检查各省市有关政府是否已经为境外国有企业投资优惠政策的实施制定了科学合理的衔接政策。（2）对照党中央、国务院和上级有关地方政府在实施扩大境外企业投资、号召国有企业"走出去"政策方面已经出台的文件和一系列配套政策措施，各省市有关部门根据所依照的境外投资政策实施要求，对实施主体确认、限期要求、投资项目类别等多项限制条件进行审核，并在规定的政策实施期限内，合理制定出对应的配套政策措施。在国有企业境外并购审计中，审计人员要重点关注国家出台的相关政策及配套措施是否能够帮助国有企业在并购业务发生前更好地了解被并购方，是否能帮助国有企业计量被并购方的实际价值和并购后产生的经济效益。在国有企业境外工程建设项目审计中，审计人员应当审查相关境外投资政策是否能够引导国有企业甄别契合自身运营的境外施工项目，避免出现承包境外施工项目的国有企业资质不达标的情况。在国有企业境外投资涉税审计中，审计人员应重点关注税务机关是否已经对该政策的恰当性和完善性进行评估和监督，通过税收审计推动国有企业境外投资涉税政策不断完善。同时，国家针对国有企业境外投资活动出台各项税收政策的目的是进一步规范管理国有企业以及鼓励和推动企业"走出去"，这些政策能否发挥实际效果关系到企业境外投资的风险和收益问题。因此，审计人员也应重点关注该政策对企业境内外税负的影响。因此，只有通过政策审计工作采取正确的政策方向进行引导，同时正确保障和落实良好的境外投资政策方针，才能有效推动和加强国有企业境外投资的市场化建设，才能真正确保国有资产"走得出去"且"挣得回来"。

（二）对政策执行阶段的审计工作

对政策的执行阶段进行审计，可以简单地理解为对政策执行管理过程中的监督检查。当前已经出现的一些政策执行偏差、项目实施滞后、资金沉淀等问题与对政策执行阶段监督检查力度的不强有关，这些偏差的问题往往是由部门间的协作机制不畅所造成的。为了保障境外投资政策的良好效果，在政策执行阶段的审计工作主要有：（1）检查企业资质评估机构是否具有独立性与客观性，是否遵循了评估的规则；（2）检查企业是否符合享受国家境外投资激励政策的条件，防止出现激励政策错误地投放在不合资质的企业上的情况；（3）检查企业是否具有参与境外投资项目招投标条件；（4）检查相关政策的拨款投放的企业是否符合政策要求、检查相关政策的拨款投放的投资项目是否符合政策要求；（5）检查相关部门是否对参与境外投资的企业做到合理备案；（6）检查企业内部是否为执行政策制定了合理、科学的衔接措施或制度。在并购审计过程中，审计人员应当关注国有企业是否将相关国家政策贯彻落实，重点检查国有企业在评估被并购方各项资产价值时所合作的鉴定机构是否符合政策要求，继而可以重点追查相关资金的使用有无违反国家政策的规定。在国有企业境外工程建设项目审计中，审查国有企业进行境外工程项目投资建设过程中，是否将国家对外投资和对外工程承包相关政策落实到位，重点审查项目施工资金的使用是否符合国家政策要求，施工成本的控制是否严格遵守了相关政策的规定，施工人员的安全保护措施是否达到国家政策制定的标准等。在国有企业境外投资涉税审计中，审计人员要监督和审查税务机关是否及时全面地落实国家重大减税降费政策，以及从事境外投资的国有企业所适用的税收政策或与其他国家（或地区）签订的税收协定是否落到实处，有无错征、漏征和多征的情况。另外，审计人员要审查税务机关在执行政策过程中是否存在遗漏或者擅自进行减免税的情况。政策执行阶段的审计工作保障了国有企业在一系列的境外投资过程中都严格遵守国家相关政策要求，将国家政策完美落地，并有效地保障了国有企业境外投资进程更为顺利。

（三）对政策执行成果的审计

国有企业境外投资政策重在贯彻落实，而境外投资审计监督机关如果想要客观全面地分析和评价某项境外投资政策措施的落实情况及其执行效果，就必然需要对境外投资政策的制定和执行效果进行审计和监督。对政策执行成果的审计可以保障境外投资政策发挥其效用，对政策执行成果的审计主要有：（1）检查企业境外资产资料的真实性和完整性，特别是涉及国家境外投资政策的生产、经营资料；（2）检查企业在海外投资项目中是否存在违背境外投资政策的行为，检查企业是否按时向有关部门汇报政策执行成果的进度；（3）检查企业是否及时、公正、客观地向公众通报了境外投资项目的成果。在国有企业境外并购审计中，审计人员应当重点审查并购业务完成后的经济效益情况，审查并购业务的经济效益性、效率性是否达到了相关国家政策的规定，如果并购业务的经济效益没有达到相关国家政策的要求，审计人员应当将实际情况及时向有关部门进行反馈。在国有企业境外工程建设项目审计中，审计人员应当重点审查施工项目完成后的工程质量及项目经济效益情况，审计人员需要聘请外部专家帮助检验工程的竣工验收流程是否符合相关国家政策的要求，还要审查施工项目完成后带来的经济效益是否达到了预期，杜绝国有企业在施工工程竣工时出现违背国家政策的行为。在国有企业境外投资涉税审计中，审计人员应重点评估该政策的实施效果是否达到了出台政策时的目标和要求，并且通过审计监督和调查针对国有企业境外投资的税收政策在执行中出现的新情况和新问题，积极地提出建议，促进政策不断完善并发挥实际效用。通过对境外投资政策成果的审计监督，可以更客观地揭示和反映国有企业在贯彻落实中央和国家境外投资政策中可能存在的一些乱作为、假作为等问题，可以深入地分析其存在的原因并及时提出相应的对策和建议。

第二节　国有企业境外投资资金使用

一、国有企业境外投资资金使用审计的意义

虞伟萍、汪春贵、张玉竹等（2013）认为对国有企业境外投资资金进行审计能及时地揭示国有企业投资资金分配和使用中可能存在的一些违背国家相关法律法规的突出问题，从源头上防范和规避国有企业境外投资资金分配和使用不谨慎可能带来的风险，保障境外投资资金使用目标的落实和提高境外投资资金分配和使用的效果。

国有企业境外投资资金使用审计的范围主要有以下几个方面：一是检查国有企业境外投资各项资金是否按照国家有关规定进行管理和使用，有无违法违规的问题；二是对因资金闲置而不能及时形成有效投资支出的，要在充分揭示这些问题的基础上，积极地提出意见和建议，推动对境外投资资金的统筹安排，保障国有企业的发展和重大项目的建设；三是重点检查国有企业相关投资基金的组建和运营等各项金融工作安排是否有序地进行，银行贷款、银行授信等多边资本金融合作的工作机制是否有效地开展，各项金融监管的机制、风险的应对和金融危机风险处置等长效机制建设是否有效地建立（林忠华，2016），分析国有企业产生这些问题的可能性和原因，积极地提出审计意见和建议。

二、国有企业境外投资资金使用审计的目标

进行国有企业境外投资资金使用审计时,首先要对国有企业境外投资资金相关信息的真实性和合法性进行审计,然后在此基础上进一步加强对国有企业境外投资资金使用经济性、效率性和效果性的审计。可以具体分为以下几个方面。

(一)保障国有企业境外投资资金的使用符合国家相关规章制度

国有企业境外投资资金的审计工作要围绕党和国家境外投资政策的重心和路线方针,认真履行审计的法定职责,全面保障境外投资资金的安全。监督和检查境外投资资金使用的真实性与合法性是国家审计保障境外投资资金使用绩效的基础目标,因此,对境外投资资金使用的真实性、合法性进行审计,能够反映与境外投资资金使用相关的企业制度运行情况以及内部审计部门、内部审计人员的履职尽责情况,进而促进境外投资资金管理制度的健全,充分发挥国家审计在国有企业境外投资过程中对国有资金的监督作用。

(二)保障境外投资资金的高效使用

国有企业境外投资资金使用审计时,审计人员应关注国有资金的使用是否达到了经济性、效率性、效果性以及公开性的目标。其中,经济性是指以最小的花费进行安全、可靠的境外投资项目,强调减少资金浪费;效率性则以境外投资资金的投入产出比是不是最优来衡量,强调境外投资资金使用的有效性;效果性从境外投资资金支出的预期目标出发,强调是否对企业价值或投资收益有贡献;公开性则是指境外投资资金分配是否公正公开,提供的企业投资资金使用情况是否公开透明。对境外投资资金使用进行审计,重点在于揭示境外投资资金在使用过程中存在的问题,推动境外投资资金管理制度的改革,提高境外投资资金使用效率。

(三)保障企业和国家经济持续发展

国有企业境外投资资金使用审计的主要目标是,通过审计工作保障国有企业的可持续发展,从而更好地保障国有资本的安全和利益。国有企业承担着回报社会的责任,国有企业的良好有序发展,能够更好地识别和有效应对我国经济发展中可能存在的各种社会问题和挑战,审计人员有义务和责任通过审计工作提高国有企业境外投资资金的使用效益及国家对境外资金的管理能力。因此,国有企业境外投资资金使用审计是国有企业实现社会和国家经济治理社会发展目标的有效手段之一,维护着国有企业境外投资和社会的安全,也更好地维护了社会和国家的政治、经济、文化和信息安全,为我国经济社会持续健康发展保驾护航。

三、国有企业境外投资资金使用审计的重点

境外投资资金的管理是国有企业制定和实施发展战略的基础，贯穿于整个企业管理活动的各个时期和阶段。国有企业境外投资资金使用审计的目标是保障国有企业境外投资资金相关信息的真实性和合法性，改善国有企业境外投资资金使用的经济性、效率性和效果性。相关审计人员重点审计对外投资资金的来源与去向、管理与使用情况，这样能有效地保障资金使用的真实性、合法性。因此，企业是否按照国家规定的资金管理权限和审批程序实行了集体决策和审批，企业财务预算收支的真实性、合法性，以及企业资产负债损益等情况都是审计人员在实务工作中应当关注的重点。国有企业境外投资资金使用审计的重点可以概括为以下两个方面。

（一）资金的来源与去向

审计人员应当严格审查国有企业境外投资的实际资金来源和其资金去向，通过分析企业的实际资金来源、流向来准确评价资金是否为非法集资，企业对资金的使用是否真实和合理。国有企业境外资产流失的现象主要出现在境外投资出资过程中，在对企业出资环节进行审计时，审计人员需要根据国家相关的政策规定和法律法规来确认该投资项目出资的科学性和效率性。审计人员应当充分关注在出资时企业负责人是否根据境外投资发展规划的要求，编制了下一年度境外投资发展计划。针对下一年度境外投资发展计划，审计人员应当重点关注两项内容：一是境外投资的总数量与规模、资金来源与构成境外投资情况；二是境外投资项目背景、项目内容、股权结构、项目地点、投资额、融资方案、实施年限、风险分析及境外投资经济效益等在内的下一年度重点境外投资项目的基本投资情况。就资金的来源与去向的审计工作而言，在国有企业境外并购审计与境外工程建设项目审计中，审计人员应当重点审查并购项目资金和工程建设项目资金的审批是否合情合理，尤其要重点审查并购项目审批的资金是否与被并购方的实际价值相符，工程建设项目审批的资金是否与项目计划书里的施工成本相符等。通过对资金源头的严格把关，保证国家投资资金投向了适当、合理的对外投资项目，减少国家资金的浪费。在国有企业境外投资涉税审计中，审计人员应重点关注转移资金规避税负的行为。目前，市场对资金出境十分饥渴，审计人员应加强对资金出境的监督，鼓励具有真实合规的境外投资目的的资金出境，但对于通过转移资金，进行不正当的全球税收筹划行为应坚决打击，避免税基侵蚀和利润的转移，坚决维护国家税收收入。

（二）资金的管理与使用情况

审计人员除需要重点关注境外投资资金的来源与去向是否合法合规外，还需要重

点关注大额境外贸易资金的实际使用管理方式或者是否完全经过了海关审批或者是否会签，从而对境外违规投资企业非法挪用国有企业其他子公司的境外资金的行为进行严厉打击。在国有企业境外并购审计中，审计人员应当重点关注各个项目资金的管理情况，特别是并购项目中的资金是否换取了同等经济效益的境外资产，以及向被并购方支付金额的方式是否科学合理。此外，审计人员还应当检查核实项目投资额重大变更的比例等具体情况，如果项目投资额重大变更超过了一定的比例，检查其公司是否依法履行重新投资报批等相关手续，防止出现企业随意更改项目投资额的重大变更情况；在境外工程建设项目审计中，审计人员应当对国有资金在整个境外工程建设的资金运动过程进行审查监督，关注资金使用是否符合预算、有无非法挪用情况以及资金是否得到高效使用，通过审计监督保障国家投放至项目中的资金"一分钱出一份力"，打击部分国有企业利用境外企业投资的各种幌子进行企业国有资产境外代理转移的违法行为；在国有企业境外投资涉税审计中，审计人员应重点关注资金在管理与使用过程中是否存在关联方之间的关联交易。境外投资过程中，关联企业之间经常将资金在各关联方之间进行转移，利用所在国税收政策的差异将资金转移到低税国，不仅导致资金使用效力低下，还将导致国家税基侵蚀。涉税审计可以有力打击资金在管理过程中的各类偷逃税行为，保证资金足额高效使用。

第三节　国有企业境外投资合规性

一、国有企业境外投资合规性审计的意义

国有企业境外投资合规性审计能够有效地解决境外国有资产流失的问题，使国家的境外资产能够得到合理配置，从而使得政府的审计投入不仅真正实现了最大的经济效益，也真正实现了国有企业价值最大化的目标。只有这样才能使国有企业的经营发展实现良性循环，从而有效地开展我国境外投资的经济战略，为我国的经济发展打下良好的基础。

此外，通过国有企业境外投资合规性审计，可以更好地帮助国家有关部门制定更契合企业实际需求的境外投资政策，以帮助企业进一步提升海外持续经营的竞争力和管理水平，更好地开展和实施国有企业境外投资项目；同时，有助于国有企业管理人员深刻理解投资合规性的重要性，从而积极主动地规范国有企业境外投资的行为，对促进开展深层次的经济合作和保障我国国有资产安全具有重要意义。

国有企业境外投资合规性审计的范围主要有以下几个方面：审计人员首先关注国有企业在境外投资决策前是否有针对性地做出了项目投资调研，分析其境外投资项目计划的合理性与适当性；其次在境外投资项目实施过程中，审计人员应当对资金流转的全过程保持高度关注，重点检查各项资金的审批手续是否合理合规，对不合规的资金流动要及时汇报给相关监管部门；除此以外，审计人员还应当重点关注与国有企业境外投资项目成果汇报相关的事宜，重点检查国有企业相关汇报内容是否如实反映了其真实投资收益，通过审计工作识别出经过粉饰后的"注水"的投资报告，帮助国家相关监管部门更好地保护国有企业境外资产。

二、国有企业境外投资合规性审计的目标

国有企业境外投资合规性审计的总体目标是进一步提升国有企业关于境外投资的管理水平，规避重大境外投资风险。通过审计检查、梳理和进行项目数据的统计和分析，帮助投资企业进一步梳理、查找投资项目在经营管理中可能存在的合规性问题和投资风险，而后深入分析其原因，并根据实际情况向企业提出相应的建议；此外，还可以通过检查使得企业进一步加强重大投资项目管理，改善经营流程，促进企业投资项目管理能力的规范化。国有企业境外投资合规性审计的具体目标有以下几个。

（一）保障国家境外投资管理模式长期有效

国有企业直接到海外资本市场投资项目为我国经济发展打开了新的局面，但也存在潜在的问题和风险。现阶段我国的经济发展正处于历史性的转型升级时期，虽然近年来国有企业境外投资在内部合规性控制中引入了风险评估机制，但是内部管理实施起来却相当困难。尤其是现在很多国有企业为了确保自己能够顺利得到一些国家海外投资的项目，会对公司境外经营的真实情况进行粉饰，如虚报公司业绩、编造虚假的经营数据等。这种行为在短期内难以被发现，可能会使国家认为该国有企业当前的内部管理机制良好，于是该国有企业可能沿着这条虚假的合规性路线将境外投资管理机制继续执行下去，这样会对国有企业的健康发展产生不利影响。更为重要的是，其他原合规经营的国有企业可能会纷纷效仿这种不良行为，形成"劣币驱逐良币"的局面，最终可能会影响我国整个境外投资市场生态的健康发展，使得我国境外投资的机制和模式也失去了正确的革新方向。通过加强对国有企业境外投资的内部合规性审计，强化国有企业的内部风险控制及投资公司的治理，有利于投资企业的长期健康发展，最终使得国家制定的相关法律法规得以贯彻和执行，从而形成有利于我国经济持续健康发展的境外投资管理模式。

(二)实现社会经济效益整体最大化

国有企业是中国特色社会主义的重要物质基础和政治基础,是中国特色社会主义经济的"顶梁柱"。国有企业如果能够持续健康发展,我国的社会和整体经济也才能真正走上良好的社会主义经济运行的轨道。然而,当前我国在开展国有企业境外投资的过程中仍然存在一些问题,例如,有的境外投资企业为了能够得到境外投资的项目而贿赂政府官员。如果这类合规性的问题不能及时地被发现和有效解决,不仅不利于国有企业自身的持续健康发展,还可能阻碍国家经济健康发展。如果对国有企业境外投资的项目进行严格的审查和合规性审计,则能保障国有企业境外投资项目的管理和审批工作符合国家的相关政策和法律法规的要求,同时也能保障国有企业的境外投资经营过程中的经营行为符合其他相关法律和程序。那么,我们也就可以从源头上规避目前国有企业境外投资的过程中可能存在的不合理现象,并能从整体上直接促进国有企业长期有效的健康发展,进而实现国有企业社会效益与经济效益的双重持续发展目标。

三、国有企业境外投资合规性审计的重点

境外投资项目因其自身的风险较大,较境内同规模项目的审批会更为严格、层级更高,并且还需向国家发改委、国资委、商务部等多个主管部门申请备案或报批。一些企业可能在筹备阶段片面追求短期投资回报,从而发生盲目决策或未严格履行必要的决策程序开展境外项目投资的特殊情况。国有企业境外投资合规性审计目标是通过对投资项目进行统计和分析,并对投资计划本身是否合法合规,及投资合规性控制制度是否完善进行重点审计,帮助投资企业梳理、查找投资项目在经营管理中可能存在的合规性问题和投资风险,继而提升国有企业对境外投资的管理水平,规避重大境外投资风险。投资项目的合规问题贯穿于投资的全过程,因此从项目筹备阶段开始,审计部门工作人员就应认真梳理有关企业境外项目投资业务开展所涉及的企业集团内外业务的情况以及相关的法规和制度,以项目清单的形式进一步了解境外项目投资筹备阶段各项审前调查工作完成的情况。同时,应关注境外项目筹备阶段决策程序的规范性、可行性的研究依据是否充分,是否可能存在为了扩大境外投资规模、争取开展境外业务而盲目上马的项目。国有企业境外投资合规性审计重点可以分为以下两个方面。

(一)投资计划是否契合被投资方国情及政策法律环境

国有企业在境外投资的过程中,应该从自身的利益出发正确规避境外投资风险,采取灵活的国有企业经营管理措施,树立良好的境外投资企业形象。企业需要密切地关注当前国际局势的变化,增强国际政治的敏感度,培育海外企业合规文化,及时有

效地识别境外重点投资国家和地区的投资风险，提高境外投资企业的全球综合竞争力，打造海外企业投资合规管控的新系统。在国有企业境外投资合规性审计工作中，审计人员应当重点关注企业是否掌握被投资方外资准入等相关政策，企业是否了解被投资方的法律约束，诸如国家会计监督管理标准、税务监督管理标准、劳工派遣用人管理标准、社会风险责任管理标准等有关的法律法规、行业准则和相关商业管理惯例。在国有企业境外并购审计中，审计人员应当留意被投资方关于境外资产入驻当地企业的相关规定，应当确保我国国有企业并购项目的开展同时符合两国（或地区）的法律法规，避免因为没有对被投资方并购相关的法律法规进行深入了解，从而未发现并购项目中的潜在问题，导致出现目标企业选择不当和并购业务无法进行等问题。在境外工程建设项目审计中，因为施工方面环保要求的特殊性，审计人员应当重点关注被投资方对施工项目的环保规定，审计人员应当审查国有企业是否有效地采用了先进的技术和生产工艺来提高资源的利用率，是否实现了环境保护指标的全面达标，以此确保境外工程建设项目合法、顺利地运行。在国有企业境外投资涉税审计中，审计人员要密切关注被投资方国家（或地区）的实际情况，关注当地的税收政策法律环境，了解当地税务征管协作等部门的运行情况。通过判断和测算等方式确定企业面临的税收风险，审计人员应协助企业进行境外所得的纳税申报，避免双重征税、违规纳税等加重企业投资负担情况的发生。此外，审计部门工作人员要关注的问题还有企业审计部门是否有效地采取了法律手段保护自身的投资和经营活动，利用法律法规维护自身的合法权益，从而将企业因违反法律的投资和经营行为导致的负面影响和不必要的经济损失降到最低。

（二）境外投资合规性控制制度是否完善

审计人员需要重点考察和关注国有企业境外投资项目的规模是否完全符合我国国民经济的规划，是否完全符合境外投资的产业政策和对国有经济的布局以及其结构调整的方向；投资方向是否契合该企业的主营业务，是否有利于其提高投资企业的国际地位和竞争力；其投资规模与企业实际经营规模、资产负债水平、实际境外筹资的能力以及其财务风险承受能力等因素是否相适应（陈昱帆，2018）。此外，企业内部控制极为重要，与境外投资相关的管理制度对国有企业境外投资收益更是影响甚大。审计人员在国有企业境外投资合规性审查中，还可以重点关注以下几个方面：一是国有企业是否遵循了境外创业投资的政策指导方针及其原则；二是国有企业是否遵循了境外服务业投资的决策程序和其管理的流程；三是国有企业是否遵循了境外投资的风险管理及其评价、考核、责任追究制度。在国有企业境外并购审计中，如若并购过程中发生了变化，例如，经核定的被并购企业价值发生变化，并购款项支付方式发生变化等，审计人员应当关注类似变化是否会导致境外并购业务发生实质性变化，检查其并购合同的前期可行性研究方案和后期的决策文件，要确保合同中关键项目内容的变化符合相关的制度和标准。在境外工程建设项目审计中，审计人员应当重点审查国有企业施工过程各个原材料供应商的选择、施工方式及施工人员人身安全是否有一套合理的控制制度并且是否做到了严格遵守该制度。此外，审计人员应当关注承包施工项目的国有企业有无进行二次转包行为，二次转包可能会使得施工项目的经营和管理权发生转移，使企业出现较大的风险，审计人员应当重点关注此类情况的发生，并根据实际情况的变化按规定立即上报。在国有企业境外投资涉税审计中，企业境外投资规模、方向和内部控制都对企业的税负有重要的影响，境外投资合规性的控制程度不同也会面临不同的税收问题。审计人员应重点评估不同合规程度下企业的税收负担，考察其所面临的税收风险，助力企业避免税务危机的出现并阻止其进一步扩大。

第四节　国有企业境外投资领导人责任履行情况

一、国有企业境外投资领导人责任履行情况审计的意义

从国有企业境外投资的失败案例可以看出，其失败原因大多是企业领导人不遵守相关规定履行责任或是滥用权力。而一些领导人不履行自己的责任或滥用手中的权力是因为境外投资项目运营中缺乏对领导人必要的指导和监督。因此，必须对国有企业主要领导人的责任履行情况进行监督，而审计监督是最有效的方式之一。国有企业领导人责任履行情况审计是我国经济社会发展和制度环境的产物。在经济体制深化改革的时代，国有企业的所有权和经营权进一步分离，国家也在进一步扩大境外投资，国有企业领导人的责任履行显得更加重要（蔡春、朱荣、蔡利，2012）。强化国有企业境外投资领导人责任履行情况审计，有利于进一步提高被审计国有企业的财务与投资的质量、提高被审计企业经济效益、改善被审计企业管理质量和经营成果。同时，强化国有企业境外投资领导人责任履行情况审计，可以对提高领导人的财务管理与监督等职能方面发挥重大的作用。通过对国有企业领导人责任履行情况的审计，能够对被审计的领导人在任期内履行的法定责任、重大决策、业绩和其个人廉洁等工作情况给予系统化的评价，审计结果为国家相关部门考核被审计企业领导人的业绩提供了重要依据。

国有企业领导人境外投资责任履行情况审计的主要内容有：(1) 贯彻执行党和国家经济方针政策、决策部署情况；(2) 企业发展战略规划的制定、执行和效果情况；

（3）重大经济事项的决策、执行和效果情况；（4）企业法人治理结构的建立、健全和运行情况，内部控制制度的制定和执行情况；（5）企业财务的真实合法效益情况、风险管控情况、境外资产管理情况；（6）在经济活动中落实有关党风廉政建设责任和遵守廉洁从业规定情况；（7）以往审计发现问题的整改情况；（8）其他需要审计的内容。

二、国有企业境外投资领导人责任履行情况审计的目标

国有企业境外投资领导人责任履行情况审计的总体目标为核实国有企业在境外投资项目中的经济效益，厘清国有企业境外投资项目实际经营管理过程中领导人的具体责任。在对领导人责任履行情况的审计中应当保证审计的公允性、客观性，积极开展各项审计检查活动，明确境外投资企业在项目实际经营期内领导人的具体责任，帮助企业顺利开展境外投资项目经营管理活动，保障国有企业境外投资的进程不因企业领导人的原因中断。国有企业境外投资领导人责任履行情况审计的具体目标有两个。

（一）帮助企业构建事前决策机制

国有企业境外投资业务如果出现了资产状况不佳、盈利能力不强、投资回报率偏低等问题，一般而言，企业财务管理能力和水平与妥善应对企业境外投资风险的管理需求不相适应是重要原因。部分企业境外投资财务管理存在以下突出问题：一是事前决策随意，可行性论证流于形式；二是事中管理薄弱，财务风险管控不力；三是事后监管缺位，对有关决策和执行主体约束不力。为了规范国有企业境外投资财务管理，防范境外投资财务风险，财政部印发了《国有企业境外投资财务管理办法》（财资〔2017〕24号）。该办法对境外投资的事前、事中、事后财务管理提出了明确要求，特别强调企业进行境外投资之前要充分考虑财务的可行性。国有企业领导人对重大投资决策负责，在做出境外投资决策之前应当考虑企业财务整体的可行性。在国有企业境外投资领导人责任履行情况的审计中，审计机关应当尽职尽责地对其可行性决策进行调查，必须明确记录执行监督检查管理部门职责的书面稿和会议纪要的主要内容，以利于有效解决和遏制国有企业境外投资过程中相关领导人的违规决策和盲目决策等突出问题。

（二）强化境外投资财务监督

国家相关部门要求国有企业境外投资的领导人应当了解并遵循国家财政审计管理相关规章制度，建立健全内部的审计财务监督制度，继而顺利组织开展国有企业内部审计财务监督和审计检查等多种监督手段，进一步切实强化国有企业内部财务监督。

同时，国有企业领导人还应当依法依规接受其他国家（或地区）审计主管部门以及地方同级财政部门开展的实地内部审计财务监督审计检查和财务监督。利用现代审计技术手段，帮助国有企业建立健全现代化的信息共享机制，提高信息分享的及时性、便利性。各级地方财政部门及信息管理系统与国有企业境外投资项目的管理信息系统数据库共通，有利于国家审计机关分析和跟踪监测国有企业整体财务的实际运行状况，从而可以更高效、更合理地制定和研究出完善国有企业境外投资领导人责任履行情况的政策措施。

三、国有企业境外投资领导人责任履行情况审计的重点

为解决因信息不对称而导致代理人的道德风险等问题，委托人必须设计一套行之有效的激励、约束和监督机制，以保证代理人全面有效地履行责任（陈庭玮、吴岳，2018）。国有企业境外投资领导人责任履行情况审计目标是厘清国有企业境外投资项目领导人的具体责任履行情况，帮助参与境外投资的国有企业确定实施后续境外经营管理计划，保障国有企业境外投资进展顺利。而国有企业境外投资项目领导人的所作所为影响着投资项目的方方面面，所以审计人员在审计过程中要考虑到企业领导人在企业中地位的特性，对其责任履行情况的重点审计范围不能局限于企业经营中单一的某一面、某一点，而是要对企业的经营做到全面覆盖，尤其是重点关注资产质量情况和境外子公司的经济效益情况。因此，国有企业境外投资领导人责任履行情况重点可以概括为以下两方面。

（一）境外投资资产质量情况

在国有企业境外投资的过程中，可能会吸引西方国家的资本投入，国有企业无论是以哪种境外投资方式直接吸纳西方国家的资金，最重要的条件就是国有企业境外投资资产的保值和增值，且境外资产的质量和状况未受任何损失。对国有企业境外投资领导人的责任履行情况进行审计时，要对国有企业境外资产的质量状况进行严格的审查。首先，要重点关注资产的保值增值率和资产不良率等，并审查国有企业资产的结构是否合理，面对被投资方独有的政策和法律、经济发展的大环境，是否有完全防范可能发生境外投资风险的意识和能力；其次，要严格审查境外投资子公司的设立以及资金流转渠道是否受限等可能导致重大经济损失的境外投资问题；最后，对负债估值情况进行评估，不仅要及时如实汇报，还要符合被投资方的境外投资法律和政策环境。在国有企业境外并购审计中，对国有企业境外投资领导人是否正确履行了相关责任的问题，审计人员应当重点审查并购业务完成后的企业整合效果，例如，整合方式是否符合国家利益和企业自身发展的实际需求，人力资源整合中管理人员调整是否合

理，文化整合有无给企业的核心价值带来负面影响，财务整合中是否在原有基础上重新构建了科学合理的企业财务制度等。通过对并购双方整合效果的审查，审计人员可以对并购业务的资产质量情况有直观、清晰的了解，从而能够鉴别国有企业境外投资领导人是否妥善履行了相关责任。在境外工程建设项目审计中，考虑到施工项目的特性，审计人员首先应当重点关注施工项目的成本变化。施工成本的变化可以反映国有企业在施工过程中是否严格按照施工计划使用了国家资金，而资金的使用是一个能直观反映出投资项目领导人的经济决策是否合理的重要指标。此外，审计人员还可以关注施工项目的竣工时间是否在合理预期内，如果工期大大超出了国家预期的竣工时间，则说明该项目领导人没有有效地履行其责任。在国有企业境外投资涉税审计中，审计人员应重点关注企业的税务管理水平。企业的税务管理水平反映了领导人对企业税务的重视程度，也反映了投资项目领导人是否严格地履行了其责任。审计人员应加大对境外投资税收政策的调研，详细了解企业的境外投资、资产经营和税收政策执行情况，关注企业各类资产的涉税情况，并关注企业是否按照法定原则来进行纳税申报。另外，还需要关注企业是否采用合理的税收筹划，打击企业开展非法避税的活动。通过涉税审计加强企业的税务管理水平，进而加强各类资产的管理。只有通过对境外资产的缜密审查，才能有效地避免因领导人失职带来的境外投资风险，也才能保证国有企业境外投资的保值增值，保障国有企业境外投资的良性、健康、有序发展。

（二）境外投资项目的经济效益

国有企业境外投资的根本目的是使国有资产不断增值，这也是我国不断扩大境外投资规模的动力。因此，对相关领导人任期内企业境外投资项目产生的利润总额或净利润进行评价是一项重要内容。而对境外投资项目的经济效益进行评价除了应审查其盈利目标外，还应涉及国有企业对该项目制定的具体的经营方针、经营策略的审查。审计人员应采取境外投资项目经营结果审查和经营过程审查相结合的方式，例如，某个境外投资项目在领导人任期内的经营成果显示获利，审计人员应当分析该投资项目获利的基础，考虑项目投资获利的途径是通过提升投资项目产品质量、扩大被投资方市场占有率的方式，还是通过牺牲资金效益、用不正当手段扩大项目规模而获利的方式。在国有企业境外并购审计中，审计人员首先应当定期对并购项目的领导人管理水平和并购项目经济效益情况开展评价，关注对外投资领导人是否按规定建立健全境外投资绩效评价制度来保障并购业务的经济效益。此外，审计人员还应当分析评价并购业务的经济效益评价指标体系设置得是否合理，审查国有企业是否设立短期与中长期相结合的绩效评价周期，是否符合国家经济利益等。在境外工程建设项目审计中，审计人员首先应当关注国有企业对外投资领导人承包施工项目的决策是否符合国家未来的经济规划，因为施工项目的时效性很慢，很多大型施工项目在竣工时已经失去其当初的经济价值，在多变的环球经济局势下，国有企业对外投资领导人有责任做出一个符合国家长远利益的长期投资规划，保障施工项目的经济效益。再者，由于工程建设项目处于境外，审计人员要高度关注国有企业境外投资领导人对企业的管理是否有效，如若相关责任领导人管理过于松散，可能会出现损害施工项目经济利益的违规现象。审计人员可以通过对工程变更是否规范、现场签证等程序是否合理等业务进行审查，确保国有企业管理层切实履行了责任，建立了合理合规的资金授权审批控制制度，有力地保障了工程建设项目的经济效益。在国有企业境外投资涉税审计中，审计人员应首先对项目经济效益的税负情况开展评价，关注企业是否按照法定程序来履行境内外的纳税义务，以及判断企业的项目经济效益适用的境内外税收政策和税收协定是否合规。此外，不同渠道获得的经济效益所适用的纳税义务不同，审计人员还应对不同纳税方案下的税负情况进行评估，一方面判断企业是否存在不正当的税收筹划行为，另一方面帮助企业承担最低的税收负担。通过涉税审计，规范项目经济效益的纳税合规性，帮助企业更加规范和顺利地扩大投资规模。综上，审计人员可以以境外投资项目产生的经济效益为主要指标来分析国有企业境外投资领导人责任履行情况，重点审查投资项目经营成果来源基础，并对投资项目经营成果形成的真实原因进行深入探究，最后对国有企业境外投资领导人是否按照国家相关要求与规定恰当履行了责任得出结论。

本章小结

本章在前文引出国有企业境外投资审计方向（政策落实、资金使用、合规性、领导人责任履行情况）的基础上，根据每个审计方向自身不同的性质与实际情况，逐个深入分析了各个审计方向的审计意义、审计目标及审计重点。

本章探究了的审计范围，重点贯彻了国家审计全覆盖的指导思想，这些创新性的阐述可以为审计人员在国有企业境外投资审计实务中提供一定的帮助，在审计思路和审计方法上为相关审计人员提供新的选择，可以帮助审计人员在实务工作中规避审计风险，并能更及时和准确地发现国有企业境外投资过程中存在的问题和弊端，从而更好地为我国境外资产保驾护航。

第五章　国有企业境外投资审计目标实现路径

前文中已经明确开展国有企业境外投资审计的主要审计范围、目标与重点，那么如何有效地履行国家审计在国有企业境外投资过程中的审计监督管理职责，从而真正实现国有企业境外投资审计目标，本章将深入探究国有企业境外投资审计目标实现路径。根据目前国有企业境外投资审计过程中存有的现实困难，本章将从完善法律环境、利用其他审计工作、开展协同审计以及利用信息技术展开审计这四个角度探讨实际可行的审计目标实现路径。

第一节　完善对外投资审计法律环境

我国学者石佳友（2014）认为，全球化使得企业生产发展要素的国际性流动大大增强，使得跨国国有企业的生产经营或投资活动的国界限定越来越模糊，可能出现一家企业在全球不同的国家都有生产经营的行为，这使对其提供的审计服务具有了跨国特点。由于对国有企业境外的投资审计受到国有企业境外投资项目所在国家（或地区）的政治、文化和其他相关法律等诸多社会因素的直接影响，在进行国有企业境外投资项目审计时，仅依据国内相关企业审计法律法规是不可取的。国有企业在境外的投资过程中，不仅要遵循国内的管理制度和法律政策，还要遵循被投资方的法律政策。而且，除非两国（或地区）之间缔结了与审计权相关的双边协议，否则作为我国行政机构的审计署将无法在境外行使执法权，这种情况下审计人员无法正常利用审计程序获得审计证据，使得境外审计开展困难（陈昱帆，2018）。目前，与国有企业境外投资审计监管相关的法律法规和体系并不完善，还存在诸多问题，例如，缺乏专门的境外投资法律和规范，境外投资相关规范之间的某些规定存在冲突，相关实施细则不明确等。由于存在相关规定不明确的情况，这使得国家审计机关在对国有企业进行境外投资审计时，可能会大大降低审计的效率，进而影响国有企业境外投资审计的效果。因此，我国政府有必要在进行对外投资前与被投资方达成审计相关的双边协议，使得我国国

国有企业境外投资审计

家审计机关在境外的审计权得到有力保障,从而保证国家审计能够在国有企业境外投资审计过程中顺利开展。

一、完善境外投资审计国际法律合作机制

(一)与投资所在国签订双边协议

在我国行政体制下,两国(或地区)之间与审计相关的双边协议是由审计署发起,其他相关部门和机构提供必要的帮助完成的。一般情况下,因为双方的合作事宜可能涉及国家机密或需要保密的技术,所以国家在与被投资方商议境外审计双边协议的过程中,可以采取"谅解备忘录"或者"议定书声明"等相对恰当的协议形式。

两国(或地区)在拟定对外投资审计相关的双边协议的主要内容时,可以参考以下因素:其一,如若双边协议中投资所在国承认了中国审计机构在法律层面上的合法效力,应该视为默认中国审计机关的审计权受到法律保护,中国审计人员在国有企业境外投资审计中行使审计权时将不再存在限制。其二,如果我国与被投资方试图达成审计相关的双边协议,双方应当彼此信任对方的审计主管机构,并由两国(或地区)的相关政府机构进行备案。其三,在审计双边协议中,应当尽可能地减少审计前的报备工作,同时应保障中方审计人员在开展审计工作过程中的人身自由,当然中方的审计工作也应当遵循被投资方的相关法律。其四,缔结审计相关双边协议意味着两国(或地区)将联手开展检查工作,原则上,一方应当对另一方实施的检查给予充分信赖且充分共享工作成果。其五,如果有证据表明另一方的某些审计工作行为可能违反了该国(或地区)的法律法规,则应当立即通知审计人员的归属国(或地区)的监管机构,单方面施行惩治措施是不可取的。涉嫌违规操作的审计人员的归属国(或地区)审计监管机构应迅速响应对方的警示,及时采取多项法律允许的适当复查措施,并将审查结果通知协议合作国(或地区)。例如,在某些情况下,一方不得不注销该国(或地区)某一审计机构的执业许可,其有义务通知审计机构的归属国(或地区)的相关政府部门,通知内容包括但不限于注销的事实和理由等有关信息。其六,考虑到现实情况的多样性及不可预测性,如果一方认为另一方的审计请求可能会使该国(或地区)的主权利益受到损害,即使签订了双边协议,一方也有权利拒绝另一方的审计请求。其七,协议中还应该设定一些条款来保证双方的信息安全,双方必须自觉遵循保密协议,对合作中分享的数据、成果都要做好相应的措施避免泄露给第三方。

(二)争取被投资方的审计认可

如果就审计合作无法达成一系列完善的双边协议,我国应该尽量争取得到被投资方的审计许可。现有的国际审计形势下,我国审计机关的等效性已经得到诸多被投资

方的认可，但充分性却迟迟没有得到认定，而一旦获得被投资方的审计充分性认定，也就意味着中国审计机关获得了该国（或地区）的审计许可。在获得被投资方的审计许可后，中国的审计事务所可以豁免在被投资方进行注册登记，豁免的优势在于我国的审计机构可以免于受到被投资方的重复监管。在获得被投资方审计许可后，中国的审计机构在开展审计业务过程中可以获取被投资方审计机构工作中的信息和文件。同时，可以利用工作中的信息与对方进行广泛信息交换，以获取编制审计底稿的相关资料。必须正视的一点是，现阶段获取的等效性认定只是帮助被投资方的监管机构获取中国审计机关审计工作中的信息，而如果中国相关的监管机构想要获取被投资方审计机构审计工作中的信息，尚有赖于暂未获得的充分性认定。本质上来说，获得被投资方的审计许可，就是默认了双方将要共享审计成果、共享审计工作信息。在这种情况下，尤其需要注意的是，在我国审计机关计划与被投资方进行信息交换合作时，一定要对双方的信息保护工作予以严格的规定与要求。

（三）积极参与世界审计组织相关准则制定

世界审计组织一直致力于研究适用于国家（或地区）间合作的审计方法，开展培训并积极倡导各成员方之间的信息交流。世界审计组织是由联合国成员及其专门机构成员的最高审计机关组成的，负责开展各地区的审计交流与合作，该组织制定的与审计相关的国际准则具有极高的国际认可度和通用性。世界审计组织下设金融审计与会计分委员会、内部控制准则分委员会、合规性分委员会、绩效审计分委员会等四个分委员会。近年来，我国担任过联合国审计委员会委员和轮值主席、审计署署长担任过世界审计组织主席，这标志着中国审计已经正式走向世界，同时意味着中国可以通过积极参与各类世界审计组织的活动，来扩大中国审计的国际地位和影响力。以世界审计组织为媒介，拓宽中国与投资所在国（或地区）的审计合作渠道，规范两国（或地区）之间审计合作的国际准则。由此一来，在国际审计组织制定相关的国际审计准则时，我国可以使得相关审计国际准则朝着更有利于我国开展境外审计工作的方向靠拢，为我国审计机关获得境外审计权奠定基础。此外，积极参与诸如亚洲审计组织、东亚审计组织等国际组织的国际审计准则制定，并在国际审计准则中明确有利于双边审计合作的内容，也有助于我国国有企业境外投资审计工作顺利开展。

二、完善我国境外投资审计相关法律制度

（一）制定专门的境外投资审计法律法规

面对日益频繁出现的国有企业境外投资风险，不得不承认目前我国专门为国有企

业境外投资审计制定的法律法规极度匮乏，现行国有企业境外投资审计的主要依据是《审计法》《企业国有资产法》《境外国有资产管理暂行办法》《国家审计准则》以及其他相关管理办法。同时这些法律法规的制定主体也非常复杂，包括但不限于国资委、商务部、财政部、审计署和国家外汇管理局等（瞿良泉，2015）。在这种缺乏"量身定制"的境外投资审计法律法规的情况下，且由于政策协调的机制严重缺乏统一性，相互矛盾和规章制度冗杂的现象普遍出现在不同部门、不同行政层级的境外审计法律法规之间，在一定程度上增大了实务工作的难度，继而国有企业境外投资审计工作的开展也会受到极大的限制。为国有企业境外投资的审计机关制定专门的境外审计法律法规，能在很大限度上满足新形势下加强国有企业境外投资的审计和监督的实际需要，更好地为国有企业境外投资审计工作的顺利开展保驾护航。

立法机关制定适用于国有企业境外投资审计的法律法规时，要对具体情况进行严格的审查和考察，多层面、多角度地听取一些具有丰富境外投资审计工作经验的实务人员的建议和意见。例如，在实践中，我国审计机关在境外开展审计工作时权力会受到不同程度的限制，可能出现执法权无法行使的情况，同时，由于文化背景和国情的不同，我国和被投资方适用的会计准则可能不一致，针对会计信息的真实性该如何核定，以及投资所在国的政治、法律、文化是否会干扰审计工作开展等现实问题，立法机关必须对这些事实情况进行全面考虑，并制定出应对措施。从这个角度出发制定出的境外审计法律法规，不仅具有专门指导性，而且具有实操性，以使国有企业境外投资审计工作更具规范性。

（二）制定明确的相关法律法规实施细则

现有的国有企业境外投资审计的法律政策规定中，明确且具体的实施细则少之又少，例如，在《企业国有资产法》中，虽然清楚规定了境外投资人可以自主选择境外投资审计的对象和主体，但在具体实施的过程中，没有针对委托银行或会计师事务所等机构的国有资产审计的情况进行明确辨析与界定，可能会使得审计工作计划的制订和实施存在一定的随意性，会对审计工作产生阻力。除此之外，在现行的投资审计法律法规中，对国有企业境外投资审计的具体组织管理方式、审计的范围和对审计结果评价等方面也存在一定的疏漏，有待立法机关及审计监管机关进一步地研究并完善。这种情况下，对因境外投资审计法律法规的严重缺失而可能出现的一些问题，审计人员在对国有企业境外投资审计中要及时对其进行记录、整理与分析汇总，并及时地向审计监管部门和国有企业监管部门如实汇报，以尽早地解决相应的问题。通过逐一明确和完善国有企业境外投资审计相关的法律法规，出台国有企业境外投资审计的实施细则，可以有效地解决国有企业境外投资审计过程中相关法律法规依据不足的问题。

第二节　利用其他审计工作

一、利用被投资方审计工作

在开展跨国审计时，通常要办理临时跨国许可证，且会面临着随行审计人员和出国签证时间等方面的限制。在时间和人员受到限制的情况下，审计机关很难保质、保量、按时完成繁重的审计任务。因此，投资与被投资双方的相关部门需要探讨彼此实施境外审计管辖权的合作机制，并达成一系列合作协定（刘伟，2017）。即使投资方与被投资方没有商定这类协定或互助机制，也需要在实施境外审计前通过适当的途径进行沟通，以获得被审计方对审计工作的理解和认可。在获得投资方协助下，审计人员可以及时获取与审计项目相关的详尽信息，并对收集的信息做出合理的分析和评价，从而能有效地避免因国家审计管辖权受到限制带来的风险和隐患，能更好地帮助我国审计人员以境内实施审计的方式来实现境外监督的目的。事实上，在开展跨国审计时，我国审计管辖权受到限制的情况时常发生，为了规避审计管辖权受到限制带来的投资风险，可以通过以下几种途径落实两国（或地区）之间的审计人员专业交流工作，强化与被投资方审计机关的合作。

（一）加强与两国（或地区）审计机关之间的专业交流

从以往的境外投资审计案例中不难发现，国有企业境外投资审计管辖权的风险，主要源于严重缺乏与被投资方审计机关的专业交流。在以往的投资中，我国与被投资方协商的合作方向主要是投资项目本身，而涉及投资项目审计合作机制的协商则少之又少。因此，强化我国审计机关与被投资方审计机关的专业交流与合作，是我国境内审计人员利用被投资方审计工作的前提。

由于对国外相关法律知识的了解不充分，使得我国审计人员在寻求与被投资方审计人员合作时屡屡出现违反该国（或地区）法律要求的情况，因而加大对被投资方法律知识和国际贸易知识的深入学习是帮助我国审计人员更好地与被投资方审计人员进行交流与合作的关键。当国内审计人员进行对外投资审计规划时，要向具有投资成功经验的企业的财务人员沟通学习，了解在审计中被投资方制度和法律的相关要求，并针对自身的审计目标与重点进行及时修改，避免在利用被投资方审计工作的过程中出现违法违规情况。在了解境外审计法规和政策要求后，要提前做好准备，从而有效防止在出境审计时准备工作的不足，同时在遇到审计工作的困难时，也要及时地向相关境外工作人员寻求帮助。

（二）建立两国（或地区）联网审计机制

异地联网审计机制的构建是有效利用被投资方审计工作的有力技术保障。目前，大数据的应用已经十分广泛，且从众多审计实务工作者的角度来看，大数据联网审计技术也已经深入人心。针对传统审计模式下的缺陷，我国与被投资方可以就国有企业境外投资项目共同构建大数据平台，共同完善两国（或地区）联网审计机制，有效提高国有企业境外投资审计的效率，以推动审计成果的完善。两国（或地区）联网审计的优势包括以下几个方面：首先，联网审计可以利用高效的数据分析系统，帮助国有企业境外投资审计人员便捷地将以往看似孤立的数据从烦琐复杂、难以计数的资料中挖掘出来，经过合理科学的分析后，这些数据极有可能形成充分且适当的审计证据链。其次，利用两国（或地区）联网审计平台的优势，将双方的资源进行整合、成果进行共享，不仅能够大幅度提高境外投资审计的工作效率，更能帮助审计监管机关有针对性地对审计成果的合理性、科学性进行核定。合理利用联网审计的大数据平台是实现利用被投资方审计工作的有效技术保障，通过联网审计大数据平台，国有企业境外投资审计人员可以对国有企业境外投资项目的一切经济活动进行实时查询和分析，从而能够及时发现风险点，并及时预警，最终保证国家审计的全覆盖和对国有企业境外投资项目的全过程跟踪、及时性监督。诚然，仅仅依靠一方的努力是无法完成各国（或地区）之间的联网审计大数据平台构建的，现实审计工作中存有海量的数据来源，只有两国（或地区）都秉持开放、互通、包容的审计合作观念，两国（或地区）联网审计平台才能真正地发挥出应有的优势与长处，对国有企业境外投资审计做出令人满意的贡献。

二、利用企业内部审计工作

内部审计是企业审计体系的重要组成部分，通过利用企业内部审计工作成果的方式对境外国有企业实施审计监督，是克服管辖权障碍的另一种途径。具体操作上可通过授权内部审计进行，例如，可以在境外国有企业派驻审计人员并担任董事等职务，再以董事的名义参与境外审计，或者以审计协会的名义，对企业进行检查和监督。开展内部审计工作不仅能保证财会资料的正确性、真实性，而且更有利于改善经营管理，克服外部监督的"滞后性和片面性"，完善公司的治理机制和治理结构。而国内的审计人员利用境外企业内部审计工作，也可以看成是从法规或政策层面上建立一种类似

"复审"的机制，即根据实际需要，对境外国有企业的内部审计结果予以再审查，这样既发挥了内部审计的优势，提升了企业的内部管理和经济效益，又保证了国家法律法规和对外经济政策的实施，以确保国有企业境外投资审计的独立性、客观性和权威性。相关管理机构及审计工作人员可以从做好以下几个方面的工作，来保障在国有企业境外投资审计过程中利用好国有企业内部审计工作。

（一）完善内部审计制度规范

从审计署制定并颁布的相关文件来看，国家审计机关负有规范国有企业内部审计制度的责任，也正因为如此，国有企业在制定相关内部审计准则的时候，可以参考国家审计部门的指导意见。国有企业境外投资审计中，国家审计机关可以从以下几个方面来帮助完善国有企业内部审计制度：首先，需要从根本上对内部审计的角色进行转变，一定要使企业自身充分认识并了解到内部审计部门的重要性，在现有的基础上提高内部审计部门的地位。其次，要对内部审计工作的成果进行一定的规范，保障内部审计成果的合规性。最后，不仅国有企业要明确内部审计规章制度、规范内部审计工作范围和审计报告的形式，各级政府机关在评价政府年度工作和领导人责任履行情况时，也应当把国有企业、国有控股企业等的内部审计工作纳入评价范围。同时，在考核之前要制定详细的考核标准，以早日实现对国有企业境外投资审计中的内部审计工作考核的科学化、合理化、常态化。完善内部审计的规章制度可以使内部审计的开展与评价有法可依，这将大大提高内部审计的工作质量和效率，也为国家审计机关利用内部审计工作夯实了基础。

（二）利用审计信息交流平台

在大数据平台应用越来越广泛的背景下，审计信息化成为国家审计机关利用内部审计成果信息时必经的"桥梁"。对于经过审计人员或相关专家核验，且其安全性、可靠性得到确认的审计信息，国有企业可以通过审计信息交流平台及时、完整地将内部审计相关的数据和资料上报给国家审计机关。由此一来，即使国家审计机关无法现场审计国有企业境外投资项目，也能够在一定程度上保证对境外投资的审计监督，规避国有企业境外投资风险。通过合理搭建的审计信息交流平台，审计机关在接收到国有企业内部审计的相关信息后可以有针对性地对企业内部审计工作进行监督与指导。审计信息平台也增强了时效性，避免了国家审计机关在对内部审计跟进中信息滞后问题的发生，也保证了内部审计成果内容的完整性。在内部审计结果生成后，国家审计机关在利用内部审计成果的过程中，相关审计人员可以更加便捷地获取和利用内部审计结果。同时，可以利用大数据技术强化关联分析，深度挖掘财务信息与非财务信息背后的关联与影响，对内部审计成果数据进行更具效率性和精准性的分析和筛选（张帆，2017）。

三、利用社会审计工作

根据行政法的理论和实践，行政执法主体须以自己的名义做出具体行政行为并承担责任，但实际中也可依法将行政执法权委托给其他组织机构实施，由被委托方代表委托机关来行使执法权，委托执法仍然属于行政机关的职务活动（郝玉贵、赵晨、郝铮，2016）。审计实务中，审计机关委托中介机构或会计师事务所履行审计业务的情形是否属于委托执法呢？由于会计师事务所不是法律规定的行政组织，因而不能直接对被审计单位做出审计决定或其他具体行政行为，但这并不妨碍会计师事务所受托办理具体的审计业务。准确地说，上述委托属于行政机关内部委托代理或者雇用的性质，被委托人与第三人不直接产生法律关系。审计机关将审计中的具体业务事项委托给合格的会计师事务所等中介机构办理，再由审计机关对会计师事务所的审计报告或会计信息进行相应的审查。会计师事务所的审计报告也可视为审计机关的外围取证，审计机关结合这些证据和信息，在法律规定的范围内再行使审计监督。因此，境外审计委托会计师事务所代办某些审计业务在理论上是可行的，在法律上也是有依据的。审计机关在境外审计中可充分借助社会力量，推动境外审计工作的开展。

（一）加强国家审计与社会审计之间的资源共享

学者张安康（2019）指出，在国家审计与社会审计资源整合的过程中，首先应加强审计资料的共享，其体现在审计工作底稿的互相交流方面。当被投资方阻碍国家审计机关开展审计工作时，在保证审计质量的前提下，国家审计机关可以将境外投资审计业务委托给社会审计机构。在社会审计机构完成审计工作后，国家审计机关需要经过一系列科学且合理的检查，复核社会审计机构的审计工作成果。在完全符合相关检查流程后，国家审计机关可直接采用社会审计机构的审计结果，对于已经审计的国有企业境外投资内容无须再重复审计。其次是加强国家审计和社会审计人力资源之间的共享，在审计国有企业境外投资项目时，国家审计机关将境外投资审计业务委托给社会审计机构后，有必要建立一套科学且合理的规章制度，将利用的社会审计工作成果纳入国家审计工作体系及工作流程，双方人员应当建立共同合作的共识，将审计过程遇到的困难或疑问及时通过审计信息平台进行沟通，以及时解决双方在国有企业境外投资审计中遇到的难点，避免事后二次复核和审查。通过双方人力资源的整合，能够有效简化审计流程、提高国家机关利用社会审计的工作效率。

(二) 完善国家审计对社会审计工作的监督机制

当国家审计拟利用社会审计工作时，应当确认社会审计机构本身的组织构成是否合法合理，例如，社会审计机构的相关内部机构设置是否健全、开展审计工作中是否有内部质量控制部门进行监管等。在社会审计本身的科学性取得合理保证后，国家审计机关则应当进一步对实施监督的相关人员制定一系列的规章制度，以此来指导和规范监督人员的工作行为和内容。在审查监督岗位上的相关人员时，国家审计机关应当重点关注相关人员的职业道德和专业胜任能力。只有审计人员同时拥有较高的职业道德和专业胜任能力，国家审计机关才有可能组建一支有极高审计素养的专业队伍。在监督社会审计工作的过程中，也要针对不同的审计主体建立相应的审计质量复核程序。可以通过审计信息共享平台，将来自不同主体的审计信息进行汇总、融合，通过对比分析和数据挖掘，对社会审计机构的质量控制能力进行优化。最后，在核查过程中，可以通过国家审计机关颁布相关规章制度的方式，对社会审计的工作人员进行合理的引导，将国家审计和社会审计的审计目标有机统一，确保在审计工作开展前，双方在国有企业境外投资的审计目标上达成一致。如此一来，便能从源头上保证社会审计的工作将在国家审计目标下开展，即使国家审计不能实地进行境外投资审计，也能通过利用社会第三方审计的工作保证国家审计的及时跟进。

第三节 开展协同审计

一、协同审计的目标

(一) 简化审计流程并提高审计效率

国有企业境外投资运行审计的主要目标之一就是严格查处国有企业境外投资资金在使用过程中的违法违规现象，改善境外项目和投资管理过程中的低效率或无效率的行为。国资委、商务部等部门依法对国有企业境外投资履行监督管理职责，国有企业内部审计部门和国有企业聘用的社会审计服务机构等，也会对国有企业境外投资中存在的违法违规行为、低效率或者无效率投资行为进行监督。国家境外投资审计管理机关在国有企业境外投资协同审计工作中，通过与国资委、商务部等国家机关、境外投资监管部门、国有企业内部审计部门和聘用的其他社会审计服务机构的人员进行沟通，以利用他们的审计工作经验和成果，这有助于更加系统地分析被审计的境外投资国有企业的实际经营运行和管理的情况，从而准确把握国有企业境外投资的风险以及在运营和管理过程中的关键风险控制点，有效确定境外投资审计的范围和审计部门职责重点，有效降低境外投资审计的成本，提高境外投资审计工作的效率。

（二）防范审计风险

审计部门在开展国有企业境外投资审计工作中，因为受到人力资源的缺乏、地域的限制、法规政策的要求和标准不同、信息不对称等复杂情况的严重束缚，存在诸多审计的风险。国家审计监督机关、内部审计监督部门、社会审计部门等机构的高度协同，能够充分利用各个监督部门审计机关和社会审计机构等审计工作的数据和结果，共享与审计相关的资料和审计信息，从而有利于国家审计的审计监督机关及时掌握国有企业境外投资的真实情况和有效的审计方法和证据，有效地做出合理的国有企业境外投资审计风险判断。因此，通过协同审计，国有企业境外投资的审计机构能够有效地防范境外投资审计的风险。

（三）提高审计结果的利用

在获得国有企业境外投资审计的结果后，将审计结果以报告的形式汇报给国有企业的审计行政主管部门，再由国有企业的上级管理层或者其他国家（或地区）的审计监督管理部门对其做出处理或者处罚的决定。开展国有企业境外投资协同审计，可以有效地与企业内部审计部门、社会审计服务机构、其他政府部门和相关行业监管部门达成监管方面的合作，动用多方面的内部审计监督力量和外部审计行业舆论监督的力量，从而有效促进境外投资审计报告结果的公布和落实，提高境外投资审计报告结果的运用效率。

二、国内组织机构之间协同审计

国有企业境外投资协同审计阶段和流程的结构，决定了不同审计阶段的境外投资审计业务内容和其侧重点。协同审计需要对国有企业在境外投资项目的合规性、经济性、效率性和服务的效果进行监督和评价。

（一）项目规划阶段的部门协同

当投资项目处于规划阶段的部门协同时，由内部审计部门评价和检查国有企业对境外投资项目的投资风险的控制机制，但此时国家审计机关和外部监管部门也可提前直接参与该项审计工作，国家审计机关和相关监管部门以境外投资的营利性为主要指标，考察国有企业在项目开展前是否对该项投资的投资成果进行了审核，考察国有企业境外投资的相关决策以及境外投资决策的执行过程可能存在的问题。在国有企业境外投资项目规划阶段，国家审计机关和外部监管部门与国有企业内部审计部门协同工作，可以有效地避免国有企业境外投资由于前期的论证不充分而造成的经济性损失，也可以对境外投资计划不合理的内容进行修改，大大提高国有企业境外投资的安全性和效益性。

（二）项目实施阶段的部门协同

境外投资项目实施阶段的部门协同需要通过云平台技术来实现，云审计平台为不同部门提供了在同一时点进行协同审计的机会。通过建立云审计平台，不同部门的审计人员和监管人员可以对国有企业境外投资业务的实施和开展情况，进行实时了解和全过程实时跟进的协同审计。在这一阶段的协同审计流程包含以下几个方面：首先，开展境外投资的国有企业将投资项目相关人员的配置安排、资金的投入和使用的情况、投资业务实施过程中可能遇到的困难及预期解决办法等信息，上传到云审计服务平台，国家审计机关和相关监管部门通过云审计的平台可以及时收集和获取以上相关信息和数据，通过对数据的挖掘和分析，国家相关部门可以就国有企业提出的预期困难提供专家的帮助，例如，建筑、重工业、金融业、铁路桥梁、油、气、电等方面的专家学者为国有企业境外投资的顺利开展提供技术保障。同时，国家审计机关可以将从境外投资云平台获取的所有数据反馈给国资委、商务部等相关监督管理部门，以共同对国有企业境外投资的审计工作和管理情况进行监督。这些部门在深入了解国有企业境外投资的开展和管理情况之后，可以共同就审计工作的进展情况汇总研究形成审计意见，从而对国家审计机关及企业内部审计部门提出更契合实际的审计工作要求，使得多部门协同审计的工作成果更符合国家经济发展的需要。例如，如果一致认为境外制造业投资项目开展顺利，就发表同意境外投资继续实施的审计意见，继续进行该投资项目；如果对境外投资进行了综合调查和评估之后，认为该投资项目可能存在的问题会对我国国有资产产生实质性的损害，就及时发表反对的意见，并及时将审计意见发送到云审计平台上，国有企业的境外投资管理部门可以通过云审计服务平台实时了解国家相关部门对境外企业投资进展情况的意见，从而可以及时调整和完善投资计划，保证境外投资的顺利完成。

（三）项目完结阶段的部门协同

在项目完结阶段，各个部门的协同审计工作主要包括以下几个方面：首先，国有企业把境外投资项目成果的合规性、投资项目的盈利情况、内部审计的完成情况等相关信息上传到各部门协同审计的云审计平台上。其次，由国家行政主管机关统一牵头，联合国家审计机关、国家相关审计监管部门及国有企业内部审计部门对国有企业境外投资的合规性和审计完成情况开展协同审查，多部门协同工作，综合分析考虑国有企业境外投资是否符合国有企业自身的利益、国有资产是否保值或增值、从长远来看对国家经济发展是否有益以及是否在保证合规性的基础上实现境外投资的高效益。再其次，在境外投资协同审计完成后，将不同部门的审计意见和审计数据进行汇总，国家境外投资主管部门根据多部门协同审计的综合意见，对境外投资整改的方案进行再次审查。最后，经再次审查后，国家境外投资主管部门应当把境外投资整改方案上传到云审计的平台上，以便国有企业及时完善自身的境外投资计划，审计机关及时调整审计策略，从而有效保证境外投资审计流程的准确性和完整性（周美玲，2020）。

三、中国与被投资方之间协同审计

接受中国投资的国家（或地区），大多是处于经济发展上升期的新兴经济体，开展互利合作项目的前景广阔（郝玉贵、赵晨、郝铮，2016）。在此背景下，虽然"一带一路"沿线各国（或地区）的治理目标、模式、手段和方法不同，但各国（或地区）共同追求的目标是实现国家良好治理。因此，研究中国与被投资方之间的国家审计协同路径能够协助实现国家审计全覆盖，并在一定程度上保障我国国有企业境外投资的安全。

（一）完善两国（或地区）审计协同的交流与合作

首先，我国应该积极加强与拟合作方的沟通，明确双方在两国（或地区）审计协同的各自需求和目标，只有清楚彼此的审计协同目标，才能"对症下药"推出更切实际、更可行、更完善的国家审计协同的具体计划。同时，如前文所述，我国也可充分利用加入的世界审计组织、亚洲审计组织的协同机制，积极开展与组织成员方的审计合作，就协同审计达成一致，使各个审计组织的成员方之间的审计协同计划顺利实施。其次，在特定的国际经济合作框架下可以因地制宜开展更高效的交流合作方式，如"一带一路"沿线的国家区域的审计交流与合作，我国要充分利用沿线国家（或地区）会出席的国际论坛、展会，如博鳌亚洲论坛、中国－东盟博览会、中国国际投资贸易洽谈会以及中国－南亚博览会等平台的建设性作用，在各个外交领域都积极深入交流两国（或地区）协同审计合作的益处和方式。同时，还要在国际上积极协调各国（或地区）审计标准，一个科学务实且得到多方认同的审计标准是各国（或地区）开展审计协同的重要前提。除了积极参与各种国际会议外，我国也可以利用"一带一路"倡议的国际影响力，开展相关的国际审计交流会议或论坛，为各个有意向合作的国家（或地区）提供一个开放、包容的平台，促进各国（或地区）审计人员相互交流和学习。

（二）利用双边审计特色优势完善两国（或地区）协同审计

由于各个国家（或地区）的国情不同，政治和经济体制也不同，因而各个国家（或地区）的审计都有着它们独有的特色优势，如果能够科学、有机地整合各个国家（或地区）独有的审计特色优势，将会对各个国家（或地区）之间的协同审计产生巨大的有利影响。还是以"一带一路"沿线的经济带中的国家和区域为例，随着"一带一路"经济带中大量的投资项目落地，各个国家（或地区）之间的经济往来越发常态化，与此对应的经济监管手段也要与时俱进，做到"监管常态化"，而审计则是"监管常态化"的有力手段。随着我国国家审计的改革，党和政府一再要求国家审计要实时跟进、全覆盖。这种要求也从侧面彰显出我国国家审计的优势，那就是具有全面性、统一性，协调审计资源的能力较强。尤其是在与"一带一路"沿线国家的国家审计进行比较后，我国国家审计的力度和广度都具有天然的优势。应首先巩固各国（或地区）国家审计机关的自身建设，充分发挥国家审计机关对界定审计对象、配置审计资源、提供监督服务等的引导作用，以促进沿线各国（或地区）国家审计的健康发展，与对被投资方更好地开展合作。在和一些国家（或地区）进行协同审计合作时，我国完全可以利用自身强大的审计资源，对审计制度合理但缺乏审计资源的国家（或地区）进行帮助，一方面可以帮助合作国家（或地区）解决其自身存在的审计相关的难处；另一方面能使得我国国家审计人员顺理成章地到投资项目所在地开展实地审计。即使合作国家（或地区）拒绝我国国家审计人员实地审计的请求，我国也可以与合作国家（或地区）达成信息共享的协议，由合作国单独完成审计工作，我国国家审计则负责收集、整理和分析相关的审计数据，继而得出一个更为合理的审计结果并将审计结果及时反馈给合作国家（或地区），以便双方开展下一步审计协同工作。总而言之，利用各个国家（或地区）的审计特色优势来协调各国（或地区）审计准则已经成为国际审计合作的主流方向，各个国家（或地区）应当充分利用自身的审计特色优势，通过不断深化合作来完善各个国家（或地区）之间的协同审计机制，推动协同审计进程。

（三）利用现代审计技术完善两国（或地区）协同审计

各个国家（或地区）之间可以畅通、自如地进行审计信息的沟通与交流是顺利开展协同审计的重要前提。随着大数据技术突飞猛进的发展，审计信息化已经成为未来审计工作变革的主流趋势。国家审计也将顺应发展趋势和审计技术手段变革方向做出相应的革新。首先，5G技术的普及使得网络传输速率大大提高，不同国家（或地区）之间的跨国数据传输将提升到前所未有的程度。其次，大数据技术的普及和应用也将为两国（或地区）的协同审计带来极大的便利，大数据技术可以将看似毫无关联、杂乱无章的财务信息与非财务信息进行汇总，继而通过对汇总数据的深入挖掘与分析，为两国（或地区）审计人员提出更为合理的审计意见，同时也降低了由于审计工作失误带来的国有企业境外投资监管风险。例如，基于云审计平台的互动审计，通过云审计平台将与国有企业境外业务相关的审计信息在各审计主体之间共享，从消除信息不对称性的目的出发，对国有企业境外业务的实施情况进行监督和评价。审计协同治理层面的各审计主体通过云审计平台实时获取和分析数据，并将审计结果及时传递给社会公众、政府外部监督部门以及境外业务的实施部门，同时接受反馈，实现互动，这样可以对审计查出的问题进行及时纠正，以达到实时监控的目的。因此，各个国家（或地区）要及时着手建立协同审计信息共享平台，同时通过多种多样的国际交流手段进行相关合作事宜的交流与沟通，以便及时有效地交流信息。不断地尝试科技创新带来的技术红利，在协同审计工作中妥善应用如大数据分析、云计算、跨国信息共享平台等技术，使得我国能够更好地与国有企业对外投资所在国家（或地区）开展协同审计合作。

四、三大主体的协同审计

就国有企业境外投资审计而言，政府审计的目标侧重于监督相关企业和部门单位切实履行其国有企业境外投资的经济管理责任；内部审计的目标侧重于加强企业境外投资方面的内部管理和控制，保证企业在经营过程中遵守国家境外投资相关法律法规，从而提高其经济效益；注册会计师审计的目标侧重于提高被审计部门境外投资相关业务和活动中财务信息的可靠性，为国有企业境外投资审计报告的使用者提供客观真实的财务信息。

虽然政府审计、内部审计和注册会计师审计的审计目标侧重点不同，但是作为国家审计监督体系的组成部分，三者的审计目标之间存在共性，都是为了保障被审计单位更好地履行国有企业境外投资监管责任，促进我国经济可持续发展。因此，基于审计目标的共性，三大审计主体可以通过政府主导、项目外包、成果利用等方式实现审计力量的协同和审计资源的整合。

（一）三大主体审计力量的协同

1. 发挥政府审计的引导作用

政府审计是国家治理体系的重要组成部分，是服务于国家治理目标的监督控制系统。因此，政府审计机关在审计协同体制中应依据境外投资审计相关法律和规章制度，规范内部审计与社会审计工作，并根据国家治理目标设定具体的境外投资审计目标，引导内部审计、社会审计与其共同为我国国有企业境外投资治理服务，一方面，加强对内审的指导，鼓励其有效开展工作，弥补政府审计监督的空白地带，另一方面，加强对社会审计质量的监督,合理利用社会审计在某些领域的专业特长。

2. 通过项目外包减轻政府审计负担

会计师事务所的审计人员专业素质普遍较高,且在企业财务报表审计方面经验丰富,因此,政府审计机关可以将一些没有充足时间和精力开展的境外投资审计项目,特别是涉及自然资源资产负债表和资源性资产清查核实与评估确认的项目,如国有企业境外投资财务收支审计、国有企业境外投资项目绩效审计等,委托给社会审计机构,充分发挥社会审计的科学鉴证功能,实现责任共担和优势互补。

3. 充分利用内部审计和社会审计的成果

首先,内部审计部门对被审计单位内部投资状况比较了解,在获取信息、评估风险和发现问题等方面具有很大优势。因此,内部审计部门既可以在对国有企业境外投资的事前审计和事中审计中履行自己的防控责任,也可以在事后审计中协助外部审计的工作。其次,社会审计的人力资源最丰富,每年都会承接大量的审计业务,在被审计对象以往接受过社会审计的情况下,政府审计可以通过与前任注册会计师的沟通获得本次审计的线索。因此,政府审计应充分利用企业内部审计和社会审计的审计成果,从而节省时间和资源,提高审计效率。

(二)三大主体审计资源的整合

1. 人力资源整合

首先,通过招投标的方式吸纳社会中介机构审计人员参与境外投资审计项目,充分发挥他们的特长。其次,与被审单位的内部审计人员进行积极的沟通合作,详细了解被审单位的国有企业境外投资基本情况,并在此基础上确立审计重点,在审计过程中,注意与内部审计人员在业务上进行合理分工,例如,将国有企业境外投资管理信息系统的审计委托给内部审计人员,并加以监督和指导,从而减少重复工作,提高审计效率。

2. 信息资源整合

政府审计、社会审计及企业内部审计三大审计主体间应构建一个能够互相进行信息交流的开放性系统。通过审计署牵头,政府机关利用大数据技术在线上为政府审计、社会审计和内部审计,构建一个囊括中央、省、市、县各级审计机关的大型数据库式信息共享平台,实现审计信息资源的整合,促进审计信息公开透明化,解决查找以往审计资料难的问题,在节省国家财政资金的同时充分发挥协同效果,提高审计工作的效率以及审计结论的准确性。

3. 技术资源整合

境外投资审计中包括许多特有的方法，例如，现代信息技术，包括卫星遥感数据接收系统、全球定位系统（global positioning system，简称 GPS）等，由于缺乏审计技术的推广和整合，这些方法的使用目前主要局限于政府审计机关的境外投资审计，而在社会审计和内部审计中很少得到运用。因此，政府审计机关应积极推广应用审计信息化建设成果，有效整合现有的技术资源，提高内部审计和社会审计的信息化水平。同时，结合境外投资审计中出现的新问题，不断探索新技术，力求在全行业形成系统化、规范化的审计技术方法和操作程序。

第四节　利用信息技术开展审计

一、云平台技术

当下的协同审计模式要积极依托云平台技术，实现审计效率的快速提升。在创新协同审计模式的过程中，要着重运用云审计技术对数据信息进行解读分析，改善以往协同审计过程中效率低下的劣势，实现审计工作模式的创新。在运用云平台技术的时候，要确保整体技术架构具备高度的可行性，从而充分发挥云平台技术提升审计效率的保障作用，使得协同审计技术的创新能够满足现代化的需要。

（一）云平台技术基础与结构

1. 云审计平台的架构基础

在云计算技术广泛应用的情况下，构建云审计服务平台可以更好地实现信息数据资源的管理与利用，包括软硬件资源与信息资源等，并且利用信息技术构建云审计平台。云审计平台能突破不同机关与部门的壁垒，实现信息资源的共享，使得审计系统的全部审计工作者都能通过云平台进行协同管理与审计。云审计平台根据云计算技术的服务模式可以划分为三种类型，包括基础设施即服务（infrastructure-as-a-service，简称 IAAS）、平台即服务（platform-as-a-service，简称 PAAS）与软件即服务（software-as-a-service，简称 SAAS）。基于云计算技术的云审计平台也具备三种服务类型，即云审计服务层、管理层与保障层（褚威，2018）。

2. 云审计平台的结构功能

为了更好地发挥审计的功能，构建的云审计平台应当满足完整性、全面性、信息化与连通性原则，构建云审计平台网络，保证云审计平台的全国联通。同时，云审计平台的构建也需要具备足够的安全性，平台安全才能保证信息安全。安全可靠的云审计可以帮助审计人员减少审计成本的投入，并提高审计工作效率。审计署应当对审计工作进行整体部署，由第三方信息技术机构进行统一的系统开发与维护工作，以实现不同层级的审计机关之间的相互连接，实现不同审计人员之间的相互协同，确保资源的共享。

（二）基于云平台技术的协同审计模式

协同审计的前提是要建立良好的云审计平台，确定合适的数据采集、传输模式，采取合适的技术、方法和手段与被审计单位或被审计云中心进行联网，在线对被审计单位的财务和经济业务信息系统进行数据采集和数据传输，通过云审计平台进行数据分析和数据存储。

1. 协同审计数据采集

在云审计方式下，云审计平台通过审计云数据中心按照审计署统一规划的行业计算模型，统一进行数据采集、数据转换、模型和方法制作，下级审计机关不再自行采集数据，只需要从云平台审计数据中心直接调出被审计数据，利用云平台审计实施系统进行数据分析和存储。一般情况下，数据采集有以下三种方式：

一是联网报送审计数据方式。在这种审计数据采集方式下，云审计平台审计数据中心通过网络与被审计单位建立连接，被审计单位定期、定时向云审计数据中心传送被审计所需电子数据。从形式上讲，此种审计数据采集方式类似于传统意义上的报送审计，只不过在报送资料的形式和方法上产生了变化。此种方式适合电子数据量相对较小的被审计单位。

二是建立数据接口采集数据方式。如果被审计单位数据也存储在云平台，云审计平台数据中心与被审计单位云平台数据中心建立数据接口，云审计数据中心通过该接口可直接访问被审计单位云平台数据库。在此模式下，由于云审计平台直接访问的是被审计单位云平台数据库的数据，可以实现对数据的实时传输、实时审计。

三是嵌入审计软件采集数据方式。这种方式是在被审计单位云平台数据中心嵌入审计软件或审计分析模块，根据审计单位的审计请求，远程指令被审计单位云平台上安装的审计嵌入软件或审计分析模块进行运行，就地完成对被审计单位的审计数据初步分析和归纳，从而挖掘审计线索，获得审计证据，并把分析数据和审计证据返回给审计单位，从而完成云审计数据的采集工作。

2. 协同审计数据分析

协同审计数据分析是指通过分析财务数据之间以及财务数据与非财务数据之间的关系，取得审计证据的技术。在协同审计模式下，协同小组成员利用云审计平台应用服务层的审计实施软件，通过采集数据的格式转换，建立审计中间表，运用审计分析模型、多维数据分析、数据挖掘技术等，实施审计数据分析。协同数据分析是一个反复的过程，协同审计工作流程中个体成员可以相互讨论、交流，通过参考审计案例库、咨询审计专家为自己的审计评价提供支持。然后，协同审计项目组负责人组织专家集体讨论、评议，最后得出审计结论。

3. 协同审计数据存储

审计过程中采集的电子数据越来越多，数据量也越来越大，从而形成海量的审计数据。数据的爆炸性增长不仅要求云数据中心能存储日益增长的数据，合理地管理数据，更重要的是要保证数据的安全和有效使用，数据的存储便成了云审计中的一个关键环节。传统的现场审计模式下，审计人员采集和转换后的电子数据要经U盘等磁性介质传送，容易丢失，还容易传播病毒。采集来的电子数据一般都保留在自己的笔记本上或本地局域网的计算机上，数据安全得不到保障，共享性差。而且随着时间的推移，如果这些数据没有得到很好的组织和维护，其利用价值也将越来越低，这会造成信息资源的浪费。在云审计平台下，数据存储依托云数据中心。云数据中心通过集群应用、网格技术或分布式文件系统等功能，将云审计平台数据中心的存储设备集合起来协同工作，共同对外提供审计数据存储和审计作业访问。采用云存储后，审计数据的使用和输出也变得相当便利，审计人员通过平台应用端口同步文件到本地即可，审计人员只要有一个接收端，就可以在任何时间、任何地点进行审计作业，工作的便利性大大提高（魏祥健，2014）。

二、大数据技术

实施协同审计，是大数据时代的必然趋势，其具有以下优点：一是能够深入挖掘审计线索。借助大数据技术对数据进行集中分析，通过数据间的关联性、逻辑性，深入挖掘数据背后的问题，为审计提供可靠的线索。二是能够实现资源集中利用。协同审计下，对数据、审计人员等资源进行整合、配置，克服了时间、空间障碍，实现了资源共享与综合利用，为审计效率与质量的提升创造了条件。三是能够将大数据技术融合到审计的全过程。将大数据技术应用贯穿于审计的计划、审前、审中、审后，创新审计模式、实现审计监督的全覆盖，尤其是通过组织、管理、项目等形式的协同，达到境内、境外审计业务一体化。

（一）大数据技术协同审计内容

在大数据时代下，构建协同审计模式主要从三个角度展开，具体包括：一是组织架构协同。构建上下联动的审计组织架构，实现审计资源、要素在组织内部的有序共享、相互配合，为实现协同审计厘清组织层级。二是审计资源协同。构建全国审计数据平台，统一数据收集口径，实现审计资源的共享，提高资源的利用效率，结合基层审计单位的工作需求，对审计人力、审计工具等进行优化配置，鼓励基层审计人员接受专业培训，有序提高协同审计工作的一致性与互补性。三是审计技术协同。审计技术是实现协同审计的"软实力"，更是提高审计效率与质量的关键所在。加强审计人员专业技术的培训，鼓励审计单位之间进行审计技术的交流共享，切实实现审计协同、技术提升。整体而言，通过从组织架构、审计资源、审计技术展开协同审计内容构建，为实现全过程的协同审计奠定了基础。

（二）基于大数据技术的协同审计模式

构建协同审计模式，实现跨空间、跨时间、不同审计单位与人员间的审计联动，有序提高审计效率与质量，具体可从以下几个方面展开。

1. 构建"1+N"的上下联动机制

所谓"1"，即一个审计数据平台、分析中心，由审计署统一构建。这不仅是一个数据资源库，更是一个审计资源库，逐步形成审计人员库、审计工具库、审计技术库、典型审计案例库，为实施协同审计提供信息化平台（张红香，2018）。所谓"N"，即各基层审计单位。在实施协同审计的过程中，各基层审计单位紧紧围绕着审计数据平台，借助审计人员、审计技术、数据资源，开展上下联动的审计工作，形成"全面辐射"信息交叉与共享。协同审计工作流程主要分为三个步骤：一是总体分析，即组建数据分析小组，对审计数据平台收集到的数据信息进行集中初步分析。二是发现疑点，即审计数据平台将分析的结果下发至基层审计单位、审计业务部门，要求进行核实与反馈，要求深入"挖掘"分析、重点关注，提高数据分析的准确性。三是分散核实，即各基层审计单位将核实情况反馈至审计数据平台，对于存在疑点的材料移交至各审计组，进行逐条核实。结合核实的情况，完善审计实施方案，向审计数据平台反馈，不断完善数据分析思路。

2. 利用大数据技术建设审计分析系统

在审计大数据平台的基础上，可以重点建设审计线索分析系统、业务审计分析系统和审计成果分析系统。审计线索分析系统主要采用网页分析、社交网络分析和多媒体分析技术，基于互联网社会热点话题和举报信息收集审计线索，加大收集审计线索的能力。业务审计分析系统主要采用结构化分析和文本分析技术,在传统审计分析的基础上,加大对中央重大政策和各行业主管部门具体政策的分析,有助于调整业务审计"微观化"和"案件化"趋势,发挥审计宏观监督的作用。审计成果分析系统主要采用文本分析技术,对以前年度的审计成果进行信息提取、分类聚类和观点挖掘等,对获取的数据和资料进行分析,加大对审计整改情况的追踪,提升审计监督的效果。

三、区块链技术

区块链作为一种新兴技术,从技术层面来看,区块链涉及数学、密码学、计算机等很多方面。从应用层面来看,区块链是一个具有去中心、分布式的数据库,有一系列安全性、共识性、智能性的技术特点。这些特点保证了区块链的"公开"与"透明",也为区块链的应用创造了信任环境。随着区块链技术在审计系统中的不断推广,它已经具有一定的实用价值。使用该技术,国有企业在境外投资过程中不可能通过伪造或销毁条目来隐藏数据事务,并且审批流程将以电子方式进行验证,增加了系统安全性。许多审计部门的流程可以更加优化,这将提高审计职能的效率和价值。区块链技术的应用减少了烦琐的审查验证工作,同时保证了数据信息的真实可靠,使得审计人员可以把更多的精力和时间放在其他需要主观判断的国有企业境外投资审计工作上,这也极大地保障了国有企业境外投资资产的安全。

(一)区块链技术协同审计内容

区块链技术之所以能够与境外投资审计相融合,一方面在于区块链的特征与境外投资审计的特性相互兼容,另一方面在于境外投资审计发展中遇到的相应问题可以基于区块链技术得到解决,为实现基于区块链技术的境外投资协同审计提供帮助。

境外投资协同审计中强调的"实时性""连续性"等审计特点,与区块链技术下无须逐级传递信息、节点自理的"去中心化"特征相契合(王琳、张尤凤,2020)。区块链技术下,数据记录更新要经过全网超过半数节点共同认证,这使得境外投资相关数据变得透明化,并且对任何记录都可追本溯源至数据诞生的起始点,使得风险点有迹可循、准确定位,为境外投资协同审计的"异常预警"提供了技术支持。境外投资协同审计强调将计算机互联网技术与审计工作相结合,强化各审计主体、各部门的协同作用,以电子数据为载体搭建数据分析工具和实时审计程序的"自动化"特性,而这正是区块链以程序进行事项判断的"合约执行"所要达到的目的。同时,具有数据和信息双重分析功能的"合约执行"机制,会对境外投资过程中的非合规事项进行实时预警,这一点大大强化了境外投资协同审计"异常预警"的作用。

区块链技术作为基础性底层技术，只要在前期搭建好实现环境，进行普及铺设，则可以实现审计单位与被审计单位之间的联通，在此基础上的国有企业境外投资审计将不再局限于某个单一审计主体的审计工作，而是多方审计主体、多方审计部门的协同审计。

（二）实现区块链协同审计路径

基于区块链技术的境外投资协同审计实施流程是对传统审计流程的优化创新。首先，在审计准备阶段，国家审计机关和其他审计机构需开展相应的初步业务活动，对被审计国有企业的区块链技术环境进行评估，了解被审计国有企业境外投资项目的智能合约规则设定是否合理。同时，各个审计机构应当与被审计国有企业在区块链相关权限的基础上就协同审计规则设定达成共识，并且国有企业应将境外投资项目纳入自身的区块链技术环境。在此基础上，不同审计机构才可以开展基于区块链技术的境外投资协同审计活动。

其次，在协同审计实施阶段，当国有企业拟对外投资时，其一般投资流程为：选择境外投资项目并制订投资计划—申报境外投资项目—报备投资项目计划—按计划开展境外投资项目—记录境外投资数据—验收并汇报投资成果。在国有企业境外投资流程中，投资项目的各个处理环节产生的相关数据是互相联系、实时传输、节点共见的。除了国有企业和被投资方外，还需参与协同审计的各个审计机构、银行等部门对数据信息有效性达成共识，这样才可以利用区块链技术进行记账和存储。任何一方的造假行为都会受到其他节点的监督识别，且对信息数据异常值，基于共识机制和合约技术的实时预警会自动将其"隔离"并广播至各个节点。

最后，在审计报告阶段，参与国有企业境外投资协同审计的各个审计机构依托全网节点，能够对投资活动每一环节的确认、计量、记录形成实时沟通。如国有企业境外投资过程中进行资金支出时，基于整个境外投资环节的区块链节点共见共验的特征，参与协同审计的审计机构可在国有企业支出该笔资金的同时，对该笔资金支出进行"不同审计机构、同一审计时间"的审计和验证，从而形成无间断的境外投资协同审计。

可以看出，区块链技术下的境外投资协同审计大大革新了传统的国有企业境外投资审计工作方法。实施流程从年末财务报表编制完成对外公布提前至各项经济业务发生时，且由于各方都实现了区块链技术的联通，因而参与协同审计的各个审计机构可以随时随地分享彼此的审计数据和成果，大大保障了国有企业境外投资的协同审计的顺利开展。

本章小结

　　本章在前述研究的基础上,根据前面章节提出的国有企业境外投资审计的困难和重点,从实务工作的角度出发,探究了国有企业境外投资审计目标的实现路径。首先针对当前境外投资审计过程中切实存在的困难,本章从改善相关法律环境的角度,分别提出了完善国际法律合作机制、完善我国境内法律制度等方法帮助审计人员克服现存的困难。而后根据协同治理原理,本章提出了在境外投资审计中应用协同审计方法,并分别就国内各监管部门之间协同监管、国家之间协同审计及三大审计主体协同审计进行了探究,基本确定了各种协同审计的优点与实现方法。在提出构建协同审计模式的基础下,根据最新信息技术发展的成果,针对性地提出了协同审计中会用到的信息技术,即云平台审计技术、大数据审计技术和区块链技术,并在书中进一步分析了各项信息技术帮助实现国有企业境外投资协同审计的实施路径。

　　通过完善审计相关法律环境、利用其他审计工作、开展协同审计以及充分利用现代信息技术展开审计等措施,能及时地发现并有效地制止国有企业境外投资中各种可能存在的风险和问题,有效保障我国在不断的对外开放和经济发展过程中国有企业资产的价值能够更好地保值和增值。当然,为解决被审计单位拒绝我国政府审计人员现场审计,还有一些途径可以帮助缓解这个难题,例如,要求被审计单位把材料报送到中国驻该国大使馆进行审计。

第六章　基于大数据技术的国有企业境外投资审计

本章主要介绍了国有企业境外投资大数据审计，首先分析了大数据审计应用于国有企业境外投资项目中的必要性和可行性，其次介绍了国有企业境外投资大数据审计平台与流程，然后介绍了大数据审计平台在国有企业境外投资政策落实跟踪审计、合规性审计和领导人责任履行情况审计中的应用，最后以 ZH 集团为例，对国有企业境外投资项目大数据审计的具体应用进行分析。以此，使读者更加了解大数据审计平台应用于国有企业境外投资项目的优势，以及大数据审计如何应用于国有企业境外投资项目。

第一节　国有企业境外投资大数据审计必要性分析

迈尔－舍恩伯格（Mayer-Schonberger）、库克耶（Cukier）（2013）认为大数据终将改变我们的生活、工作和思维方式，涉及各行各业、各个角度。大数据时代的到来，对审计工作的影响，主要体现在三个方面：一是推翻以往抽样审计的惯例，提出了全面审计的观点；二是更加侧重于数据间的相关性；三是更加侧重于审计结论的发生概率，并非精确结果。当前的审计工作依旧以抽样审计为核心，以合理的样本量测试结果产生审计结论，审计结论以数据因果关系为重点。但大数据时代的到来，推动了大数据技术的发展，其被引入审计工作，建立了大数据审计平台，而后将被审计单位相关数据引入数据池，不断保存、更新，以此作为大数据审计的基础。这一改变，推动了审计工作从事后审计向事前审计发展，从"查漏补缺"向"预测"内部控制制度的漏洞转变，将审计工作的重心前置。同时，大数据时代的到来，推动了信息化的发展，大量审计数据涌入，如果不引入大数据技术而仅依靠传统审计方法，那么既是对大量审计数据的浪费，也不能保证审计质量，还会提高审计成本。对进行境外投资的国有企业来说，防止国有资产流失至关重要，这势必要求审计人员利用好大数据技术，将审计工作做到极致，最大化地发挥审计的防范、监督作用。

国有企业境外投资审计

一、国有企业境外投资项目信息化程度高

如今的国有企业境外投资项目涉及大量信息软件，产生大量数据，使得审计人员不得不加快信息化审计的发展，将大数据技术引入审计工作，建立大数据审计平台，推动审计机关信息化。同时，联动计算机通信、软件、信息技术等，综合匹配到审计工作中，使得运用大数据技术审计大量审计数据得以实现，从而扩大审计资源，实现审计工作信息化、大数据化。加强国有企业境外投资大数据审计发展，有利于提高审计工作效率，强化审计工作效果。

我国出台了一系列管理办法，以加强对境外投资项目的监督管理。其中，《国有企业境外投资财务管理办法》要求，对境外投资项目事前要进行尽职调查，分析研究其可行性；运营的同时要根据预算设定、预算分析对实际费用等进行多角度监督；国有企业应当建立健全境外投资企业（项目）台账，反映境外投资目的、投资金额、持股比例（控制权情况）、融资构成、所属行业、关键资源或产能、重大财务事项等情况。这些要求，促使境外投资项目产生大量数据，具有高信息化水平，当对其进行审计时，使用传统的审计方法已不能满足要求，必须建立国有企业境外投资大数据审计平台以提高审计质量。

二、应对境外审计的挑战

目前，针对国有企业境外投资审计主要采取境内线上审计和境外现场审计相结合的办法。国有企业境外投资项目相关会计资料在境内主管部门、投资单位的，或者线上可以获取的，主要在境内实施审计。当大数据时代到来，企业财务工作建立数据共享中心，促使国有企业境外投资审计"大数据审计"化，可以减少境外现场审计的工作量，提升境内审计的效率。

在审计时间方面，根据各国（或地区）规定，进行境外审计工作的审计人员需持有当地的商务签证，一般的商务签证有效期为一次停留不得超过 30 日，一年累计不得超过 180 日。"一带一路"倡议提出后，沿线各国（或地区）对我国的商务签证有效期有所延长，如哈萨克斯坦对中国的商务签证有效期一次停留时间延长到 90 日内。但是，由于签证有效期的限制，境外现场审计工作受到阻碍，不仅不能像境内现场审计工作一般，派出大量审计人员到项目地进行现场审计工作，而且由于审计时间的限制，审计工作难度增加，同时在一定时间内要完成审计任务，还加大了审计工作强度。审计时间的局限性给境外审计工作带来巨大挑战，不但影响到国有企业境外投资审计的审计质量，还影响到审计报告出具时间。

在审计范围方面，由于境外审计项目所在国（或地区）的法律法规和语言等方面的限制，促使审计人员在进行审计工作时，会依赖当地业务部门工作人员的讲解与解释，这种情况不利于各部门之间的沟通，也不利于审计工作的展开。此外，在进行调查取证工作时，由于涉及项目所在国（或地区）的调查取证工作，还会受到政治、宗

教和法律法规等多方面因素的影响，国有企业境外投资现场审计工作难以展开，审计工作难度大，带来巨大挑战。

时效性和地域性是国有企业境外投资审计特有的工作难点和挑战。建立国有企业境外投资大数据审计平台，可以增加线上审计工作时间和任务，减少现场审计工作，从而解决时间对审计工作的影响。同时，利用国有企业境外投资大数据审计平台将项目所在国（或地区）相关政治、宗教、法律法规等相关信息模块化总结，从而减少审计工作人员对相关信息的学习了解时间，降低难度。而对于语言上的挑战，远程联网审计可以将翻译工作外包，进行线上审计人员、被审计单位工作人员以及翻译三方视频会议，从而加强与境外审计项目工作人员的沟通；财务、日常工作等方面的相关资料，国有企业境外投资大数据审计平台可对其数据内容进行采集、预处理，从而减少由于语言限制而对审计工作带来的挑战。

三、实现审计全覆盖目标

"审计全覆盖"是目前审计工作的一大目标。近年来，国有企业"走出去"的脚步迈得越来越大，在"国家的资产在哪里，审计的脚步到哪里"的号召下，越来越多审计人员走出国门，进行国有企业境外投资审计。通过建立国有企业境外投资大数据审计平台，不断采集、预处理、分析、存储各国（或地区）国有企业境外投资项目数据，从而将国有企业境外投资项目全部纳入审计范围，而后利用分析平台等信息技术直接进行审计工作，同时全方位进行实时监督，推动国有企业境外投资业务内部控制发展，解决审计人力不足的矛盾。而且，国有企业境外投资大数据审计平台利用信息技术进行数据处理、分析，审计工作效率高、质量好，能够在有限的时间内完成更多的审计工作，将抽样审计模式向总体审计模式转变，消除抽样风险。同时，由于境外开展审计工作存在实际困难，例如，境外审计项目所在国（或地区）在实际工作中并不配合审计工作，限制审计人员展开审计，从而导致审计范围受到限制，影响审计"全覆盖"目标的实现。因此，开展国有企业境外投资项目大数据审计，增加线上审计，减少现场审计，有利于实现"审计全覆盖"。

四、提升审计工作质量的要求

当大数据审计平台引入审计工作时，大量国有企业境外投资审计项目的数据将进入数据池，成为审计数据的基础，而审计人员通过审计平台，就可对数据进行横纵向对比、相关性分析、趋势分析、筛选匹配等操作，快速、精准地发现审计风险点。此工作的审计效果和审计效率都是传统审计方法所不能完成的。

大数据审计技术具有运算快、不受时间与空间影响的优势；而且，大数据处理技术使得非结构化数据的可利用性大大提高，通过对比分析，能够快速获取相关审计结果，显著提高审计工作的效率和效果。大数据审计需要处理大量非结构化数据，对于具备数据处理能力的有经验的审计人员来说，大数据的利用价值高。但是，对审计经验不丰富或不懂信息技术处理的审计人员来讲，这些数据无法派上用场。因此，审计的效果主要取决于审计人员的能力和经验。

国有企业境外投资项目的特殊性，导致审计人员进行函证的要求与成本较高，且函证效果一般。当构建大数据审计平台后，将银行、关联方等单位数据联通，可直接获取银行存款和往来款等数据，利用原始数据进行分析，避免函证的第三方原因导致审计结果的偏差，影响审计人员的判断。此外，还能降低国有企业境外投资审计在函证程序上的时间成本和人力成本，提高审计工作效率。

第二节 国有企业境外投资大数据审计可行性分析

一、审计大数据可被采集

在国有企业境外投资项目部署服务器，设置数据采集模块，根据采集模板中定义的数据采集过程和设置的采集周期采集数据，这样可以提高传输效率，有效降低对电子政务内网网络资源的占用。近两年，基层电子政务内网架构基本已搭建完毕，审计机关应有效利用电子政务内网，再通过虚拟专用网（virtual private network，简称 VPN）通信技术将数据传输至审计机关机房服务器中，形成审计业务专有的加密数据传输通道，达到对国有企业境外投资数据网络安全传输的要求。

审计人员经过前期调研，对国有企业境外投资所属行业相关法律法规、规章制度的收集整理、对国有企业境外投资业务信息系统的数据字典的收集整理、对国有企业境外投资项目的审计事项和审计方法的梳理，对国有企业境外投资进行数据分析，初步确定对国有企业境外投资进行审计所需的业务数据表。通过编制生成高性能数据集成解决方案的平台（SQL server integration services，SSIS）采集包，对国有企业境外投资原始数据进行采集。

二、审计数据采集范围可扩大

大数据技术的发展，丰富了审计数据采集渠道，扩大了审计数据采集范围。其一，在传统审计方法下，审计数据分散在各个系统、各个部门内部。审计人员在进行审计工作时，需要在各个部门的配合下，对各部门进行数据归集，易形成"数据孤岛"，各部门数据之间的联系不易分析。随着大数据技术的发展，利用大数据审计技术，审计人员在进行国有企业境外投资项目审计时，可通过爬虫技术等爬取各个层级、各个部门、各个行业的内部或外部数据，减少实地审计工作，提高线上审计的工作质量。例如，在对国有企业境外投资资金使用审计中，由于资金使用规模大且项目分散，数据之间的逻辑关系复杂，用传统审计方法采集数据不仅耗费大量的人力物力，而且对采集到的数据直接进行分析难度大。而审计人员通过运用大数据审计的方法，利用大数据审计平台采集相关数据，并且对数据进行直接处理和分析，减少了工作难度，提高了工作效率。其二，在传统的审计方法下，为了提高审计人员的独立性，因而需要获取大量的实地现场审计的审计证据。在国有企业境外投资审计中，项目往往在境外，现场审计的时间局限性大，审计工作难度大。审计人员的分析能力有限，专业能力直接决定了分析结果。而通过大数据审计平台，审计人员可以模式化地进行繁多的大数据分析，使得审计人员可以更易获取完整的数据，从而进一步了解审计项目，得到更客观的审计意见。例如，由于国有企业境外投资项目都在境外，某些大型建设项目的隐蔽工程无法实地查看，审计人员可以利用大数据技术从工程建设、施工、设计、监理等内部单位和港航监督、石料供应、气象等外部单位采集建设期间所有的相关数据，通过比对分析，发现虚报工程款等审计问题。

三、大数据审计技术日益成熟

审计取证技术的多样性，提高了审计数据的可获取性。传统审计工作中，审计人员通过检查、观察、询问、函证、分析等手段，来获取审计证据，操作方法模式固定，但面对不同审计对象时，可适用性一般，尤其是面对大量非结构化审计数据时，效果不理想。但通过大数据技术可以实现这一目标，例如，利用爬虫技术来爬取外部网站数据；运用遥感（RS）、地理信息系统（GIS）以及全球定位系统（GPS）获取地理信息。又如，核实国有企业境外投资财务收支情况的真实性时，由于项目空间位置广、规模大，审计人员无法大规模现场勘查，传统审计方法实用性不强；现在审计人员可利用大数据财务信息平台，获取财务数据，同时利用网络爬虫技术获取相关行业市场规律，判断营业率增长水平是否符合同期行业规律，以发现其异常点，从而发现舞弊的可能。

第三节　国有企业境外投资大数据审计平台与流程

一、国有企业境外投资大数据审计平台

国有企业境外投资大数据审计平台由三个平台组成：国有企业境外投资审计数据采集平台、国有企业境外投资审计数据预处理平台和国有企业境外投资审计数据分析平台。国有企业境外投资审计数据采集平台主要负责对项目现场数据、项目数据以及

项目网络数据的采集，形成国有企业境外投资审计数据库。项目现场数据主要是指与项目所在地相关的内外部数据；项目数据主要是整个项目自身的内外部数据；项目网络数据主要是与项目相关的、互联网内收集到的数据。国有企业境外投资审计数据预处理平台主要负责将采集来的数据进行统一预处理，为接下来的数据分析做准备。国有企业境外投资大数据审计平台主要结合线下审计，如图 6-3-1 所示。

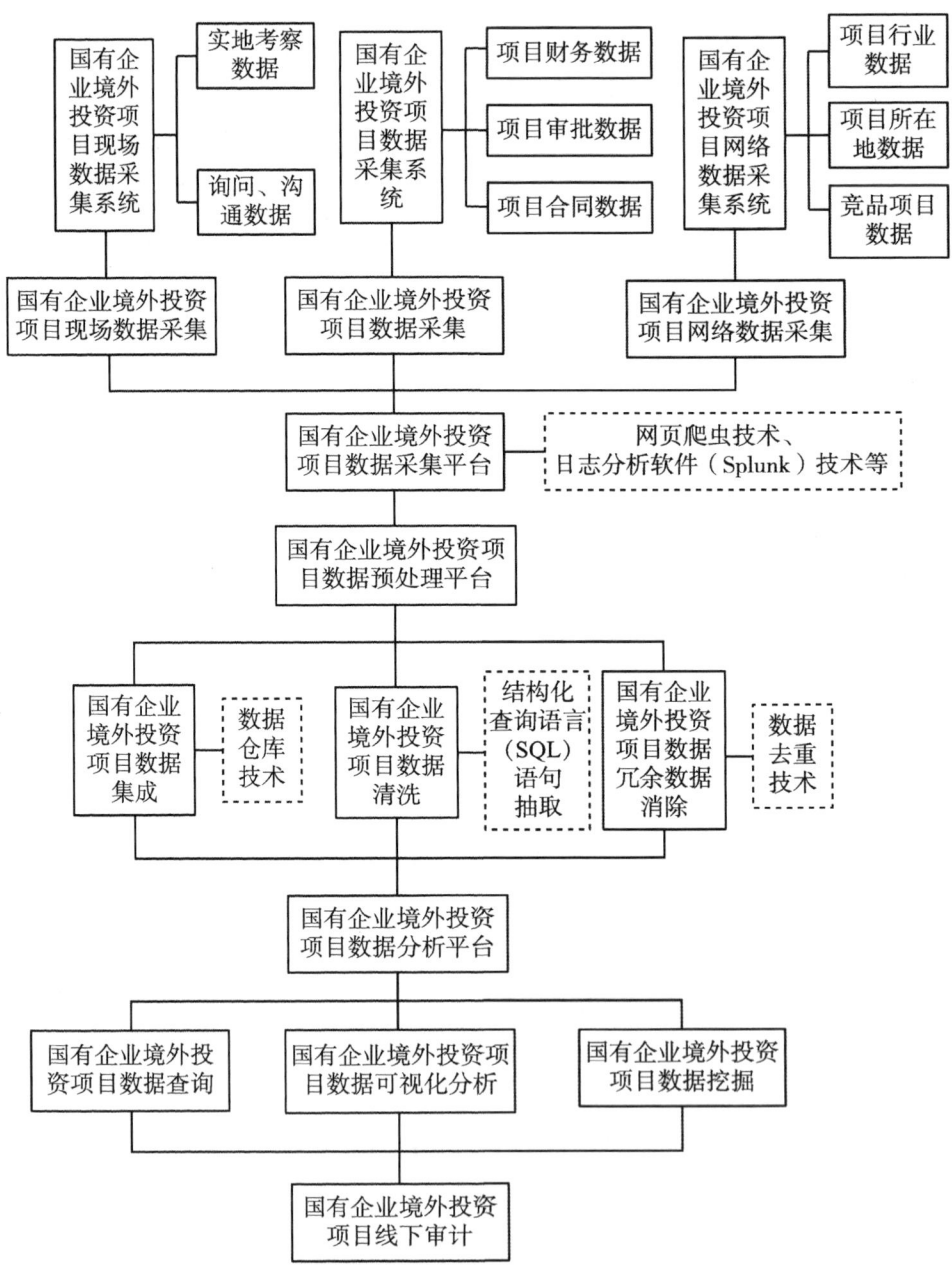

图 6-3-1 国有企业境外投资大数据审计平台

(一) 国有企业境外投资审计数据采集平台

国有企业境外投资大数据审计平台中的数据采集平台,主要利用爬虫技术和手工取得备份数据等方法,对现场审计数据、项目数据以及网络数据进行采集。针对现场审计数据,主要利用手工采集的方法,将实施审计程序后获得的数据按照模板格式进行采集,收集到数据库中。对实物资产进行监盘后所获取的审计证据等,都应当录入相应的审计数据库,以便与项目数据中采集到的日常盘点进行核对,分析是否存在异常。针对项目数据,主要利用系统数据导出再加工的方式进行采集。国有资产境外投资项目日常工作利用企业资源计划(enterprise resource planning,以下简称ERP)以及财务软件,直接获取权限后将项目数据导出,按照相应的模板格式进行收集,同时录入审计数据库。例如,将公司的会议纪要全部导出,利用结构化查询语言(structured query language,以下简称SQL)语句按项目主题进行分类,以获取各项目是否遵守企业规章制度和相应的法律法规的要求,从而进行国有企业境外投资合规性审计。针对项目网络数据,主要采用爬虫技术,在现有政务网络、金融网站、行业网站、项目所在国(或地区)的相关新闻网站进行数据爬取,以获得国有企业境外投资项目外部信息,从而进行国有企业境外投资资金使用审计。

国有企业境外投资大数据采集平台还可以对采集到的数据进行维护,审计人员可以对数据采集模块的定义和集成数据采集进行维护,同时还可以对数据进行模板导入、导出、删除、隐藏、筛选、查询、排序等。

(二) 国有企业境外投资审计数据预处理平台

国有企业境外投资审计数据采集结束后,数据内容纷繁复杂,包括项目内部数据、项目外部数据、财务数据以及文本数据等。数据来源众多,例如,有人工输入、系统导入等来源,可能导致格式匹配不一致的数据、重复的数据、不合逻辑的数据、同一命名不同数据、不同数据同一结构、口径不一致数据集成冲突等问题,进而导致部分数据对审计分析过程产生障碍、审计分析结果不可显示等情况的发生,所有这些情况都会影响审计数据的分析,因此,需要对数据进行预处理。数据预处理主要包括数据集成、数据清洗和数据冗余消除三个主要步骤。

数据集成是通过统一的数据模式将不同来源采集的数据归集起来,主要解决数据的分布性和异构性的问题。在国有企业境外投资审计数据采集平台中采集到的数据,由于生成时间与所对应的生成部门不同,往往会生成多种格式、多种逻辑的数据,而这些系统的数据源彼此独立、相互封闭,使得数据源无法交流、融合,从而形成了"信息孤岛"。数据集成模块利用数据仓库技术,将不同信息源采集到的数据进行整合,联通"信息孤岛",共享信息。

数据清洗是对国有企业境外投资审计数据采集平台采集到的数据进行重新审查和校验的过程，旨在删除冗余、纠正错误数据，从而增加数据的一致性。因为数据仓库中集成的数据是对某一主题的集合，这些审计数据采集渠道多样，还会重复采集，这就导致出现格式匹配不一致的数据、重复的数据、矛盾的数据等，这些统称为"脏数据"。数据清洗是通过设定统一的条件要求，筛选出符合要求的数据，同时将过滤出的淘汰数据进行再对比，核对是否需要对淘汰数据进行修正、再采集。数据清理出的初步淘汰数据主要分为格式设定错误数据、不完整数据、重复数据，不同类型的淘汰数据有相对应的修正办法。对于格式错误数据，数据格式主要分为文本、数值、时间、货币等，通过SQL语句筛选出错误格式数据，退返业务部门对其修正，确认后再采集。对于不完整数据，将不完整数据按类别汇总，提交给业务部门，要求其在规定时间内修正，确认后再采集。对于重复数据，将重复数据内容的所有字段全部导出，确认是否真的重复，确定并修正。

数据冗余是数据重复的一种，是同一数据存储于不同的数据仓库中而产生的。由于国有企业境外投资审计数据采集平台所针对的数据系统种类多样，因而会出现同一数据从不同数据系统中采集而来，同时存储于不同的数据文件中。这样造成了审计数据的冗余，浪费了很多的存储空间，尤其是存储海量基础数据的时候，数据冗余的情况更甚。数据冗余不仅增加了更新代价，更严重的是造成潜在的数据不一致和存储空间浪费等问题。因此，数据冗余消除模块中利用数据去重技术，也就是专用的数据压缩技术，来消除重复数据的副本。在存储去重过程中，一个唯一的数据块或数据段将分配一个标识并存储，这个标识会加入一个标识列表。在去重过程中，一个标识已存在于标识列表中的新数据块将被认为是冗余的块。该数据块将被一个指向已存储数据块指针的引用替代。通过这种方式，任何给定的数据块都只有一个实例存在。

（三）国有企业境外投资审计数据分析平台

国有企业境外投资审计数据分析平台中，数据查询是审计操作中的基本功能，可分为财务账表查询和SQL通用查询两种功能。财务账表查询主要是实现对国有企业境外投资项目数据的审核功能。国有企业境外投资数据分析平台拥有财务数据格式转换功能，连通国有企业境外投资项目财务软件接口，通过固定辅助条件项导出财务数据，例如，用项目分期、金融机构、供应商等条件筛选数据。通过筛选"金融机构＝招商银行"，即可筛选出所有通过招商银行发生的收支业务。同时还可以直接导出相应的财务报表、序时账等，联动电子档案系统，可直接匹配相关凭证后面的附件。数据分析平台还嵌入了多种分析模式，例如，横纵对比分析、结构分析等。SQL通用查询功能适用于更加多元化的数据，例如，合同台账、成本台账等，通过SQL语句的建立，可以查询、抓取包括表格、图片、文字等数据类型。

国有企业境外投资数据分析平台主要是通过建立各种数据分析模型,将数学公式、逻辑表达式或者模式定义作为建立条件,对审计对象进行财务活动以及业务活动的真实性、合规性做出审计。审计人员可以利用多种分析模型进行分析,分析模型可由不同SQL语句的嵌套、组合形成灵活多变的审计数据分析模型。

二、国有企业境外投资大数据审计流程

国有企业境外投资大数据审计流程主要分为审计前数据采集、根据不同的审计对象制订审计计划、确定相应的审计重点、实施相应的审计程序、进行审计复核以及出具审计报告这几部分,如图6-3-2所示。国有企业境外投资项目的固有局限性导致审计人员现场审计的时间少、成本高,使得制订审计计划尤为重要,审计人员可以采取增加线上审计的比重、减少现场审计工作量以及提前做好准备的方式,提高现场审计效率。

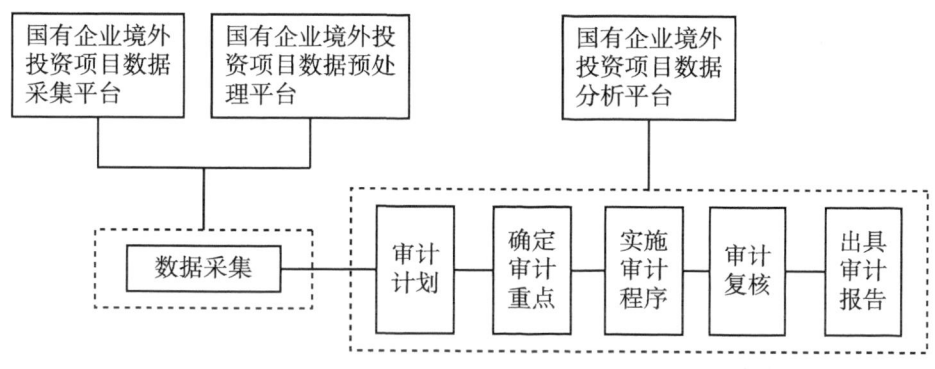

图 6-3-2　国有企业境外投资大数据审计流程

审计前的数据采集主要是利用国有企业境外投资审计数据采集平台和数据预处理平台,根据落实的审计疑点,制订审计计划,确定审计风险点,构建符合各种行业特性的审计分析模块,在审计工作结束后,还可以对被审计单位数据进行实时分析、实时监控,通过设定相应条件语句,起到预警监督的作用。平台将各模块分析得出的审计疑点反馈给审计人员,审计人员对其进行数据分析:对照最新政策法规,进一步落实审计疑点,确定审计线索进行延伸调查取证。通过平台审计人员对审计项目现场实施进行统一操作,完成审计现场取证和审计底稿制作,复核人员和审理人员均通过操作台对审计项目进行复核和审理;审计组组长通过平台掌握项目总体进度,实现信息化管理审计进度。在审计工作结束后,通过国有企业境外投资项目数据分析平台进行复盘,从而出具审计报告。

第四节　国有企业境外投资大数据审计平台应用

一、大数据审计平台应用于国有企业境外投资政策落实跟踪审计

国有企业境外投资政策落实跟踪审计中，单依靠因果关系分析，审计人员可能在短时间内难以观察到政策执行产生的直接、间接或整体效果。利用相关性分析，审计人员可以将表现相关的现象联系在一起进行相关性分析，再深入探究背后的因果关系，从而更加客观全面地评价政策落实情况。审计人员可以通过国有企业境外投资数据分析平台，利用云计算、区块链技术、可视化技术等开展数据相关性分析并进行结果展示，分析被审计单位的动态变化，捕捉问题和疑点（居江宁、高杰、王岳剑等，2020）。

大数据技术应用于国有企业境外投资政策落实跟踪审计的具体步骤如下：

步骤一：审计人员编制审前调查表，调查内容包括境外投资国有企业出台的相关政策，各政策的适用范围，各项目政策落实跟踪审计的审计对象，还包括各项目的财务系统、办公系统端口是否接通，各系统审计权限是否开启等。

步骤二：数据采集是应用大数据技术对国有企业境外投资政策落实跟踪审计的关键，采集的数据来源包括外部数据和内部数据，外部数据主要是指国有企业境外投资项目适用的政府出台的相关政策，还需要在外部系统中采集政策要求的相关数据，例如，政策要求公开的审计报告等。内部数据则主要包括项目内部办公系统采集的数据，例如，项目会议纪要、项目内部审计报告、项目经营审批流程及附件等。采集的数据类型分为结构化数据和非结构化数据。对于政策落实跟踪审计来说，主要的审计关注点在于出台的相关政策是否落实到位，是否有表面与实质情况不符的现象，政策实施的对象是否合规等。

步骤三：在审计数据采集结束后，审计人员利用国有企业境外投资数据预处理平台进行数据处理。一是根据国有企业境外投资数据分析平台的要求，将不符合要求的数据文件格式转换为大数据分析软件需要的格式，并对所采集的数据关系进行梳理，采集审计所需数据。然后按照相对应的字段进行筛选匹配，从而将各数据之间的逻辑关系理清，同时将多种表格汇总为一张表格，以达到数据完整、直观的要求。二是对字段缺失等不完整的数据值进行修正，通过查找原始资料，采用手工填入等方式补齐缺失记录，主要关注关键字段的完整性，例如，政策适用对象的要求等。三是修正所采集审计数据表中重复行、多余列等冗余记录情况。通过以上数据处理技术对所采集的国有企业境外投资审计数据进行处理后可以提升审计数据的质量，进而提高审计分

析的效果。

步骤四：数据分析组在对国有企业境外投资项目所采集的数据进行预处理之后，首先要针对各政策的特点，制订不同的审计计划，实施不同的审计程序。对于政策实施对象是否合规的审计，主要通过 SQL 语句对采集到的政策实施对象与政策规定的适用对象条件进行匹配，核实是否有异常现象。对于出台的相关政策是否落实，首先要设定政策落实的节点，一般是政策出台或者政策内要求实施的时间点。然后将政策落实抽象概念具体化，设定具体事项以代表政策落实，例如，《国有企业境外投资财务管理办法》规定项目要进行审计，出具审计报告，"依法接受主管财政机关的财务监督检查和国家审计机关的审计监督"。审计人员将审计报告是否出具作为审计事项，并将政策出台前后的审计报告进行对比，以此来证明政策是否落实。

步骤五：根据上述分析情况，发现审计风险点，与相关部门负责人进行讨论，询问异常点发生的原因，讨论对政策的理解等，进行审计复核，最终出具审计报告，发表审计意见。

二、大数据审计平台应用于国有企业境外投资合规性审计

国有企业境外投资合规性审计主要审查的是经济活动是否符合相关法律法规的要求。审计范围不仅包括境外投资项目开展前的可行性调查，还包括项目开展后的日常管理、内部控制目标和项目团队的考核是否合规。只有遵循国家出台的相关法律法规的规范，政府才能在合规的基础上对境外投资项目予以保护（李铮，2018）。大数据审计平台应用于境外投资项目的审计，主要是将相关法律法规、制度要求表格化，提取相关规定要点，与项目管理过程进行对比，从而发现异常。对于大数据审计平台应用于国有企业境外投资资金使用审计中的操作流程，与合规性审计流程一致，主要是审核境外投资项目资金使用情况是否符合法律法规等要求。

大数据应用于国有企业境外投资合规性审计的具体步骤如下：

步骤一：审计人员编制审前调查表，调查内容包括针对境外投资国有企业出台的相关法律法规、制度要求。我国国有企业境外投资项目管理主要依据的是《国有企业境外投资财务管理办法》，审计人员需要将其中的细则表格化，例如，用表格的方式列明不同事项审批权限的设定等。此外，还需要确定各系统审计权限是否开启。

步骤二：数据采集是应用大数据技术对国有企业境外投资合规性审计的重点。采集的数据包括外部数据和内部数据，合规性审计的外部数据主要是指《国有企业境外投资财务管理办法》中要求的数据，审计组专家在审计工作开展前，将《国有企业境外投资财务管理办法》中的要求进行表格化。内部数据则主要包括项目内部办公系统内采集的数据，如项目会议纪要、项目内部审计报告、项目经营审批流程及附件等。

采集的数据类型分为结构化数据和非结构化数据。结构化数据主要是指具有高度组织、格式整齐的数据，如公司纳税识别号等；非结构化数据主要是指不具有预定义的数据模型，如文本文件等。对于合规性审计来说，主要的审计关注点在于国有企业境外投资项目的决策过程是否合规、项目所在国家（或地区）的前期尽责调查过程是否合规、项目实施过程是否合规等。

步骤三：在对审计数据采集结束后，审计人员利用国有企业境外投资数据预处理平台进行数据处理。一是根据国有企业境外投资数据分析平台的要求，将不符合要求的数据文件格式转换为大数据分析软件需求的格式，并对所采集的数据关系进行梳理。为了使审计人员对审计数据有直观的认识，还应将分布在多张表中的同一格式的数据合并在一起，生成总表，以达到数据完整、直观的要求。二是对字段缺失等不完整的数据值进行修正，通过查找原始资料，采用手工填入等方式补齐缺失记录，主要关注关键字段的完整性，如政策适用对象的要求等。三是修正所采集审计数据表中重复行、多余列等冗余记录情况。通过以上数据处理技术对所采集的国有企业境外投资审计数据进行处理后可以提升审计数据的质量，进而提高审计分析的效果。

步骤四：数据分析组在对国有企业境外投资项目所采集的数据进行预处理之后，首先要针对表格化的管理办法条款，设定不同的SQL语句，在系统中运转，提取与管理办法条款规定不一致的事项，进行分析、询问，以判断境外投资项目是否合规。例如，《国有企业境外投资财务管理办法》中强调了境外投资审计前要审慎决策，其中第11条指出：国有企业以并购、合营、参股方式进行境外投资，应当组建包括行业、财务、税收、法律、国际政治等领域专家在内的团队或者委托具有能力并与委托方无利害关系的中介机构开展尽职调查并形成书面报告。其中，财务尽职调查应当重点关注若干财务风险，包括目标企业（项目）所在国（或地区）的宏观经济风险，目标企业（项目）存在的财务风险等。在审计国有资产境外投资项目投资前决策是否合规时，需要在采集和预处理后的审计数据中，利用SQL语句提取投资前尽职调查报告，核查是否有调查报告、调查报告中的内容是否完整、重点关注的风险点是否得到关注等。

步骤五：根据上述分析情况，发现审计风险点，与相关部门负责人进行讨论，询问异常点发生的原因，讨论未按规定要求的原因等，进行审计复核，最终出具审计报告，发表审计意见。

三、大数据技术应用于国有企业境外投资领导人责任履行情况审计

国有企业领导人责任履行情况审计的特点是"审事议人"，"事"即领导人利用个人拥有的职权来对企业经营活动进行决策，可见领导人的责任履行情况与企业的经营责任相辅相成。因此，要确定领导人责任履行情况审计内容的重点，必须先厘清企业

领导人承担的受托责任。由于我国市场经济体制尚未健全，因而我国的国有企业在承担弥补市场缺陷的社会责任目标的同时，还发挥着巩固社会主义基本经济制度、促进国有资本增值保值、保障国家经济安全的作用。因此，我国的国有企业在承担社会责任的同时，还需要承担经济责任、政策责任。国有企业承担的受托责任可划分为经济责任、社会责任、政策责任，国有企业根据各自的历史使命也可划分为公共政策性、垄断寡占性、一般商业性三类企业。不同类别的国有企业承担的受托责任重点不同，因此，企业领导人责任履行情况的审计重点也不同。

大数据技术应用于国有企业境外投资领导人责任履行情况审计的具体步骤如下：

步骤一：审计人员编制审前调查表，调查内容包括境外投资国有企业股权投资情况，各公司财务数据采集端口类型，会议纪要、决议等纸质数据是否转换成电子数据等。

步骤二：数据采集是应用大数据技术对国有企业境外投资领导人责任履行情况进行审计的前提，但是境外投资国有企业各项目之间的财务系统和其他数据系统并未统一，采集端口类型多样，直接派出数据采集组进行数据采集，可能会存在数据采集使用的采集技术针对性不强，从而采集不到有效的数据，或是采集的数据不完整等问题，并最终影响审计的效率，所以在数据采集之前有必要进行审前调查。因此，在对境外投资企业开展领导人责任履行情况审计之前应先派出审前调查组，由审前调查组对境外投资国有企业的各类数据文件、数据类型及数据采集接口的种类进行调查。

步骤三：数据采集组根据审前调查组针对数据类型和数据端口调查的结果对境外投资国有企业进行数据采集，采集的数据包括外部数据和内部数据，外部数据主要是指与企业经营相关的外部系统采集的数据，如银行、工商、税务、社保等系统采集的数据，内部数据则主要包括集团与各子公司的财务数据、业务数据、决策相关数据。采集的数据类型又分为结构化数据和非结构化数据。对于领导人责任履行情况审计而言，单纯从财务方面进行审计是不够的，更需要关注国有企业境外投资领导人贯彻执行党和国家经济方针政策、决策部署情况等各项责任履行情况，因此，需要针对境外投资国有企业董事会决议，对下属单位所发的下行文等非结构化数据进行审计。

步骤四：在对审计数据采集结束后，审计人员利用国有企业境外投资数据预处理平台进行数据处理。一是根据国有企业境外投资数据分析平台的要求，将不符合要求的数据文件格式转换为大数据分析软件需求的格式，并对所采集的数据关系进行梳理。为了使审计人员对审计数据有直观的认识，还应将分布在多张表中的同一格式的数据合并在一起，生成总表，以达到数据完整、直观的要求。二是对字段缺失等不完整的数据值进行修正，通过查找原始资料，采用手工填入等方式补齐缺失记录，以及对会计处理常规不符或是经济含义不符、明显错误的数据、数值定义不完整等情况进行修正。三是修正所采集审计数据表中重复行、多余列等冗余记录情况。采用以上数据处理技术对所采集的国有企业境外投资审计数据进行处理后，可以提升审计数据的质量，进而提高审计分析的效果。

步骤五：通过对国有企业领导人责任履行情况存在的审计疑点进行核查，结合数据分析组分析得出的审计疑点与结果出具审计结果与评价。

第五节　国有企业境外投资大数据审计案例分析

一、案例背景介绍

（一）ZH 集团介绍

ZH 集团是以实现黑色金属、有色金属、金融、房地产和物流五大产业全面发展，进行全球化经营的大型企业集团。截至 2018 年，ZH 集团的境外机构共 25 家，具体分布详见表 6-5-1，主要从事资源开发、金融、地产、投资贸易等业务。截至 2018 年底，ZH 集团资产规模达到 8568 亿元，其中海外资产总额超过 923 亿元，净资产 469 亿元，实现海外收入 1007 亿元，利润总额 51.3 亿元。ZH 集团矿产资源丰富，包括铜、铝、锌、钨等，资源分布遍布各大洲。ZH 集团与智利铜业公司成立合资公司，联合投资开发智利铜资源；联手江西铜业公司共同收购加拿大北秘鲁铜业公司；合资勘探牙买加铝矾土项目等。ZH 集团目前已经在"一带一路"沿线的波兰、哈萨克斯坦、俄罗斯、印度尼西亚、新加坡等数十个国家开展金属矿产品贸易业务。

表 6-5-1　ZH 集团海外机构分布

地区	海外机构
亚洲	日本 ZH 株式会社、韩国 ZH 株式会社、南洋 ZH 实业有限公司、金新船务运输有限公司、ZH 集团公司驻印度代表处、ZH 集团公司驻朝鲜代表处
欧洲	HPTec GmbH（德国）、英国金属矿产有限公司、德国 ZH 有限公司、欧亚运输贸易有限公司、北欧金属矿产有限公司、ZH 集团公司驻莫斯科代表处、ZH 意大利有限公司、ZH 西班牙有限公司
美洲	WuKuang Bolivia S.A（玻利维亚）、Minxia Non-ferrous Metals, Inc.（美国）、Aluminco Holdings Limited（开曼）、美国矿产金属有限公司、ZH 资本与证券公司、洛杉矶矿产金属有限公司、南美五金矿产有限公司、企美有限公司
其他	澳大利亚五金矿产有限公司、ZH 新西兰有限公司、南非五金矿产有限公司

ZH 集团作为国有企业，设有纪检监察组，受政府监督。集团总部又下设审计部，为一级部门，由集团直接领导。审计部主要负责集团总部与各分公司、子公司的年度审计和专项审计，处理员工举报等内部事项，以加强企业内部监督和风险控制，规范企业管理。同时设有审计中心，为集团总部的直属机构，集团内部审计机构完善。ZH 集团组织架构如图 6-5-1 所示。

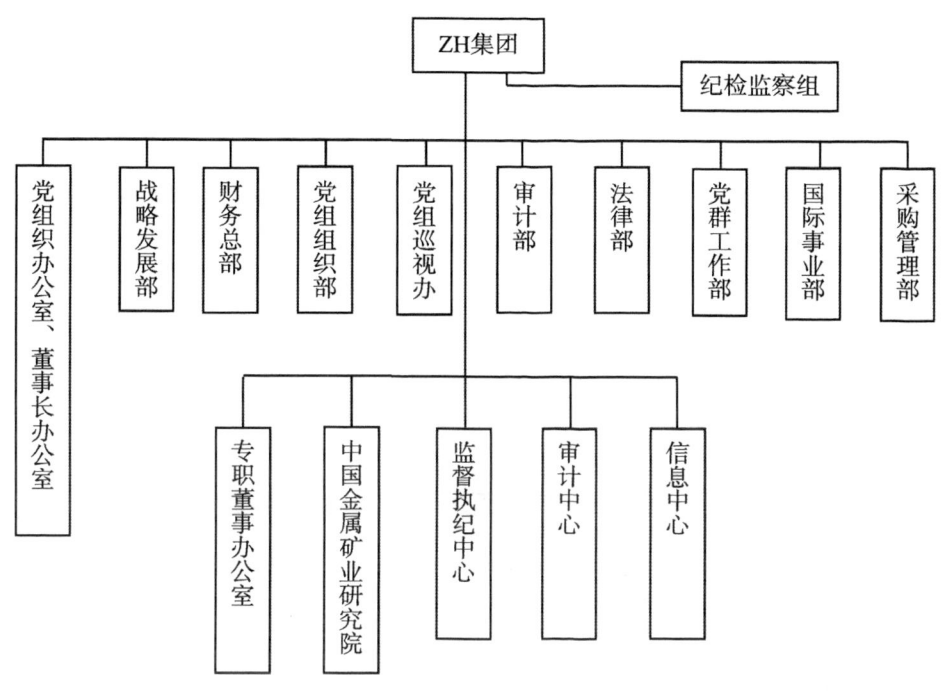

图 6-5-1　ZH 集团组织架构

（二）审计机构介绍

2016 年 6 月，审计署发布了《"十三五"国家审计工作发展规划》，对"十三五"全国审计任务和目标作出部署，其中强调要落实境外审计的具体审计目标和工作重点，建立健全更为严格的境外国有资产审计监督机制，维护国家经济安全。

审计署在对国有企业境外投资审计时，以成立审计项目组为主。审计项目组规模由审计对象的重要性决定。2017 年 6 月，财政部专门出台了针对国有企业境外投资项目的审计依据——《国有企业境外投资财务管理办法》，以加强对国有企业境外投资的管理，防范境外投资财务风险，提高投资效益。该办法规范了国有企业境外投资的财务管理，其中规定国有企业应当建立健全对境外投资的内部财务监督制度，应当依法接受主管财政机关的财务监督检查和国家审计机关的审计监督。审计署派出审计项目组在对 ZH 集团进行年度审计时，利用国有企业境外投资大数据审计平台对该政策要求是否落实进行了审计。

审计项目组由 13 人组成，其中干部 2 人，外语能力强的有 3 人。审计工作总共分为三大部分：一是前期收集资料、线上初步审计，二是线下实地审计，三是后期复核，出具审计报告。而审计署中专门从事境外审计的境外审计司仅设有三个处室，专门从事境外投资审计的干部仅 40 余人，限制了境外投资项目的审计数量，审计人力资源严重不足。由于境外投资审计不仅需要专业的审计知识，还需要具有熟练的外语能力、了解被投资方的法律和政策，这就要求从事国有企业境外投资审计的审计人员的素质要更胜一筹。因此，在对国有企业境外投资项目进行审计时，需要从各地抽调专业能力和外语能力到位的审计人员进行审计工作，这往往需要一定的时间进行前期工作磨合，会增加审计工作的难度。同时，对国有企业境外投资项目的审计范围无法做到全覆盖，仅能从中抽取项目进行审计。而且国有企业境外投资审计的另一大问题是审计对象的物理距离较远，审计人员的签证时间有限，导致审计项目组进行线下实地审计受限。而利用大数据审计平台进行 ZH 集团境外投资审计，能弥补人员不足，减少审计人员工作磨合，还能够大大提高线上审计的质量，减少线下审计的工作量，可以破除国有企业境外投资审计的困境。

二、大数据审计平台在案例中的应用——政策落实跟踪审计

审计项目组根据专业能力，对 ZH 集团是否落实《国有企业境外投资财务管理办法》这一政策审计风险点进行评估，认为企业是否建立内部财务监督制度、是否依据要求出具审计报告是审计的重点。然后审计项目组认为《国有企业境外投资财务管理办法》这一政策出台后项目是否出具审计报告可以一定程度上说明政策是否落实。同时，审计项目组采集政策出台前项目是否出具审计报告的数据，与政策出台后对比，以证明项目出具审计报告的直接原因是落实政策要求。因此，审计人员在国有企业境外投资大数据采集平台中借助网络爬虫技术，对有境外投资项目的国有企业的审计报告进行了数据统计，并以政策出台时间为节点，将数据分为政策出台前的与政策出台后的。

审计人员在国有企业境外投资大数据预处理平台中，首先将上述采集到的审计报告数据进行预处理，将不同来源采集到的同一审计报告进行删除重复项；对于残缺数据，如审计报告出具时间缺失的，要与相关部门进行沟通了解，补充残缺值。然后在国有企业境外投资大数据分析平台中对各阶段审计报告数量进行统计分析，并生成饼状图，用可视化方式展现各项目审计报告数量的趋势性特征，经分析发现政策出台之后各企业审计报告数量远高于政策出台之前。审计项目组与部门相关负责人沟通了解到，确实是由于《国有企业境外投资财务管理办法》这一政策中要求了必须出具审计报告以更好地接受主管财政机关的财务监督检查和国家审计机关的审计监督才使得审计报告数量大幅增加。审计人员由此推测《国有企业境外投资财务管理办法》中要求企

业建立健全对境外投资的内部财务监督制度,企业要依法接受主管财政机关的财务监督检查和把国家审计机关的审计监督政策落到实处,从而出具审计报告,发表审计意见。

(一)**数据采集**

在国有企业境外投资审计数据采集平台中利用爬虫技术采集相关数据,主要爬取的信息来源于企业事项公告网页,爬取数据字段一设定为:"审计报告标题";字段二设定为:"审计报告出具时间"。通过循环网页进行数据爬取。爬取数据流程图如图6-5-2所示。初步数据爬取结束后,结果会导入excel表格中,生成审计报告项目及其出具时间的表格。同时,审计人员还需与企业取得与境外投资项目相关的审计权限,从而采集未公告的审计报告。爬取数据字段一同样设定为:"审计报告标题";字段二设定为:"审计报告出具时间"。爬取流程不变,通过网页循环进行数据爬取。爬取后数据导入同一表格,进行预处理。利用爬虫软件爬取数据,缩短了审计人员采集审计数据的时间,同时利用公司公示的审计报告,能够减少对内部审计人员的依赖,降低舞弊风险。将采集到的审计数据表格化,方便存储于数据池中,对后续审计复核以及未来年度的审计工作提供便利。

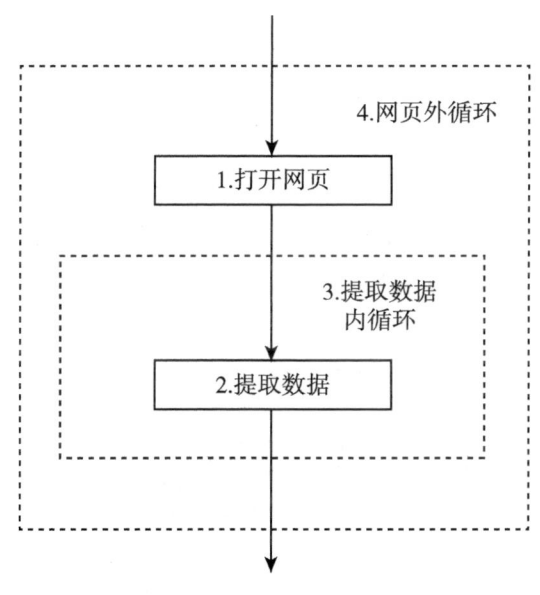

图 6-5-2 数据采集流程

(二)**数据预处理**

表6-5-2是根据数据采集结果的部分截图制作,从表中可看出,由于数据采集过程中数据来源不同,导致采集到的数据并不能直接进行分析,还存在矛盾、残缺、格式不正确等问题。需将数据导入数据预处理平台,将数据修改为统一、可进行分析的

数据。例如,"审计报告出具时间"列数据"43241"的时间数据格式问题要修改为"日期"格式;2018年出现两份"WS电器生产项目审计报告"的原因需要向相关部门进行确认,核实具体审计报告出具时间等问题。诸如以上数据问题,在进行相关处理后,生成完整数据,以方便导入数据分析平台,进行后续的数据分析。

表 6-5-2 数据采集结果

字段一:审计报告标题	字段二:审计报告出具时间
SD 天然气项目审计报告	2018/6/24
YN 石油项目审计报告	2018/4/18
HS 石油项目审计报告	2018/5/21
WS 电器生产项目审计报告	2018/6/3
SD 天然气项目审计报告	43241
WS 电器生产项目审计报告	2018/5/29
YN 石油项目审计报告	2017/8/6
HS 石油项目审计报告	2017/6/9
WS 电器生产项目审计报告	2017/4/28

(三) 数据分析

数据经过预处理之后,最终获取 ZH 集团共 59 个境外投资项目审计报告及其出具(生成)时间。按照审计计划,将《国有企业境外投资财务管理办法》出台的时间 2017 年设定为时间节点,对比 2017 年前后出具的审计报告数量,形成饼状图,如图 6-5-3 所示。由图 6-5-3 可以明显看出,2017 年以后审计报告的数量占比(54%)大于 2017 年及以前的审计报告数量占比(46%)。初步可以判定,在《国有企业境外投资财务管理办法》出台后,企业增加了对境外投资项目的审计。

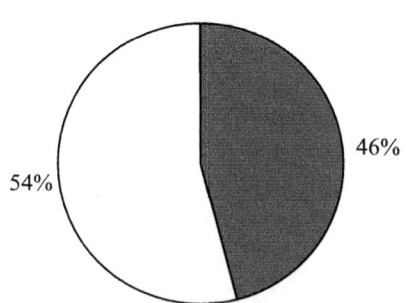

图 6-5-3 审计报告数量分析结果

随后进行进一步分析，剔除 2017 年及以后新增的境外投资项目数据后进行分析，原因是如果项目开始于 2017 年之后，进行年度审计而新增的审计报告占比无法代表之前未进行的年度审计，故将其剔除。利用 SQL 语句，将 2017 年及以前境外投资项目出具（生成）的审计报告数量与 2017 年以后的相对比，从而发现新增的境外投资项目审计报告。SQL 语句如下：

SELECT 审计报告标题 as 审计报告标题，

COUNT（*）as 次数一 FROM 数据预处理结果 2017 年及以前 GROUP BY 审计报告标题

COUNT（*）as 次数二 FROM 数据预处理结果 2017 年以后 GROUP BY 审计报告标题

Select*From 数据预处理结果

WHERE 次数二 >='1'and

［次数一］>='1'

将上述数据从表格中剔除，即得到 2017 年后新增的境外投资审计报告数量，最终结果如图 6-5-4 所示。在 2017 年以后出具（生成）的审计报告中，新增的境外投资项目审计报告占比为 58%，说明超过半数境外投资项目进行审计是由于《国有企业境外投资财务管理办法》的出台。进一步说明了国有企业落实了这一政策要求。在形成初步审计意见之后，审计人员还要与相关部门工作人员进行沟通，从谈话内容中了解到 2017 年之后新增审计报告的原因是政策要求的，从而可以得出这一政策得到了落实。

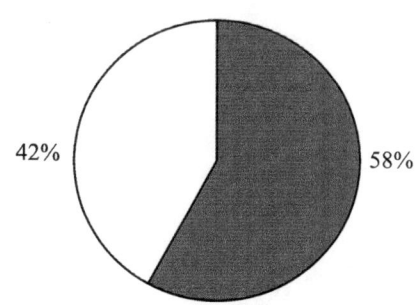

图 6-5-4 2017 年以后新增审计报告项目分析结果

（四）出具审计报告

针对上述分析结果，审计人员可以判定《国有企业境外投资财务管理办法》这一政策中要求必须出具审计报告，以更好地接受主管财政机关的财务监督检查和国家审计机关的审计监督。随后审计人员要将初步审计意见在审计组内部讨论，复核人员对审计过程进行复核，复核无误后出具审计报告。

本章小结

  大数据审计不受审计工作的空间范围和时间范围限制，克服了国有企业境外投资审计中由于审计对象在境外而产生的审计困难，从而大大提高了国有企业境外投资审计的效率和质量。本章首先从境外投资项目信息化程度高、大数据时代的挑战、审计全覆盖的目标以及提升审计工作质量的要求四个方面分析了国有企业境外投资大数据审计的必要性；其次从审计数据可被采集、审计数据采集范围可扩大和大数据审计技术日益成熟等方面进行了可行性分析；再其次构建了大数据审计平台及其审计工作流程，详细介绍了大数据审计平台的组成部分、完整的审计工作流程；然后详细介绍了大数据审计平台在国有企业境外投资政策落实跟踪审计、国有企业境外投资合规性审计和国有企业境外投资领导人责任履行情况审计中的应用；最后引入 ZH 集团的案例，详细介绍了大数据审计平台如何在 ZH 集团政策落实跟踪审计中加以应用。

  然而，大数据审计还处于起步阶段，对国有企业境外投资项目运用大数据审计还有很多问题，还需继续完善相关技术，促使其进一步发展。

第七章　国有企业境外并购审计

国有企业境外并购是国有企业通过一定的渠道和支付手段，将境外企业的所有资产或足以行使运营活动的股份买下来，从而对其经营管理实施实际的或完全的控制行为。境外并购是我国国有企业进行境外投资的主要方式之一，也是国有企业实现"走出去"战略的重要内容。国有企业境外并购审计是国家审计机关对国有企业进行境外并购活动的全过程实施审计监督的一项专项审计，是防止境外国有资产流失的重要举措，也是国家审计的职责所在。

第一节　国有企业境外并购概述

一、国有企业境外并购的基本情况

（一）国有企业境外并购总体趋势

在国家"走出去"战略和"一带一路"倡议的推动下，国有企业积极进行境外并购投资。如图 7-1-1 所示，2016 年是中国企业境外并购爆发的一年，国有企业境外并购交易额达到 632 亿美元，交易数量达 116 个。2016 年，仅中国化工集团有限公司就斥 430 亿美元巨额资金收购瑞士先正达公司，是截至 2021 年初我国交易金额最大的境外并购案例。而 2016 年之后，我国国有企业境外并购交易数量和交易额均呈下降趋势，这背后的原因是国内外投资环境的双重变化。一方面，国家发改委、商务部、人民银行、国家外汇管理局等监管部门对我国企业在房地产、酒店、影城、娱乐业、体育俱乐部等领域出现的一些非理性对外投资倾向进行了限制，并且出台了外汇管制，在相当程度上限制了企业对外投资的资金来源。另一方面，中美贸易摩擦、全球保护主义蔓延，我国国有企业在一些区域和行业并购难度提升。

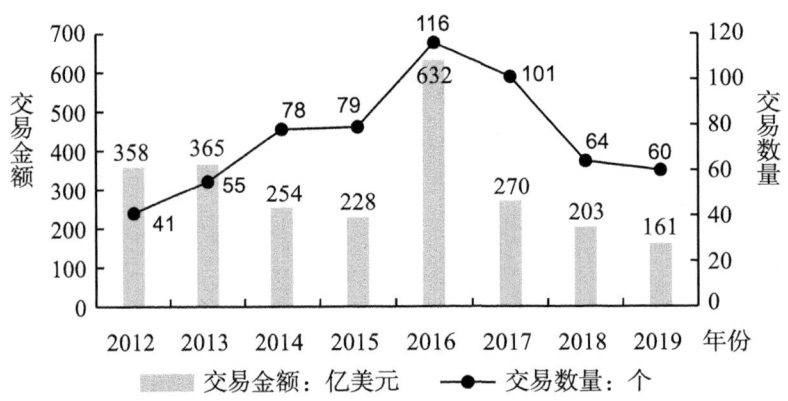

图 7-1-1　2012—2019 年国有企业境外并购交易金额与数量

资料来源：普华永道. 2019 年企业并购市场回顾与 2020 年展望［EB/OL］.［2020-06-15］. http://www.199it.com/archives/1011675.html.

（二）国有企业境外并购区域分布

2013 年，国有企业在欧美地区完成的并购交易量占当年交易总量约 60%，在亚洲完成的并购交易量只占了 16.5%。2013 年"一带一路"倡议提出后，我国国有企业境外并购的重心从欧洲和北美的发达国家逐步转向"一带一路"区域。因我国地处亚洲，国有企业境外并购首选亚洲地区，亚洲地区的并购交易量逐年增长，2015 年已经超过当年交易总量的 28%，2016 年的比例有所下降，但是与欧洲和北美地区的差距已经大幅缩小。受益于"一带一路"倡议，国有企业在亚洲地区的境外并购量在未来仍将持续增长，特别是中亚和东南亚地区的新兴经济体将成为境外并购的新热点。

（三）国有企业境外并购行业分布

国有企业大多属于能源和重化工行业，且出于做大做强主业的动机，国有企业境外并购的重点领域在能源、电力及工业领域。此外，出于获取资源的目的，国有企业在原材料领域的境外并购交易也较多。如表 7-1-1 所示，2016 年，国有企业境外并购交易总量为 116 个，其中，国有企业在能源、电力及工业领域实施的境外并购项目一共有 33 个，占当年境外并购交易总量的 28.45%；原材料领域的并购项目为 10 个，占当年境外并购交易总量的 8.62%。2017 年和 2018 年，能源、电力、工业领域和原材料领域的占比保持较高水平，即使到了总体并购量下降的 2019 年，能源、电力、工业领域和原材料领域也依然占据较大比重，分别占当年境外并购交易总量的 28.33% 和 18.33%。

表 7-1-1　国有企业境外并购投资行业

行业类型	2016年 并购数量/个	2016年 占当年境外并购交易总量的比例/%	2017年 并购数量/个	2017年 占当年境外并购交易总量的比例/%	2018年 并购数量/个	2018年 占当年境外并购交易总量的比例/%	2019年 并购数量/个	2019年 占当年境外并购交易总量的比例/%
能源、电力及工业	33	28.45	26	25.74	11	17.19	17	28.33
原材料	10	8.62	13	12.87	15	23.44	11	18.33
消费相关	14	12.07	14	13.86	8	12.50	5	8.33
金融服务	14	12.07	12	11.88	7	10.94	5	8.33
医疗健康	4	3.45	4	3.96	5	7.81	2	3.33
媒体和娱乐	3	2.59	0	0	2	3.13	1	1.67
高科技	11	9.48	5	4.95	3	4.69	3	5.00
其他	27	23.28	27	26.73	13	20.31	16	26.67
总计	116	100.00	101	100.00	64	100.00	60	100.00

资料来源：普华永道. 2019年企业并购市场回顾与2020年展望［EB/OL］.［2020-06-15］.http://www.199it.com/archives/1011675.html.

随着"一带一路"倡议的推进，国有企业境外并购的行业也呈现出多元化分布。如表7-1-1所示，国有企业并购交易涵盖的行业类型丰富，除了传统的能源、电力、工业和原材料领域外，还包括高科技行业、金融服务、消费相关、媒体娱乐、医疗健康等行业。2016—2018年，消费相关行业和金融服务行业的并购量占比均在10%以上，2019年有所下降，均为8.33%。由于境外投资机会受限以及中美贸易摩擦的影响，近年来，国有企业在高科技行业的并购交易数量有所下降。

（四）国有企业在境外并购中的角色转变

如图7-1-2和图7-1-3，从国有企业与民营企业在境外并购主体中所占的比重来看，国有企业在境外并购交易数量上远远少于民营企业；但从并购交易金额来看，国有企业所占比重较大，这是因为国有企业投资的一般都是规模较大的重点项目，国有企业在境外并购中占据主体地位。近年来，随着国家支持企业参与"一带一路"建设的一系列支持政策的落地，再加上国有企业在境外取得了突出成绩，民营企业"走出去"

的热情也逐渐高涨。在"一带一路"新形势下，国有企业的角色定位将逐渐从"主体地位"向"主导地位"转变，更加注重战略布局。通过国有企业的大型项目为先导，民企项目随后跟进，从而形成"国企搭台，民企唱戏"的共进格局（张欣，2017）。

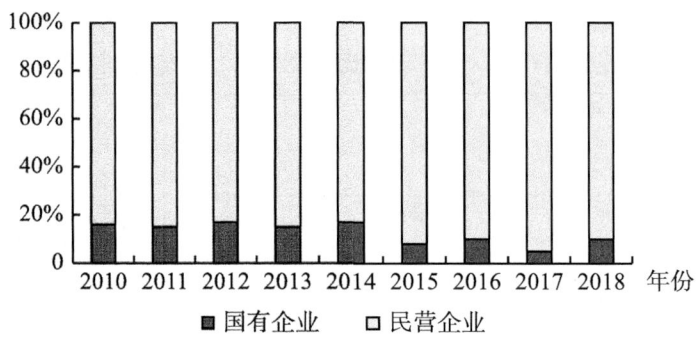

图 7-1-2　国有企业与民营企业占比（交易数量）

资料来源：申万宏源研究.跨境并购持续遇冷，未来将现五大趋势：中国境内企业跨境并购报告（2020）[R/OL].[2020-06-15].https://www.doc88.com/p-58373110924760.html.

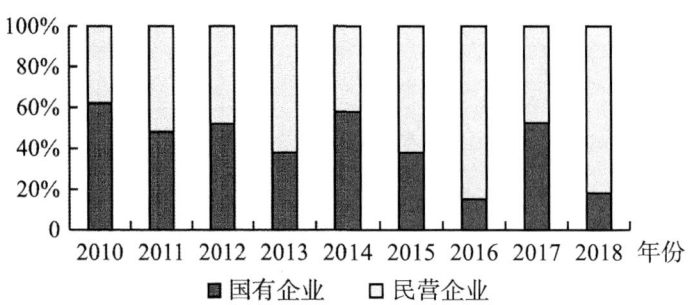

图 7-1-3　国有企业与民营企业占比（交易金额）

资料来源：申万宏源研究.跨境并购持续遇冷，未来将现五大趋势：中国境内企业跨境并购报告（2020）[R/OL].[2020-06-15].https://www.doc88.com/p-58373110924760.html.

二、国有企业境外并购的三个阶段

图 7-1-4 展示了国有企业境外并购的主要步骤，根据并购活动的进程，可以将国有企业境外并购分为三个阶段：

（1）第一阶段为并购准备阶段，这一阶段的主要工作是明确境外并购动机与目的、对潜在并购对象进行初步调查，最终选定目标企业。

（2）第二阶段为并购实施阶段，这一阶段的主要工作是对境外目标企业进行尽职调查、评估目标企业的价值、签订并购协议、进行交易公告、等待投资国（或地区）政府和我国政府的审批。

（3）第三阶段为并购后的整合阶段，并购交易完成后，国有企业需要对被并购企业进行全方位整合，以更好地达到协同效应。

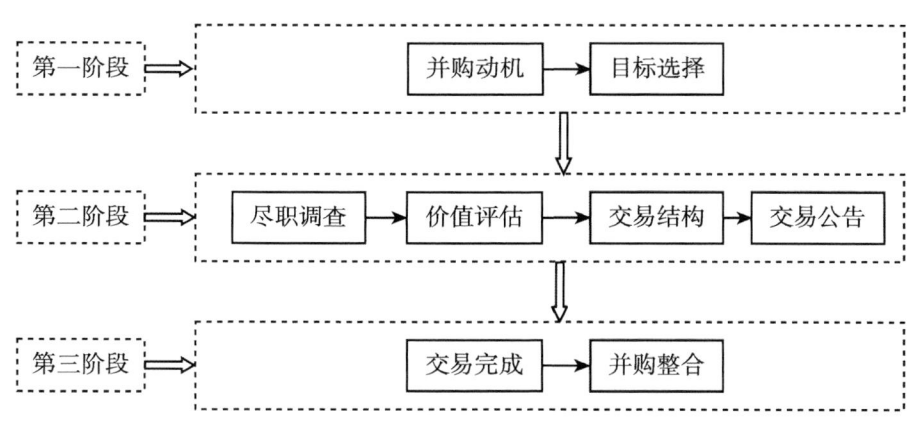

图 7-1-4　国有企业境外并购的主要步骤

三、国有企业境外并购的风险分析

境外并购作为国有企业境外投资的主要方式之一，也面临着政治、经济、文化、法律等外部风险以及国有企业经营管理不当带来的内部风险（详见本书第二章），在此着重从并购交易的三个阶段来分析我国国有企业境外并购所面临的特别风险。

（一）并购准备阶段风险分析

国有企业境外并购准备阶段的主要工作是明确境外并购动机与目的、对潜在并购对象进行初步调查、最终选定目标企业。这一阶段面临的风险主要是目标企业选择不当风险，该风险主要是国有企业对自身认识不足和对境外目标企业的了解不深入两个方面造成的。

一方面，部分国有企业在选择并购目标前，没有对其自身发展战略和自身的资源条件进行深入思考，有的企业甚至并没有明确境外并购的动机和目的，只是跟风到海外实施并购。这可能导致国有企业选择的目标企业与国有企业自身的产业关联度方面缺乏黏性，难以起到协同效应，即使并购成功后也难以带来预期的经济效益。

另一方面，与国内并购相比，境外并购的外部投资环境更为复杂，再加上海外获取信息存在一定困难性，国有企业对境外目标企业的了解更多的是来自境外企业提供的资料、网络公开资料等，无法对境外企业实际经营状况进行深入调查，难以发现目标企业的潜在问题，导致目标企业选择不当。

(二)并购实施阶段风险分析

1. 目标企业价值评估风险

国有企业选定境外目标企业之后,双方将进行协商讨论对被并购方进行合理的价值评估,以确定并购交易的支付价格,但信息的不对称和评估方法的选择不当,会给国有企业带来价值评估风险。

在境外并购中,由于信息不对称,国有企业难以充分获取目标企业的信息,同时缺乏对目标企业及所在行业长期的跟踪观察,对目标企业资产价值和盈利能力的判断往往会出现偏差,容易出现支付的溢价过高的情况。根据 2018 年披露估值的并购交易,中国远洋运输(集团)总公司并购 Orient Overseas(International)Ltd. 的溢价率(相对并购前 1 个月溢价,下同)高达 61.71%;中国国家电网有限公司并购 CPFL Energias Renovaveis SA 的溢价率高达 45.38%;青岛西海岸发展(集团)有限公司并购 Prosper Construction Holdings Ltd. 的溢价率为 26.68%。可以看到,国有企业境外并购中,标的公司估值溢价普遍较高,支付了超过实际价值过高的价格,会给国有资本造成不必要的损失。

国有企业通常选用较为简单的账面价值法以及相对比较法来对目标企业进行价值评估,与近年来国际上常用的收益现值法和实物期权法相比,价值评估的准确性较低(李志鹏、沈梦溪,2015)。除此之外,由于境外企业与我国企业在会计、税收制度以及货币币种等方面存在差异,其评估过程比起国内的并购更加复杂,也增加了对境外目标企业价值评估不准确的风险。

2. 支付风险

支付风险主要是指在境外并购资金使用时带来的资金流动性和股权稀释的风险(刘建波,2010)。在境外并购中,我国大部分国有企业仍然选择现金支付这种传统方式。如图 7-1-5 所示,2011 年至 2019 年,中国企业在境外并购交易中,现金支付的交易数量占比和现金支付的交易金额占比均在 90% 左右。运用现金支付可以提高完成并购的效率,但是会给国有企业带来资金流动性风险,同时会面临汇率和利率变动的风险。实际上,在欧美企业的跨国并购中,更多使用换股支付,换股并购不受现金支付能力的限制,交易规模相对较大。但境内外金融环境和政策有所差异,导致股债等金融工具在实际操作中运用的难度较大,相对现金支付面临更高的协调成本,国有企业境外并购难以通过直接换股进行支付。因此,国有企业境外并购交易过程中不可避免地面临现金支付带来的资金流动性风险。

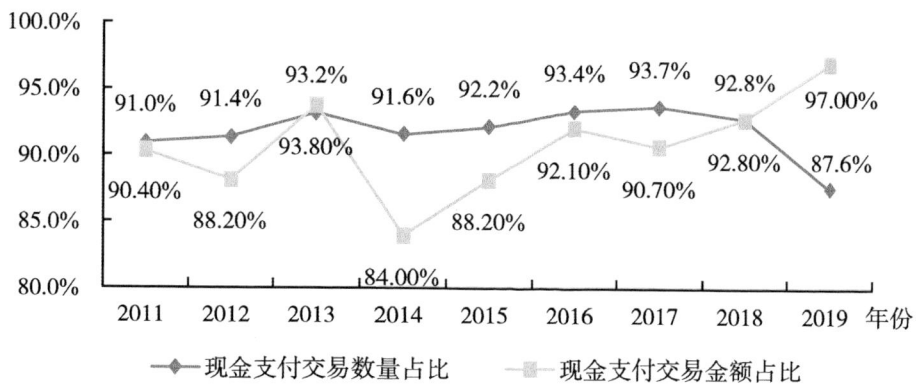

图 7-1-5　中国企业境外并购现金支付占比

资料来源：申万宏源研究.中国境内企业跨境并购报告（2020）[R/OL].[2020-06-15].https://www.doc88.com/p-58373110924760.html.

3. 安全审查干扰风险

国有企业实施境外并购时，可能会遭遇国外政府的安全审查干扰，导致并购项目遭到延期甚至否决，给并购活动带来不确定性和风险（苏丽娟，2018）。国家安全审查制度是指在满足特定的条件下，当一项外资并购交易对被投资方的国家（或地区）安全存在或可能存在威胁时，被投资方有关政府机构对交易进行审查并根据审查结果采用批准、禁止或附加限制性交易条件等措施来规制外资并购交易的法律制度。

中国经济的快速增长引起了一些国家和地区的不安，由于国有企业的所有权性质，国有企业的境外并购行为往往被认为是政府的意志（马金城，2011）。在国有企业境外并购的实践中，很多外国（或地区）政府行政部门在遇上"中"字头的企业时就自然地产生一种抵制、不信任的态度，因此引发了许多抵触因素。此外，根据统计数据，在中国的境外并购交易中，国有企业呈现交易额大且多为资源与技术行业的并购，特别容易因国家安全、政治因素等方面的忧虑而受到抵制。表 7-1-2 列举了部分国家安全审查导致中国国有企业境外并购失败案例，中美贸易摩擦下，美国外国投资委员会（CFIUS）加强境外并购审核。美国智库彼得森国际经济研究所（PIIE）发文称，欧盟各国非常担忧外资企业，尤其是中国企业并购其敏感业务，认为会带来安全威胁。欧洲官员将借鉴美国外国投资委员会的经验，重点聚焦相关案件的鉴别，防止面向非欧盟企业的技术转让。

表 7-1-2　部分国家安全审查导致国有企业境外并购失败案例

审查机构	时间	并购方	拟被并购方	并购失败原因
澳大利亚外国投资审查委员会（FIRB）	2009年	中国铝业股份有限公司	力拓公司	澳大利亚外国投资审查委员会延长审查期限，使得力拓公司得以选择公开市场配股获得足够资金应对危机
德国联邦经济和科技部（BMWI）	2018年	中国国家电网有限公司	50 Hertz 公司	出于对安全政策的考量，德国联邦政府高度重视对关键能源基础设施的保护，德国经济部认为该收购案将引发国家安全问题
美国外国投资委员会（CFIUS）	2018年	中国重型汽车集团有限公司	UQM 科技公司	美国外国投资委员会对这笔交易心存疑虑

（三）并购整合阶段风险分析

并购交易结束并不等同于并购成功，后续还需要对目标企业进行整合管理。有权威调查显示，在全球范围内的并购失败的案例中，在并购交易时失败的比率只有20%，80%的失败发生在并购完成后的整合阶段。在国有企业的境外并购中，由于并购方与被并购方属于不同国家（或地区），怎样达到"一加一大于二"的协同效应，国有企业境外并购面临着比国内并购更大的挑战。整合风险主要来自战略、人力资源、文化和财务整合风险四个方面。

（1）战略整合风险指的是企业战略目标整合带来的风险。战略目标对国有企业的发展方向起着指引作用，对于企业的重要性不言而喻。国有企业与境外并购企业的战略目标往往存在差异，如果不及时调整整合，制定出新的战略目标，企业将失去发展方向，陷入混乱局面。

（2）人力资源整合风险主要是对管理人员调整不当带来的风险。国有企业对被并购企业的所处环境并不熟悉，再加上企业中缺失精通外语，熟悉行业，具有较高管理能力的复合型人才，很难短时间内接手被并购企业的经营管理，可能需要依靠公司原有的管理人才对公司进行经营管理。然而不少国有企业并购后，原有关键管理人员流失现象比较严重，这也给企业后续经营管理带来不利影响。

（3）文化整合风险指的是国有企业与被并购企业间文化融合带来的风险。由于我国企业与被并购企业所处的文化背景不同，形成的企业文化可能存在差异，甚至有的国家（或地区）与我们国家的文化存在冲突。然而，企业文化不是一朝一夕形成的，而是在长期实践中形成的核心价值体系，具有独特性、辐射力和不可复制力。因此，两个国家（或地区）、两个企业间的企业文化差异可能给并购后的企业经营管理带来巨大的风险。

（4）国有企业进行财务整合是在原有基础上重新构建企业财务制度，消除被并购企业和自身企业财务管理方法规则上的差异，为企业顺利吸收新成员，统一财务管理目标，加强各部门、子公司之间的融合度提供帮助。但是被并购企业属于境外企业，在会计政策、税收制度以及财务组织结构上都与我国存在很大差别，国有企业管理人员对国外财务制度的不熟悉会带来财务整合过程中的风险。

第二节　国有企业境外并购审计的概念和特点

一、国有企业境外并购审计的概念

随着越来越多的国有企业"走出去"在海外进行投资，国家审计署和地方审计机关也逐步开始对中央企业和地方国有企业的境外资产进行审计调查。但审计机关对国有企业境外的审计往往是在对国有企业的年报审计的基础上延伸到海外投资子公司或者分公司，存在深度和普遍性不足的问题。

本章所研究的国有企业境外并购审计是指国家审计机关对国有企业进行境外并购交易的全过程实施审计监督的一项专项审计。国有企业境外并购是境外投资的主要方式，面临着许多不确定风险，一旦并购失败，将造成大量国有资本流失，应当充分发挥国家审计在国有企业境外并购中的监督作用。

二、国有企业境外并购审计的特点

国有企业境外并购审计是对并购交易全过程的跟踪审计监督，防控并购中的风险，防止国有资产流失，与一般的审计相比，具有以下特点。

（一）境外并购审计的侧重点不同

一般的国有企业审计主要包括两个方面：一是对企业财务收支（资产、负债、损益）的真实性、合法性和效益性审计；二是对国有企业及国有控股企业领导人任期责任履行情况审计。两者都侧重对国有企业的历史会计信息和资料进行审核，而境外并购审计的重点则是要对国有企业是否识别出境外目标企业的真实价值进行审查。对目标企业的价值进行计算时，除了要以财务报表等数据为基础外，还要对境外目标企业的其他关联价值进行计算和评估。价值是对企业未来发展潜力的一种衡量，尽管其测算要以当前的财务信息为基础，但其视角却是面向未来的。

（二）境外并购审计的范围和时间跨度更大

一般的国有企业审计多为事后审计，在经营活动结束后的期末进行审计，而国有企业境外并购审计参与并购交易的全过程，对整个并购活动实施实时审计监控，包括并购准备阶段的审计、并购实施阶段的审计以及并购整合阶段的审计。即国有企业境外并购审计除了传统的财务收支审计外，还需对国有企业并购战略的合理性、目标企业选择的恰当性、资产评估结果、财务尽职报告、境外并购协议、企业的整合能力以及并购绩效等进行审计评价。

（三）境外并购审计中需要综合运用多种审计方法

在境外并购审计中，除了用到一般审计中所常用的审计方法，如检查、观察、询问、外部调查、重新计算、重新操作、分析等，还需要运用其他方法，如审查并购决策时要用到投资回收期法、净现值法、现值指数法、内含报酬率法；审查目标企业各方面能力时要用到盈利能力、营运能力、偿债能力、社会贡献能力等综合的指标分析法；审查资产评估结果时要用到清算价格法、现行市价法、收益现值法、重置成本法等。

第三节 国有企业境外并购审计程序

国有企业境外并购审计根据国有企业境外并购过程共分为三个重点阶段：（1）并购准备阶段；（2）并购实施阶段；（3）并购整合阶段。

一、并购准备阶段

（一）审查并购战略的合理性

部分国有企业在实施境外并购时，存在不顾及自身发展盲目进行海外扩张的问题，这不符合企业自身和国家战略发展的需要。国家审计应从国有企业并购战略决策时就进行审计监督，审计程序如下：

（1）审阅国有企业的发展规划纲要、企业发展战略和规划，判断国有企业的境外并购行为是否顺应了国家经济战略的调整动向，是否符合国家境外投资政策的要求，是否符合该企业发展战略。

（2）检查被审计单位关于并购战略的文件方案、会议记录等，同时结合财政部门、商务部门、国有资产监管部门等制定的有关境外并购的管理办法进行对照分析，看有无违反规定行为，例如，国有企业的并购项目是否涉及敏感国家和地区、是否涉及敏感行业、是否会威胁我国国家利益和国家安全等。

（二）审查目标企业选择的恰当性

如前文所提到的，国有企业在选择目标企业时往往因为对自身认识不足和对目标企业的了解不深入而带来目标企业选择不当的风险。国家审计在此阶段的审计重点主要是对目标企业的基本情况和经营状况进行审查，获取充分的信息，以判断能否继续进行此项并购活动，审计程序如下：

（1）对境外目标企业经营情况及所属行业的基本情况进行调查，掌握目标企业的总体状况，如目标企业在所属行业中的竞争地位及发展前景、目标企业的资产性质及数额、财务实力、营销渠道等。由于目标企业设立在境外，审计人员可能难以获取详细的资料，但是可以从已公开的信息中取得资料做出分析，例如，分析目标企业在过去几年中公布的会计报表、查阅行业业务经营资料，再结合国有企业对目标企业的调查资料进行分析，必要时可以借助海外第三方中介机构的工作。

（2）审查国有企业自身经济实力，运用盈利能力、营运能力、偿债能力、社会贡献能力等综合的指标分析法，分析国有企业和境外目标企业的优势和劣势，根据并购双方的优势和劣势，分析国有企业与目标企业之间的经济资源的互补性和关联性，分析判断对目标企业实施并购能否为国有企业带来预期的经济效益。

（3）由于境外并购所处环境复杂，审计人员在审查目标企业时还应分析外部不利因素，例如，被投资方政府对本行业的管制程度与趋势、宏观经济风险等，检查国有企业选择目标企业时是否有严格的风险管理、帮助企业判断目标企业的选择是否恰当。

二、并购实施阶段

（一）尽职调查审计

根据规定，国有企业以并购、合营、参股方式进行境外投资，应当组建包括行业、财务、税收、法律、国际政治等领域专家在内的团队或者委托具有能力并与委托方无利害关系的中介机构开展尽职调查并形成书面报告。国家审计机关应当对尽职调查报告进行审计监督，审计程序如下：

（1）审计尽职调查的主体。审查尽职调查人员是否具备独立性和专业性，判断尽职调查人员所收集资料是否真实完整，收集的信息是否能够作为对被并购企业的价值做出合理判断的依据。

（2）审计尽职调查报告的程序。审阅尽职调查的总体方案，调查方案中有关目标企业财务状况的评估验资等是否履行了必要程序；根据资产价值调查业务规范、企业盈利能力分析规范的规定，分析国有企业对境外目标企业的尽职调查程序是否符合相关规定。

（3）审计尽职调查报告的内容。首先，审阅尽职调查报告，对尽职调查报告中目标企业的文化背景、财务、法律纠纷、业务经营、组织与治理结构、人力资源等进行全方位的调查了解。其中，财务尽职调查对目标企业价值评估影响很大，审计人员要重点审计财务尽职调查报告。此外，企业的文化背景与人力资源调查也不可忽视，国有企业并购后因文化差异整合失败的案例不在少数，审计人员要审查文化与人力资源方面的尽职调查内容，分析并购失败的可能性，帮助国有企业更好地做出并购决策。

（二）资产评估审计

在国有企业境外并购活动中，应当依法委托具有资质和能力的资产评估机构对并购目标企业的价值进行评估，为后续确定收购价格提供参考。在实际操作过程中，由于境外并购环境的复杂，评估机构和评估人员的专业能力有限，国有企业境外并购过程中的资产评估存在许多不规范的地方。因此，审计人员应当对评估过程和结果加以监督，检查资产评估过程是否与政策规定相符，资产评估的结果是否真实准确。审计程序如下：

（1）对国有企业选择的资产评估机构进行审查，判断其是否具备评估资质、是否具备在境外并购这项复杂业务中评估被并购企业资产价值的胜任能力。

（2）检查资产评估报告和评估工作底稿。首先，审查判断资产评估机构在资产评估过程中是否遵循独立、客观、公正原则。其次，评估机构在工作过程中，是否依照国家法律、法规和国家规定的标准、程序和方法进行，由于境外并购涉及两个国家（或地区），可能在资产评估上存在差异，审计人员要予以关注。最后，审计人员应审查评估机构的评估报告是否经企业主管部门审查同意，并报同级财政、国有资产管理部门确认。

（3）审查价值评估的真实性和准确性。首先，审查价值评估的真实性，包括：检查目标企业提供的有关资料的真实性、合法性和完整性等；分析评估的资产范围是否归属于目标企业，必要时可以派遣审计人员到境外对目标企业进行观察和盘点。

其次，审查价值评估的准确性，包括：评估的取价标准和方法的选择是否恰当；结合境外企业以及国际常用方法分析评估方法是否合适；复核计算过程及结果是否正确；评价估价中是否充分考虑被并购企业的技术水平、研发能力、无形资产、营销渠道等难以货币量化的因素；对评估增减值的说明是否详细、公正，认定理由是否充分等。

（三）境外并购协议审计

国有企业境外并购协议的主要约定内容包括：确定并购的总价格、并购的模式、并购的支付方式、并购的支付期限、交易保护、损害赔偿以及并购后企业管理层人事安排等。而国有企业在签订境外并购协议时，往往会由于对国外法律的不了解，对并购风险把握不足导致协议约定对国有企业不利。国家审计人员对境外并购协议审计的程序如下：

（1）审查境外并购协议的合法合规性，由于境外并购协议涉及两个不同的国家（或地区），审计人员要根据法律适用，审核并购协议是否遵守了我国和投资所在国（或地区）的法律法规；有无违反有关规划或政策、违反有关国际条约或协定、威胁或损害我国国家利益和国家安全的条款。

（2）审查境外并购协议的完整性，审查并购协议中是否写明价款和酬金，审查并购协议的履行期限和方式是否符合国有企业的要求，是否明确界定违约责任。

（3）审查境外并购协议的合理性，分析协议中约定的并购交易结构设计是否合理，国有企业选择的并购模式、支付方式、融资结构等是否考虑了潜在风险。

三、并购整合阶段

（一）并购整合情况审计

如前文分析，在国有企业的境外并购中，由于并购方与被并购方属于不同国家（或地区），想要实现自身与目标企业的整合，实现"一加一大于二"的协同效应，国有企业境外并购面临着极大的挑战。在实践中，并购整合失败导致并购失败的比率确实很高，国家审计应当对国有企业境外并购情况进行审计监督，帮助企业防范整合风险，审计程序如下：

（1）并购整合方案审计。并购整合方案设计是企业顺利进行整合的前提，有一个全面合理且具有可操作性的整合方案才能更好地指导后续工作，审计人员要对此进行把关。审计人员需要审阅国有企业对并购项目的整合总体方案、具体实施方案以及会议纪要等相关资料。在审查中主要审查整合方案的全面性，即是否考虑到企业间可能存在的各类问题；审查整合方案的针对性，即是否根据每项并购项目设计有针对性的整合方案；审查整合方案的可操作性，即是否对实际工作具有指导意义。

（2）人力资源和企业文化的整合情况审计。不少国有企业在境外并购完成后，由于未实施前期承诺的人才保留方案，导致关键人才流失严重；而且境外企业与我国国有企业所属国家（或地区）不同，不同国家（或地区）的习俗、传统和观念意识所形成的企业文化不同，境外并购中存在不可避免的文化差异问题。审计人员可以对国有企业的中高层管理人员进行访谈或通过问卷调查等方式，了解人力资源和文化整合方面的实施方案；了解福利措施是否实施到位以及对企业文化及其工作氛围的认可程度；了解最新的组织架构，人事政策变动，相关政策制度的情况以及人力资源规划、公司业绩考核、部门考核方案的实施情况。

（3）财务整合情况审计。财务制度是否科学合理，对企业的经营活动将产生极大的影响。财务整合是对被并购方实施有效控制的根本途径，也是实现并购战略的重要保障。审计人员应当获取财务方面的具体整合计划，检查实施情况以及存在的问题，合理评价整合结果。具体而言：首先，包括审查财务组织架构、人员配置及管控模式，评价国有企业与被并购企业间的财务人事安排是否合理，能否达到国有企业对被并购企业的控制效果；其次，审查财务管理制度的整合，包括投资制度、融资制度、固定资产管理、流动资金管理、利润管理、工资制度管理、财务风险管理的整合；最后，审查会计核算体系的整合，虽然选用一致的会计政策和统一的核算制度有利于统一管理和业务上的融合，但审计人员也应考虑被并购企业处于境外的特殊性，即境外企业不适用我国的会计准则。

（二）并购绩效审计

根据规定，国有企业应当建立健全境外投资绩效评价制度，定期对境外投资企业（项目）开展评价。然而调研发现，国有企业对境外并购项目普遍未建立绩效评价制度，集团内部优化资源配置缺乏科学依据，事中和事后的激励和约束难以落实。国家审计还应对国有企业的并购绩效进行审计，评价并购的目标是否达到，监控并购交易完成后国有企业的经营活动，从而保障并购价值的实现，审计程序如下：

（1）定期检查国有企业对境外并购项目的管理水平和效益情况开展评价的评价报告、文件、会议记录等，审查国有企业是否按规定建立健全境外投资绩效评价制度。

（2）根据不同类型的境外并购项目特点，分析评价国有企业的评价指标体系设置得是否合理；审查国有企业是否设立短期与中长期相结合的绩效评价周期，对于符合国家战略要求、投资周期长的境外并购项目，是否合理设定差异化的绩效评价周期；

一般事件研究法用于研究短期绩效，会计研究法用于研究长期绩效，因此审计人员应当利用合理的评价方法对被审计单位的绩效评价进行分析性复核，审核绩效评价结果的科学性。

（3）绩效评价结果是企业内部优化配置资源和相关部门评估"走出去"政策实施效果、制定完善相关政策、进行国有资本注资等行为的重要依据。审计机关应当监督国有企业是否及时通过关闭清算、转让股权等方式对绩效评价结果长期不理想的境外并购项目进行处置。

第四节　国有企业境外并购审计案例分析

一、案例背景介绍

（一）ZHY 公司介绍

ZHY 公司是国资委直属的特大型国有企业（中央企业），成立于 1982 年 2 月，注册总资本人民币 949 亿元，总部设在北京。1999 年 8 月在香港特别行政区注册成立，2001 年 1 月和 2 月分别在美国纽约证券交易所和我国香港联合交易所挂牌上市。经过 30 多年的改革与发展，ZHY 公司的业务已经遍及 40 多个国家和地区。公司形成了油气勘探开发、专业技术服务、炼化与销售、天然气及发电、金融服务等五大业务板块，可持续发展能力显著提升。公司在 2019 年《财富》杂志"世界 500 强企业"中排名第 63 位，在 2018 年《石油情报周刊》杂志"世界最大 50 家石油公司"中排名第 32 位。

（二）NKS 公司介绍

NKS 公司是一家于 1971 年成立于加拿大的老牌石油公司，分别在纽约和多伦多上市，人员 3000 名，在加拿大同行业排名第 14 名。主要业务涉及石油、油气及油砂的勘测和开发，2012 年该公司的资产有勘测的项目、在产的项目和开发中的项目三类，其中油砂主要在加拿大的西部，页岩气在英国北海区域，油气在墨西哥湾及西非区域等。该公司是一个非常规的油气公司，资源丰富但开发成本高，近年来经营情况并不理想，这是因为该公司开发技术虽然有优势，但是管理和融资方面的经验不足，导致NKS 公司不仅油气开发的成本高，而且对油价的波动具有相当的敏感性。

二、并购案例审计应用分析

据审计署公告的 ZHY 公司 2014 年度财务收支审计结果数据显示，2014 年 ZHY 公司境外资产和收入规模分别占总资产和营业收入的 42.98% 和 54.85%，但境外利润总额仅占合并利润总额的 14.12%，境外业务的盈利能力弱。在设立的 85 家境外经营公司中，有 16 家公司亏损，亏损金额达 8.89 亿元，其中 4 家连续 3 年以上亏损，累计亏损额达 16.74 亿元。2011 年，ZHY 公司以 142.42 亿元并购的一家境外公司，由于前期论证不充分等原因，至 2014 年发生亏损累计 6.21 亿元。2013 年，ZHY 公司下属子公司收购了一家境外公司的部分股权，但未对溢价等条款充分论证，至 2014 年该项投资亏损 2974.8 万元。

由以上审计结果可以看出，ZHY 公司在境外投资项目管理和境外资产管理上均存在重大失误，境外投资损失严重。然而，目前对实施境外并购企业的审查评价主要集中在其境外财务报表的账面盈亏上，对境外并购过程的监控和并购整合意义上的监管尚在深入中。本章研究的国有企业境外并购审计是对国有企业境外并购活动过程进行全覆盖的审计监控，以便及时发现投资风险，减少投资损失。下面将结合 ZHY 公司并购 NKS 公司案例具体叙述境外并购审计在并购准备、实施、整合各阶段的审计程序，通过研究促进境外并购审计理论体系更加完整，更能为实际审计工作所采用。

（一）并购审计的事前准备

1. 成立专项审计小组

ZHY 公司并购 NKS 公司是一起国有企业对境外企业进行的大规模的并购交易，此次收购主要面临财务风险、法律风险、政治风险、交易风险等，涉及加拿大、美国、英国三国法律法规和政策，还有这三个国家监管体系和信息披露原则，交易情况复杂。国家审计署成立了专项审计小组，并根据此次境外并购的特殊情况及特点选派小组成员，除一般的财务审计人员外，还选派具有法律、外语、资产评估等特别技能的审计人员组成专项小组对此次并购活动从准备、实施到整合阶段进行全过程的审计监控。

2. 编制专项审计计划

由于此项境外并购专项审计持续的时间长、审计内容多，因此审计人员在实施审计之前，制订了一份切实可行的审计计划。主要是确定各阶段审计的重点和关注内容，明确审计组各成员的职责与任务，审计人员可根据审计执行过程中的具体情况对审计计划进行修订和补充。

（二）并购准备阶段审计应用

在并购的准备阶段，审计小组的首要审计工作是对 ZHY 公司开展境外并购这项战略的合理性进行审查；其次是审查 ZHY 公司选择的目标企业的恰当性，审计组在此阶段的工作重点在以下两个方面。

1. 审查并购战略的合理性

审计人员审阅了 ZHY 公司的企业发展战略和规划，包括《ZHY 总公司"二次跨越"发展纲要（2011—2030 年）》《ZHY 公司 2012 年战略展望》，同时，审计人员查阅了国家经济方针，结合 2011 年国资委工作会议上明确提出鼓励中央企业"走出去"的会议精神，明确 ZHY 公司走向海外是符合国家的政策方针和公司战略规划的。

2. 审查目标企业选择的恰当性

（1）审计人员对目标企业 NKS 公司经营情况及所属行业的基本情况进行调查。审计人员首先查询了 NKS 公司公开的财务报表，选取并购前五年的财务数据进行财务指标分析；并要求 ZHY 公司提供其对 NKS 公司的尽职调查报告。审计人员从公开和内部调查的各种渠道获取 NKS 公司的信息，以便掌握全面完整的信息进而对 NKS 公司进行更深入的分析。审计人员调查发现，NKS 公司由于宏观经济形势和自身经营不善等因素影响，盈利能力整体逐年下降，陷入财务困境中，如表 7-4-1 所示。

表 7-4-1　NKS 公司在并购前五年的基本财务数据

（单位：百万加拿大元）

项目	年份				
	2008 年	2009 年	2010 年	2011 年	2012 年
营业收入	7424	4895	5496	6169	6430
净利润	1715	536	1127	697	333
总资产	222155	20955	19647	20068	20537

资料来源：顾一凡.中国石油企业海外并购财务风险控制研究：以中海油并购加拿大尼克森为例［D］.开封：河南大学，2016.

（2）审计人员审查 ZHY 公司的自身经济实力和 NKS 公司与 ZHY 公司的资源协同情况。审计人员通过分析 ZHY 公司的财务报表，发现 ZHY 公司的营业收入、资产、净利润均稳步增长，具备境外并购的实力。NKS 公司自有的油砂改质技术对于 ZHY 公司来说可以提供技术资源，而 ZHY 公司具有丰富的深水开发经验，可以用于开发 NKS 公司的深水油气和页岩气资产。

（3）审计人员分析并购的外部环境因素。审计人员对并购目标企业所在国家进行调查分析时发现，2012年2月初，加拿大总理访问我国，积极推动两国友好合作。ZHY公司拟收购的NKS公司是加拿大境内的石油企业，并购的政治风险相对较低。但审计人员通过进一步分析发现，NKS公司在美国的墨西哥湾有油气资产，因此想要完成此次并购，除了需要获得加拿大当地法院和政府的批准，还需获得美国外国投资委员会的批准。

此阶段的审计结果及建议：

（1）ZHY公司实施境外并购石油公司的战略符合公司发展战略和国家宏观经济战略。

（2）ZHY公司并购NKS公司可以给双方带来整合优势，但审计人员建议ZHY公司对NKS公司的预期不要盲目乐观，关注NKS公司投资的长期项目亏损以及NKS公司的非常规油气开采作业成本过高等不利因素。

（3）并购NKS公司面临着一定程度的安全审查风险，因为美国一向十分重视对外资的政治安全审查，而且对我国的安全审查更为严格，此前ZHY公司并购一家美国石油公司就被美国以国家安全为由进行审查延期。

（三）并购实施阶段审计应用

并购实施阶段的审计重点主要是针对ZHY公司对NKS公司价值评估是否准确、并购交易结构设计是否合理、并购协议有无危害ZHY公司利益的条款进行审计，通过审计监督，协助ZHY公司防范并购中的价值评估风险、融资风险及支付风险等。审计组将审计重点放在以下几个方面。

1. 尽职调查报告审计

审计人员首先审查尽职调查机构的资质，ZHY公司聘请的是国外专业机构。然后抽查了尽职调查机构的工作底稿、复核财务数据。最后审阅了尽职调查报告内容，主要从NKS公司的资产和技术考察、NKS公司的相关资质和法律债务、NKS公司的资金链和财务风险问题这三大方面进行了数据调研和分析。

2. 资产评估审计

审计人员首先审查资产评估机构的资质，ZHY公司聘用著名海外并购中介公司蒙特利尔银行和花旗银行进行目标企业的价值评估，它们对海外并购有着较为丰富的经验，同时ZHY公司自身也成立了财税调查小组通过实地考察和查看资料库的形式，来专门调查NKS公司的现金、银行存款、银行授信等，保证信息质量的可靠性。其次，审计人员对资产评估的准确性进行审计，ZHY公司在2012年7月对NKS公司的邀约收购时，给予 NKS 公司的价值估值为 179 亿美元，然而 ZHY 公司收购 NKS 公司的最终交易定价为 151 亿美元，同时还需承担 NKS 公司 43 亿美元的债务。就最终定价与估值的区别审计人员询问了相关人员，ZHY 公司做出的解释是考虑到 NKS 公司的国际市场和未来盈利能力，并且为了获得 NKS 公司的控制权和减少审核的阻碍，价值评估相对于当时的股票价值有所提高。审计人员还对这一估值进行复核，采用收益法和市场法对 NKS 公司进行价值评估，评估结果显示 ZHY 公司对 NKS 公司的估值高于审计人员的估值。

3. 并购协议审计

审计人员对 ZHY 公司与 NKS 公司签订的并购协议的合法性、完整性及合理性进行审查，包括：并购协议中的条款是否违反相关法律规定；并购协议中是否清楚完整地标明交易定价、资金支付、交易时间等具体细节；并购协议中规定的融资方式、支付方式等是否合理。审计人员重点对交易结构设计的合理性进行审计，以防范并购财务风险。ZHY 公司并购 NKS 公司的交易概述如表 7-4-2 所示：

表 7-4-2　ZHY 公司收购 NKS 公司的交易概述

交易架构	购买 NKS 公司 100% 流通的普通股和优先股
	按照安排计划的交易架构进行收购
交易对价	收购的现金总对价约为 151 亿美元，用于支付 NKS 公司的普通股和优先股
	NKS 公司现金收购价为每股普通股 27.5 美元，比 2012 年 7 月 20 日收盘价溢价 61% 对 NKS 公司优先股的对价为每股 26.0 加元
	NKS 公司当前 43 亿美元的债务予以维持
融资计划	计划用已有现金和外部融资来支付收购费用
其他信息	该交易由 NKS 公司和 ZHY 公司的董事会一致推荐
	按惯例，交易须经有关监管部门批准（包括加拿大、美国、中国等），并须获得 NKS 公司 2/3 普通股股东的投票赞成和加拿大法院的批准
时间	NKS 公司股东大会将于 2012 年第三季度末召开 预计 2012 年第四季度完成交易

资料来源：中海油达成收购尼克森的最终协议［EB/OL］.［2020-06-15］.https：//www.docin.com/p-453192872.html.

此阶段的审计结果及建议：

（1）ZHY 公司对 NKS 公司的尽职调查程序合理，尽职调查报告充分全面，能够较好地反映 NKS 公司的真实情况。

（2）ZHY 公司对 NKS 公司的估值偏高，国际石油业并购的溢价平均水平在 50% 上下，然而 ZHY 公司并购 NKS 公司的溢价为 61%。ZHY 公司在估值过程中没有充分考虑国际宏观环境造成 NKS 公司价值下降的可能性，以及 NKS 公司重油开采成本较高对后续整合经营带来的风险。

（3）ZHY 公司以自身的 91 亿美元的货币资金，加上外部融资 60 亿美元，在交割当日一次性支付此次现金对价，巨额的收购项目使得 ZHY 公司的资产负债率提高至 46%，ZHY 公司应当针对并购之后带来的巨额债务风险实施相应防控措施。

（四）并购整合阶段审计应用

ZHY 公司成功收购 NKS 公司并不意味着并购的成功，后续的整合工作才是发挥并购协同效应的关键，并购后的整合是一个比较长的周期，专项审计小组在并购完成一年后对 ZHY 公司的并购整合情况和并购绩效进行审计。

1. 并购整合情况审计

审计人员对 ZHY 公司关于人力资源和企业文化整合情况进行审计，ZHY 公司保留了 NKS 公司现有的管理层人员和员工；选派 NKS 公司优秀员工到北京总部培训；利用现代网络技术管理软件（workday）协调双方的管理制度差异。审计人员调取了 NKS 公司并购后的职业安全记录的数据，NKS 公司可记录事件率和误工事件率处于低水平，从一定程度上反映在并购后期整合过程中员工配合度较高，运营成本较低。

审计人员对 ZHY 公司的财务整合情况进行审计，ZHY 公司的财务管理制度并不是单纯的集权式财务管理制度，而是融合式财务管理制度，这种制度使得 ZHY 公司在并购完成之后很快地进行了业务活动信息的有效传递。

审计人员对 ZHY 公司的技术整合情况进行审计，通过调查了解审计人员发现 ZHY 公司主要从设备和人员两方面进行整合，审计人员检查了文件记录，核实了设备盘点的真实性；ZHY 公司还对技术和开发人员掌握的技术经验、工作年限等进行统计和调查，深入了解员工的技术水平，对一些需要调整的技术岗位进行重新的整合。

2. 并购绩效审计

审计人员首先审阅了 ZHY 公司对 NKS 公司管理水平和效益情况开展评价的评价报告、文件、会议记录等，对 ZHY 公司是否建立健全境外投资绩效评价制度并定期报送绩效评价报告进行审查。然后采用财务指标分析法、股价表现、业绩同类比较对 ZHY 公司并购完成后的经营绩效进行分析，通过对财务指标进行分析，审计人员发现 ZHY 公司并购 NKS 公司后的短期经营绩效下降。

此阶段的审计结果及建议：

（1）ZHY 公司在对 NKS 公司的人力资源、文化、财务以及技术上的整合情况良好，在一定程度上体现出并购的成功。

（2）ZHY 公司在并购后短期内经营绩效呈下降趋势，ZHY 公司并购 NKS 公司占用了公司较多的自有资金，对其投资资金产生了影响，内部管理部门应加强对并购绩效的监督评价，促进并购协同效应作用的发挥。

三、研究结论

结合国有企业境外并购审计的相关理论以及 ZHY 公司并购 NKS 公司的案例，在对此次并购从准备、实施和整合阶段进行审计分析后，总结出以下几点结论：

（1）国家审计对国有企业境外并购的审计监督存在滞后性，国家审计长期以来对国有企业的审计以财务收支真实性为主，国有企业过多依靠境内外第三方机构调查结果做出并购决策，事后国家审计对其进行财务收支审计时才发现境外并购项目前期存在论证不充分导致国有资产流失的问题。对国有企业境外并购实施全过程的审计可以达到更好的监督效果，有效防控并购过程中的各类风险，防止国有资产流失。

（2）境外并购审计缺乏相应的法律法规对境外并购审计的具体程序和行为规范进行指导，审计人员在实际审计工作中只能是摸着石头过河。应加速完善我国境外并购审计法律法规体系，一方面，对并购审计程序提供规范性、专门性指导，在审计的实施过程中，境外并购审计人员能够依照相关法律法规规定的程序对审计对象实施合法合理的审计程序，提升审计过程的规范程度，提高审计质量；另一方面，建立健全对境外投资项目的资产评估规范，就如本案例中 ZHY 公司对 NKS 公司的估值溢价偏高，虽然境外并购市场呈现交易复杂、灵活性高的特点，但也应当制定相应法律规范使得审计人员对国有资产实施监控时有所依据。

（3）境外并购交易情况复杂，从并购战略的确定、并购目标企业的选择与评估，到融资结构与支付方式的选择，再到并购完成后的整合，其中涉及的不仅仅是会计与审计专业的知识，还需要对法律、外语、资产评估以及被审计单位所处的石油行业有所了解。而且审计人员一般是对国内国有企业及国有资产进行审计，缺乏审计境外项目的经验，尤其是参与审计大型的国有企业境外并购项目，具备相关知识技能的审计人才少之又少。境外并购审计存在审计力量薄弱的问题，可以聘请国内外相关专家对审计人员进行境外并购专业知识的专门培训，培养具备境外并购审计能力的专业队伍。

本章小结

本章首先从国有企业境外并购的总体趋势、区域分布、行业分布等几个方面介绍了国有企业境外并购的基本情况,并从境外并购准备、并购实施、并购整合三个阶段分析国有企业境外并购面临的风险。接着介绍了国有企业境外并购审计的概念和特点,指出国家审计应当对国有企业境外并购的全过程进行审计监督,这是国有企业发展的需要也是国家审计的职责所在。然后从并购准备、实施和整合三个阶段探讨每个阶段的重点审计内容和程序,构建了国有企业境外并购审计体系。最后引入ZHY公司并购加拿大NKS公司的案例,具体叙述境外并购审计在并购各阶段的审计程序,通过ZHY公司并购NKS公司案例研究促进境外并购审计理论体系更加完整。

第八章 国有企业境外工程建设项目审计

近年来,国际工程承包市场的竞争日益激烈,为了获取更高的盈利,我国境外项目经验丰富、实力强劲的大型国有建筑企业,正在从其传统的工程承包业务领域转向对外投资这一利润水平更高的高端业务领域,例如,以"投建营一体化"模式在境外投资建设工程项目。但是,与对外承包工程项目相比,对外投资工程项目的运作模式更加复杂,国有建筑企业在进入这一陌生的领域时,可能由于知识结构存在差异、投资经验少、风险管理能力不足等问题,面临着境外投资风险管控、投资资金安全等新的挑战。国家审计应当对境外工程建设项目实施全过程跟踪审计,防范境外工程项目投资风险,监督国有资金的合理合规使用,防止国有资产流失。

第一节 国有企业境外工程建设项目审计概述

一、国有企业境外工程建设项目投资现状

(一)我国建筑业境外投资的基本情况

1. 总体情况

工程建设项目是国有建筑企业实现"走出去"战略的主要方式,也是国有企业境外投资的重要组成部分。建筑业是我国对外直接投资的重要行业,2018年,建筑业对外直接投资流量36.2亿美元,占当年对外投资流量总额的2.5%。截至2018年末,我国建筑业对外投资存量416.3亿美元,占整体对外投资存量的2.1%。基础设施互联互通是"一带一路"建设的优先领域,大型企业尤其是中央企业积极参与海外基础设施投资项目,投资金额急剧增加,其中2014年为1028.9亿美元,2015年为1180.2亿美元。

2. 区域分布

从我国建筑企业开展对外投资的区域分布来看,东南亚、南亚国家因基础设施发展需求大,与我国地理位置接近,并且政局稳定,成了我国建筑企业开展投资最多的

市场，例如，我国企业在巴基斯坦、老挝、印度尼西亚等市场开展电力工程、交通等项目投资。此外，非洲地区也是我国建筑业对外投资的重要区域，截至2018年末，我国建筑业累计对非洲投资额达147.6亿美元，占对非洲投资总额的32%。

3. 行业分布

从我国建筑企业开展对外投资的行业来看，交通和电力行业是投资相对集中的领域。以"一带一路"沿线国家为例，其交通和电力基础设施落后，投资建设需求旺盛。根据世界银行的统计数据显示，2017年"一带一路"沿线公共私营合作制（public-private partnership，以下简称PPP）项目主要集中在电力行业和交通行业，电力行业的PPP投资占比达60%，交通行业的PPP投资占比达35%。我国企业在相关领域凭借市场资源优势和丰富的技术、管理运营及产能经验，在电力和交通行业，特别是水电站、公路方面开展了系列投资项目。

4. 投资方式

从境外投资的方式来看，我国建筑企业的对外投资方式主要是工程项目建设和海外并购。近年来，一些积累了丰厚实力的建筑企业，特别是"中"字头的中央企业集团，开始尝试海外并购，但传统的工程承包建设项目仍然是我国建筑企业对外投资的主要方式。我国建筑企业也顺应国际发展的需要，积极调整发展战略，逐渐由工程项目"建设者"转向被投资方经济社会发展的"参与者"，不断实现建筑业对外投资可持续发展。

（二）国有企业境外工程建设项目投资合作模式

我国国有建筑企业最开始"走出去"是以对外承包工程的形式，主要是采用设计－招标－建造（design-bid-build，以下简称DBB）模式、设计－建造（design-build，以下简称DB）模式和设计－采购－施工（engineering-procurement-construction，以下简称EPC）模式（梁晋，2016）。在对外承包工程模式下，国有企业根据工程总承包合同在工程完工后移交给业主，工程项目建设所形成的固定资产的后续经营管理及收益，由国外的项目投资人或业主负责及享有。这样的传统运作模式不仅利益链条短，而且不利于发挥项目应有的效益，不符合当前国际工程建设市场发展的需要。因此，国有建筑企业从传统的工程承包业务逐步转向对外投资建设工程这一利润水平更高的高端业务。

国有建筑企业不仅在基础设施建设方面具有丰富经验，而且在设计咨询、装备制造、运营维护等方面的国际经验也日渐丰富，近年来，实力强劲的大型国有建筑企业开始转向以投资带动建设的业务模式，它们积极开发各类建设－经营－转让（buildoperate-transfer，以下简称 BOT）、PPP 等特许经营类项目，而不只是局限于传统的工程承包。集项目投资、设计、建设及运营维护于一体的"投建营一体化"模式已成为我国国有建筑企业境外工程建设项目投资的重要转型方向（周家义、吴超，2017）。

此外，国有建筑企业到海外进行基础设施项目建设也是我们国家对外援助的方式之一，这类项目是由我国通过提供无偿援助和无息贷款等援助资金帮助受援国建设生产和民用领域的工程项目。中方负责项目考察、勘察、设计和施工的全部或部分过程，提供全部或部分设备、建筑材料，派遣工程技术人员组织和指导施工、安装和试生产，待项目竣工后，移交受援国使用。在"一带一路"倡议提出之后，我国更是加大、加快了对"互联互通"类基础设施合作项目的建设，包括铁路、道路、港口、机场、通信、能源管线等不同领域的项目，这也为国有建筑企业"走出去"提供了渠道。

二、国有企业境外工程建设项目审计的主体和客体

对国有企业境外工程建设项目进行审计，是国家审计全覆盖的要求，对防范国有企业境外投资风险、保障国有资金使用安全和维护国有资产完整性具有重要意义。这里对国有企业境外工程建设项目审计的主体和客体作如下说明。

（一）审计主体

本章所研究的国有企业境外工程建设项目审计的主体是国家审计机关，但是在实际中，由于项目所在国的法律规定，我国国家审计人员难以到境外开展现场审计。因此，在国有企业境外工程建设项目审计中，国家审计机关可以聘请国有企业内部审计人员、社会中介机构人员和工程建设相关专业人员等，成立专项审计小组对国有企业境外工程建设项目实施全过程跟踪审计。

（二）审计客体

国有企业境外工程建设项目审计的客体是在境外进行投资并建设工程项目的国有企业。尽管国有企业大量在境外进行工程项目建设，但境外工程项目建设中却存在很多问题，例如，国有企业部分管理者利用手中掌握的权力，将境外工程承包给不具有资质的亲戚、朋友或其他关系人，在物资设备采买时收取回扣、提成等；部分国有企业在境外工程管理中存在不规范行为，我国管理人员与当地工人在文化上也存在差异。这些问题导致国有企业的境外工程亏损，直接或间接造成国有资金流失。国家审计机关需要对国有企业境外工程建设项目进行更大力度的监督，防范国有资产流失。

三、国有企业境外工程建设项目审计的范围、目标及重点

(一) 审计范围

国有企业境外工程建设项目的审计不同于一般的国有企业财务收支审计,不仅涉及审查企业的财务会计资料,还应对国有企业境外工程投资建设过程中的政策落实情况、资金使用情况、投资的合规性以及领导人责任履行情况进行审计。

因此,国有企业境外工程建设项目审计的范围包括以下四个方面:

(1) 审查国有企业进行境外工程项目投资建设过程中,是否将国家对外投资和对外工程承包相关政策落实到位;

(2) 对国有资金在整个境外工程建设的资金运动过程进行审查监督,关注资金使用是否符合预算、有无非法挪用情况以及资金是否得到高效使用;

(3) 审查国有企业境外工程项目投资决策以及工程建设过程中是否严格遵循我国和项目所在国(或地区)法律法规、相关国际规则标准,例如,《企业境外投资管理办法》《对外承包工程管理条例》以及项目所在国(或地区)的技术规范等;

(4) 审查监督国有企业领导人在境外工程项目投资建设的投资决策、运营管理、财务管理等各方面是否履行了相应的责任。

(二) 审计目标

国有企业境外工程建设项目审计的主要目标有:

(1) 提高国有企业境外工程建设项目投资决策的科学性。随着国际工程市场的竞争日益激烈,越来越多的国有建筑企业从事专项对外投资工程项目。对于许多国有企业来说,对外投资建设工程项目领域是全新的,可能存在对投资风险估计不足的盲目投资,导致国有资金流失。通过审计机关对国有企业境外工程建设项目进行全过程跟踪审计,在工程项目的投资决策阶段就介入审计,可以从独立的外部审计视角评价投资决策的科学性,规避投资决策不当问题。

(2) 促进国有企业加强境外工程建设项目的管理。由于工程建设项目处于境外,国有企业对其的管理往往过于松散,出现了许多违规现象。国家审计的监督,可以督促被审计单位建立健全施工现场管理规范制度。例如,规范工程变更、现场签证等程序;确保被审计单位建立合理合规的资金授权审批控制制度,关键的业务流程和管理流程控制制度。

(3) 提高国有企业境外工程建设项目投资效益。国家审计通过对国有企业境外工程建设项目投资的政策落实情况、资金使用情况、投资的合规性以及领导人责任履行情况进行审计,监督国有企业加强境外工程管理,保障国有资金合理、合法、高效使

用，提高投资效益。

（三）审计重点

工程建设项目审计涉及工程项目从立项到决算的整个过程，而审计机关对国有企业境外投资建设工程项目主要关注投资决策的合理性、国有资金的合理使用以及国有企业和国家的利益。审计的重点主要有以下四个方面：

（1）审查国有企业在做出投资决策前，是否对境外投资工程项目进行了充分的可行性论证，避免盲目投资；

（2）工程项目合同审计，审计人员应当特别关注合同条款是否符合项目所在国的法律规定以及国际惯例，有无损害企业利益的条款；

（3）项目资金管理审计，国有企业投资建设的境外工程项目涉及大规模的国有资金投入，审计人员应当对国有企业资金管理情况进行严格审计，监督国有资金合规合理使用；

（4）工程竣工决算审计，竣工决算是工程项目的尾声，涉及工程款支付大额资金流动，审计人员应当审计决算的真实合规性。

第二节 国有企业境外工程建设项目审计内容

国有企业境外工程建设项目审计重点阶段根据工程建设项目的过程共分为四个阶段：（1）项目决策阶段；（2）项目招投标阶段；（3）项目实施阶段；（4）项目竣工验收阶段。

一、项目决策阶段

工程建设项目在准备前期，特别是项目决策阶段，应当对项目决策的合法性、合规性进行审查，并对立项决策的可行性进行研究，同时在境外投资过程中资金的使用量非常庞大，因此，我们要重点关注资金的来源和投入使用，利用审计专业知识进行判断。在本阶段，审计内容从立项决策、可行性研究、资金投入、设计概算四个方面展开。

（一）工程建设项目立项决策审计

工程建设项目立项决策正确与否直接关乎投资的成功与否，因此，在前期审计工作中对立项决策的审计是至关重要的。尤其是对于境外工程项目，我国参与的时间晚，经验不足，因而要特别注意在进行立项决策时不同国家（或地区）之间建设需求的不同，审查当地相关法律、风俗习惯，及时听取专家意见。

工程建设项目立项决策审计的含义是：整个工程建设项目在具体实施以前，该项目决策的过程、内容应进行针对性的审计，对决策合规性与合法性进行客观评价，在决策方面重点是对建设项目的规模、选址以及方案三个方面进行审计。

1. 工程建设项目规模审计

对项目决策进行审计时，应当关注审查建设项目的规模，项目的规模与效益的多少密切相关。但并不是越大的建设规模就能产生越大的效益，因为规模还受到许多因素的限制。因此，应选择合理适当的生产规模，以达到效益最优化。

以铁路、公路为例，在修建铁路公路时，首先要考虑境外市场的需求量，也就是考虑有哪些人、有多少人需要使用这条铁路或者公路。道路的运输量就是规模的前提，要对需求进行准确预测，从而确定最佳的建设规模。同时，项目的建设规模还要受到被投资方政策等外部因素的制约，投资政策、土地条件都会对项目的规模进行一定的要求。特别是在修筑铁路道路时，道路周边情况、运输能力等都是需要衡量的因素。

2. 工程建设项目选址审计

项目建设的地理位置对项目的建设也是至关重要的，地理位置不仅会决定整个投资的金额多少，从长期来看，还会影响建设的难易程度、工期的长短，甚至关系着项目建成后投入使用的效益。

在选择地理位置时，首先会确定大范围的区域位置，其次确定具体地点。在审查区域位置的选择时，检查其是否根据被投资方的总规划、经济发展规划等要求实行，同时是否考虑项目的具体情况以及人文、环境等自然条件。在确定了区域范围后，对具体地点的选定也是极为复杂的，因为具体地点关系着经济和社会的发展。因此，在审计时应当从政治、经济、社会、环境等多方面全方位考虑。

3. 工程建设项目方案审计

在规模和选址确定后，接下来是对整个项目具体方案的确定，整个项目具体方案是对工程项目的统筹规划。项目方案包括技术方案、设备方案以及工程方案。首先，审查技术方案是否符合实际情况，是否符合实际技术发展情况，是否采用先进的技术，是否具有安全性、质量是否过关，同时是否符合经济效益合理原则。在进行修建时，设备的选择也是尤为重要的，没有先进的设备，再好的技术也无处施展。选择设备在安全的前提下，在经济合理的范围内，追求性能和效率的最大化，同时能保证生产的质量。工程方案是对具体项目构建的计划，在考察工程方案时，一般对不同的项目有不同的方案。对道路建设项目，主要审计线路的规划、道路环境情况和路基路面设计是否合理，排水、绿化、通信信号等因素是否考虑。

（二）工程建设项目可行性研究审计

企业到境外进行工程项目投资建设，由于存在对地理环境的不熟悉、对市场的不了解、施工人员管理难度大等问题，因而面临着更大的投资风险。进行可行性研究能够对项目进行深入调查，考察其合法性、合理性，从而达到减少投资风险的目的，由此可见，可行性研究是立项决策最关键的部分。

对工程建设项目可行性研究进行审计是指审查项目可行性研究过程和编制报告的正确性，保证该项目已经进行充分的可行性论证。

主要审计内容包括：

（1）对可行性研究的人员或者机构进行审查，检查其是否有资格和胜任能力；

（2）检查可行性研究是否符合经济趋势、社会发展和国民需求，是否立足于实际发展；

（3）对可行性研究的质量进行审查，例如，财务评价是否准确可靠、布局是否合理、项目周期寿命是否正确、项目流程是否合理等。

（三）工程建设项目资金投入审计

境外投资建设工程项目往往涉及大量资金的投入和使用，工程建设项目的顺利开展与项目资金投入和到位的时间有着紧密的关联，并且一旦项目开始动工，如果没有足够的资金到位，很可能对项目的收益造成影响，因此，对项目资金到位的审计也是决策审计中关键的部分。

主要审计内容包括：

（1）资金是否存在缺口。审查工程建设资金是否存在缺口，是否有部分资金没有落实到位，项目资金的及时、定额投入是整个项目按照工程合同有序开展的必要保证。

（2）资金来源情况。境外建设工程项目投入资金的来源一般有企业自有资金、金融机构贷款、被投资方政府提供的资金等。根据资料，检查这些资金的来源是否真实、合法，规定用途的资金是否做到专款专用。如果有缺少的部分应当查明资金的流向，超出的部分应当核查其是否有批准的公文以及其来源的真实性和合规性。

（3）资金到位与项目进度是否符合。审查资金是否及时到位，是否与签订合同上的款项金额一致。并且审查资金是否和建设项目计划、项目程序、项目支出以及工程建设项目进度相符合。

(四）工程建设项目设计概算审计

可行性报告获得批准后，应当根据可行性研究的相关要求进行项目的设计概算。项目初步的整体设计以文件的形式进行存载，根据文件内容需要初步计算项目所需要的总体资金投入及其构成，其构成包括立项、可行性研究、设计、施工、运行以及竣工验收等阶段的全部资金。审计项目的设计概算不但能够使概算更加精确完整，提高概算编制质量，还能加强对建设项目的前期监管，减少风险，保证国有资金使用的效益，因此，对设计概算的审计也是极为重要的。

主要审计内容包括：

（1）设计概算的编制条件和依据。对设计概算进行审计，首先，需要对其编制的条件进行审计，核查其是否满足了必要的条件，例如，可行性研究报告的批准情况是否真实可靠，初步的项目设计是否有效实施，项目资金的落实情况是否准确及时，建设地点、规模等是否符合投资计划，如果这些必要的条件并未得到落实，设计概算的编制就是不全面、没有意义的。其次，由于境外建设项目的特殊性，在进行设计概算时不仅要依据我国的相关依据，并且需要经过国家和相关机关的批准，还要遵循被投资方的依据要求或者颁发的相关规定。同时，要注意编制依据的时效性，检查其有没有过时、失效。

（2）设计概算文件及预期效益。对项目设计概算文件进行审计，要审查其设计的内容是否完整合理，有无遗漏，从前期筹备阶段到竣工验收阶段所有的费用都应当包含在内。同时，审查设计图的规划是否合理，项目的建设有没有重复浪费，投入资金的使用是否能产生效益，可以从微观和宏观两个角度来审查，从而全方位评估项目预期效益，避免重复、盲目建设。

（3）设计概算的费用及其构成。根据项目设计概算书，审查项目的规模、设备、配套以及相关设计等是否符合前期决策批准的内容，对应费用是否发生、是否合理，有无多计或少计。总投资额是否在批准的投资预算金额内。设计概算费用主要是由建筑安装工程费、购置设备费、其他相关费用、预备费四个部分构成，对费用进行审查主要是对这四个方面进行展开。

（4）设计概算的关联工作。在对设计概算进行审计时，不应当只是局限于审计对象本身，而是应当关注与审计对象相关的活动，延伸审计范围，从审查其他相关活动中对审计对象进行更全面的监督。首先，结合财务收支审计。如果仅是对设计概算进行审查则过于单一，如果结合财务收支审计，能使审计工作得到印证，从而保证审计结果的准确性。其次，要延伸设计概算审计范围，应当加入对设计概算审批部门的审查，要对设计概算进行审查就要从其根部也就是审批流程开始审查。最后，对设计概算的相关变动也要给予一定的关注。例如，其变化是否合规、是否符合标准、是否获得批准，有无擅自改变的情况等。

二、项目招投标阶段

招投标活动涉及多方利益，极易出现舞弊情况，往往是相关部门重点关注的内容之一。因此，对招投标活动进行审计是非常必要的。审计人员在对招投标进行审计时不仅要对投资方选择施工单位、采购设备物资等过程进行审查，还要监督相关合同的规范性。尤其是境外投资的工程项目，审查其是否符合境内境外的法律法规，特别需要注意的是国际项目的承接还要涉及汇率等问题，在对合同进行审查时也应当考虑。

（一）项目招投标准备阶段的审计

在招投标开始前，要做好相关准备，后面的工作才能顺利开展。本阶段的审计是指对工程项目招投标条件、招投标方式、招投标范围、招投标文件、招投标程序进行审查。

主要审计内容包括：

（1）审计招投标条件是否具备。在准备项目进行招投标时，首先要审核该项目是否具备招投标的条件，也就是该项目在进行招投标时是否获得相关部门的批准，是否具备资格，项目资金是否已经落实到位，关注项目细节，例如，具体金额、规模等与批准是否一致。

（2）审计招投标方式是否合法。在准备阶段还要审查招投标的方式是否合法合规，是否经过相关部门的审批。

（3）审计招投标范围是否全面。相关规定要求，使用国有资金投资的项目必须进行招标，但仍有一些领导为了自己的私利而对需要招标的项目进行分割，只是将项目的一部分甚至是一小部分工程进行招投标，剩下的部分不进行招标而是自己选择施工单位。因此，对招投标范围的完整性进行审查是非常有必要的。

（4）审计招投标文件是否完整。招投标文件作为整个招投标的指导依据，对其审查的内容主要包括招标范围、投标报价、合同条款、违约情况等，对这些相关内容的合规性、完整性进行检查，监督其是否和实际情况相符。同时，还应审查评标的标准和办法是否合理恰当，有无不公平条款。除了招标文件的编制外，其修改和补充也应进行审查。

（5）审计招投标程序是否合规。对招投标的程序进行审查，首先，要检查招标前是否按照规定发布公告和邀请书，其内容是否合规，与招标文件是否一致。其次，为了防止仅发给"有关系"的单位，而故意漏掉实力较强的单位的情况，应当审查是否对所有通过预审的单位都发放了招标文件。在发放文件后，还应审查是否公平公正地组织了所有投标单位进入现场勘查，并且如实进行答疑。

（二）项目招投标实施阶段的审计

该阶段的审计主要是审查开标、评标、定标过程程序和方法，与有关法律法规的规定是否相符。并且作为整个招投标阶段的关键审计环节，其审计工作的顺利开展能够为揭示贪污舞弊和内幕交易行为提供程序性的思路。

主要审计内容包括：

（1）开标审计。对开标进行审计最重要的就是对投标人的资质是否符合投标要求进行审查，同时检查开标是否公平公正，时间是否符合要求，投标人的保证金缴纳情况。除此之外，应当监督是否在招投标现场检查了文件的密封情况并对文件进行宣读。

（2）评标审计。作为招投标审计的关键环节，对评标环节的主要审查内容为：首先，从评审委员会的组建和构成开始审查，审查评委的来历、构成是否符合要求，评审人员是否由专家构成。其次，审查评审的标准和依据是否规范，有无未遵循标准的特殊情况。再其次，审查评审内容是否涵盖相关在当地市场的经历和经验，是否对于当地法律环境、工程技术标准、用工情况以及分包环境进行了评估。最后，审查投标单位之间有无串标、围标等情况；投标报价是否合理，有无哄抬、虚假、压价等情况；中标候选人是否按规定公示。

（3）定标审计。主要审查定标的程序和方法是否按照相关规定和办法，是否选择经济合适、性价比高的中标单位，中标候选人名单是否包含所有中标人；中标通知书是否按时下达中标者，未中标者是否及时收到中标公示信息；自愿放弃中标单位，理由是否正当，是否有书面函件。

（三）项目合同签订阶段的审计

合同的签订程序涉及合同缔约双方的利益归属，也是在工程项目中与利益直接相关的重要审计内容。建设工程签订的合同都需要审计人员细致地通读，尤其是境外工程，往往涉及的合同都不是我们熟悉的语言，故对审计人员而言，在研读合同时保持细致严谨的态度才能保证审计工作较高的准确性。

主要审计内容包括：

（1）合同签约审计。签订合同虽然是招投标阶段的最后环节，但往往在这个环节极易出现各种问题，也应当对其进行重点审查。审查当事人是否有签约资格，如果委托签约的，审查其是否具有法定代表人出具的委托书以及委托人身份证明；审查报价有无高估或压价；审查合同内容与价款是否与招标文件以及招标书一致，有无篡改现象。合同签订时间、标的物与通知书的内容是否一致；合同工期、项目开工工期、竣工工期是否明确，审查是否有无条款规定以及提前完工奖励；涉及工程变更的，有无相关条款，条款是否清晰合理；合同生效失效日期是否明确合理；审查合同中对当地环评要求、施工工艺、施工难度的理解和测算是否充足；审查是否对分包或转包情况进行了明确的规定，并检查该情况是否影响项目的施工时间或质量。

（2）合同履约审计。合同的履约审计是指对从合同生效开始一直到合同终止的整个过程进行的审查工作。合同履约审计的主要内容为：审查实际履约方是否和合同主体一致，有无代替履约的行为；合同双方是否按规定履行义务和责任，有无失职行为；工程价款是否按照合同规定支付，有无提前支付、拖欠或价款变动的情况，质保金是否按规定支付；履约地点和时间是否与合同约定一致，有无逾期现象。但同时审计人员也要注意到境外项目合同履约过程中项目周期、进度、资金等都有可能因为汇率而发生改变；审查没有履行或没有完全履行合同约定的行为是否正常，原因是否合理，事后是否按规定对违约方进行处理；审查合同在履行过程中有无徇私舞弊、弄虚作假的情况，是否都严格地遵守了条款；合同履行完后，工程的质量、验收以及产生的效益是否达到合同要求。

三、项目实施阶段

利用全过程跟踪审计方法审计国有企业境外工程建设项目的实施阶段，不仅要跟踪审计具体的项目实施过程，并且由于工程建设过程中各环节间存在一定的不确定性，同时也要保证对项目实施过程中存在的或可能发生的情况都设有其相关的具体审计内容。

与一般工程建设项目实施阶段审计的重点不同，国有企业境外投资工程项目建设审计的重点要落脚于审计工程建设项目投资资金的资金流向以及资金的利用程度和利用效率。一方面，国有企业境外工程建设审计要专注对工程建设项目的整个具体建设过程的跟踪审计；另一方面，要保证对工程建设项目投资资金的审计。

项目实施阶段跟踪审计主要程序具体如图 8-2-1 所示：

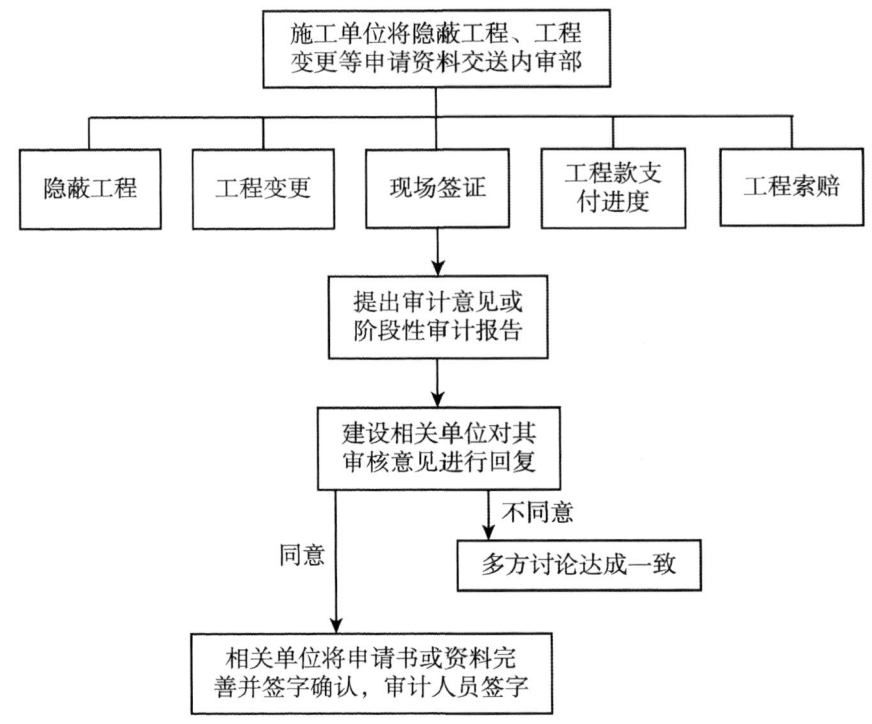

图 8-2-1 项目实施阶段跟踪审计主要程序

对国有企业境外工程建设项目中所涉及的审计涵盖以下几个方面。

(一) 对隐蔽工程的审计

隐蔽工程是指在工程建设中的建设主体类似于道路桥梁、构筑物等在施工期间将建筑材料或相关所需构配件掩埋于物体中不被看见的部分实体。在本章中，这里的工程所涉及的相关隐蔽工程主要是对国有企业境外房建工程或公路、铁路工程的隐蔽工程，例如，在公路工程中的隐蔽工程就是指对公路地基与基础的丈量、处理和公路结构的焊接以及涵盖在其项目过程中的所有隐蔽工程的具体工程作业。

对隐蔽工程的审计对审计人员提出了专业要求，审计人员可通过咨询专业人员对隐蔽工程进行具体审计。在国有企业境外工程建设审计中，专业人员的选择应该由审计人员根据工程项目的类别和性质的不同以及判断专业人员是否对类似项目有以往相关经验来进行选择，并且需要重点保证在境外条件下其专业人员是否同样具有因被投资方的地域而要求具备相关的专业能力，此外，在对专业人员的选择上要切实保证其专业工作的客观独立性，在确保上述几方面情况都满足的条件下，可适用该专业人员为审计人员在审计过程中提供帮助，从而有助于全过程工程建设项目审计工作的有效进行。

1. 隐蔽工程审计程序

隐蔽工程主要审计程序如图 8-2-2 所示：

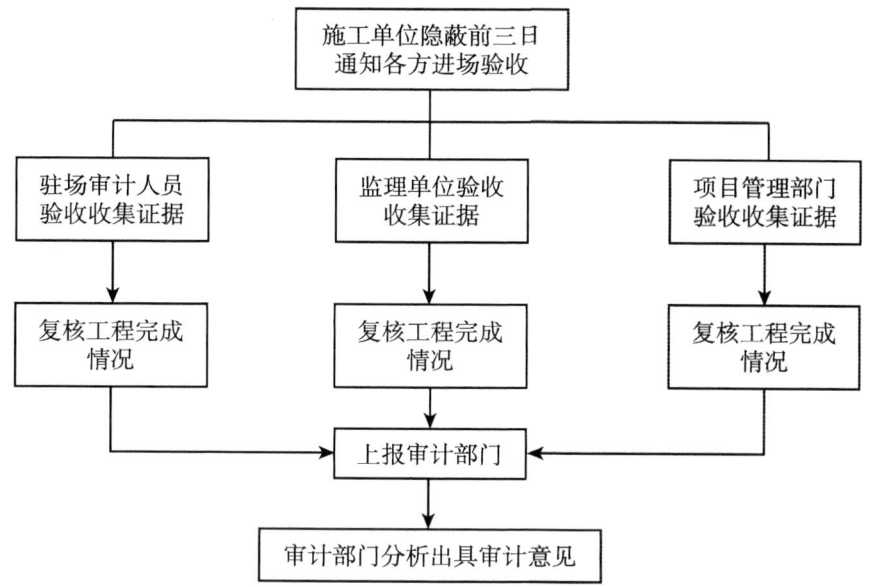

图 8-2-2　隐蔽工程主要审计程序

资料来源：程劲.全过程跟踪审计在 Z 工程项目审计中的应用研究［D］.蚌埠：安徽财经大学，2017：33.

2. 隐蔽工程审计内容

隐蔽工程主要审计内容包括：

（1）对隐蔽工程质量的评估；

（2）对隐蔽工程功能的评估；

（3）对隐蔽工程安全性的评估；

（4）对具体境外工程建设项目中隐蔽工程项目所需评估部分的评估。

在评估过程中，审计人员要及时做好现场记录，保证评估过程的真实性和客观性。

（二）对工程变更的审计

工程变更是指在工程建设项目过程当中，由于实际工作变化或工作需要，由项目发包方所提出或者是由项目承包方提出的经由发包方所批准的合同工作范围内任何一项工作的增减变化或者是合同约定以外的额外工程实施等。

工程变更是影响工程建设项目投资效果的关键因素，不合理的工程变更不仅影响工程质量，而且影响境外工程建设投资资金的投资效果，其原因在于工程变更会伴随着相关变更工程的工程费发生改变，产生的变更价款与初始项目合同的资金预算之间便会存在一定程度的差异，那么项目投资效果就会因此难以得到预期的保证。

境外工程建设项目中的工程变更审计为作为承包方的国有企业提供了提出变更申请以及确保变更申请成功受理的有益条件，在境外地域工程建设中，由国有企业作为施工方主体承包建设工程，由实际工作要求提出的工程变更在某种程度上可能会影响到其他境外项目投资者的利益，继而导致变更申请的失败，在少数情况下，也会出现因为其他投资者单纯不愿承担相关变更价款而拒绝工程变更的情况。因此，审计小组根据实际情况结合变更申请程序、内容进行审计可确保境外工程建设项目的稳步施行。

1. 工程变更审计程序

工程变更审计程序如图 8-2-3 所示：

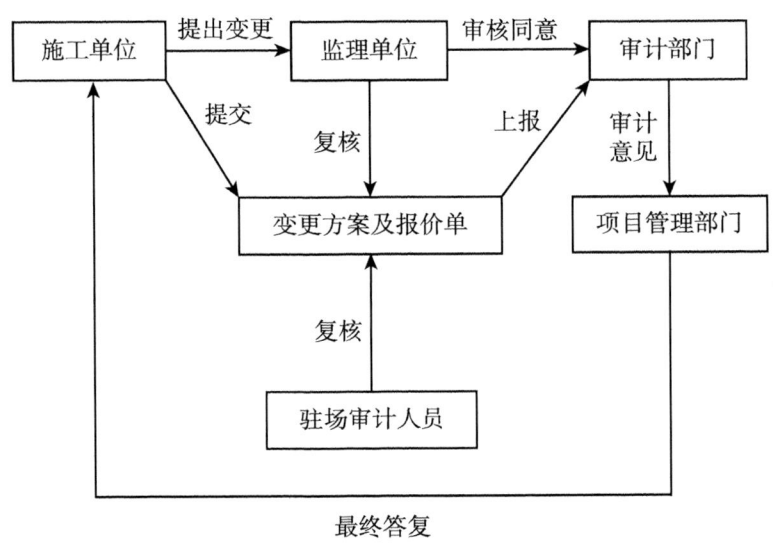

图 8-2-3　工程变更主要审计程序

资料来源：程劲.全过程跟踪审计在 Z 工程项目审计中的应用研究［D］.蚌埠：安徽财经大学，2017：34.

工程变更审计具体程序基本流程为：由施工单位向监理单位提出变更申请，待监理单位对其所提供的变更申请审核同意之后，再向审计部门报送相关材料说明工程变更的详细情况；审计部门在查阅变更申请相关材料后，对工程变更责任的归属和工程变更的必要性进行分析后向项目管理部门出具审计意见；进而由施工单位向监理单位和驻场审计人员提交变更方案以及变更报价单对其进行双重复核；复核后向审计部门上报情况并由审计部门向项目管理部门出具审计意见；最后，项目管理部门经过最终核定向施工单位进行最终答复。

2. 工程变更审计内容

工程变更主要审计内容包括：

（1）审计工程变更对工程整体完善是否有必要。对于项目本身，工程变更的产生在实际情况中大多是由于在项目实施过程中产生对具体工程实施进行变更的情况需要，也可能存在出现部分对项目实施环节没有合理预期的情况而产生工程变更，但工程变更的出发点是站在项目角度对项目实施或项目完善的有效预期。审计人员应结合专业人员的专业意见对工程变更对工程完善的必要性进行有效合理审计，评价实施工程变更是否会对工程建设有促进作用。

（2）审计工程变更价款的确定是否合理、准确。工程变更直接伴随工程变更价款变化，审计人员主要审计对工程变更估价程序的选择是否合规、恰当，工程变更价款是否准确。本章所指的境外工程建设项目的建设主体为国有企业，其工程建设中工程变更估价程序与国内国有企业工程建设所使用的程序为同一套程序。审计人员通过准确运用工程变更估价程序确定其工程变更价款来审计实际工程建设中所运用的工程变更估价程序和工程变更价款的准确程度。

（3）审计确定相关工程变更的责任归属主体。

（4）审计工程变更程序是否遵循有关法律规定。

（5）审计工程变更是否与工程合同条款有冲突。

（三）对现场签证的审计

现场签证是指发包方的现场代表包括其授权的代理人与承包方的现场代表就施工过程中涉及的责任时间所作的签认证明。

现场签证通常源于工程变更，如若没有工程变更情况，则由工程项目承包方根据项目图纸按照合同所约定的期限直至工程竣工，而工程变更则需要相应的现场签证程序，但是现场签证并不都会涉及有关工程变更价款的签订。

一般而言，现场签证项目包括三个方面：一是完成未囊括在合同以内的一些细碎项目，例如，类似于在施工现场需要凿墙打洞等可能出现一些需要零星用工的环节，以及在二次装饰工程项目中，需要对装饰成果进行改造时等这些需要签证的情况；二是出现不是由于承包方的责任而导致的例如停水停电、器械租赁、资金供应不及时等情况进而造成损失的事件；三是出现一些不可预见的因素，包括场地实际环境、水文地质以及由于为协调各方利益或发包方根据实际情况对项目产生变更的方面。

对国有企业境外工程建设现场签证的审计能够运用跟踪审计方法直接保证国有企

业的利益,现场签证的前提通常源于工程变更,工程变更的出发点在于对工程的要求发生了变化,审计境外现场签证的主要程序和内容是对国有企业投资资金的重要保证,审计小组需要关注境外现场签证的程序性是否符合合同规定,其签证内容是否能够确保资金安全。

1. 现场签证审计程序

现场签证审计主要程序如图 8-2-4 所示:

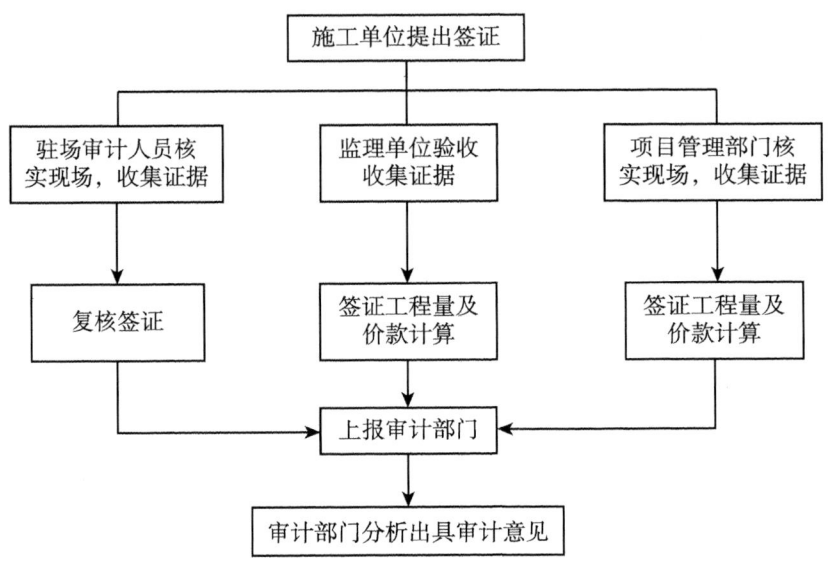

图 8-2-4 现场签证审计主要程序

资料来源:程劲.全过程跟踪审计在 Z 工程项目审计中的应用研究[D].蚌埠:安徽财经大学,2017:35.

2. 现场签证审计内容

现场签证主要审计内容包括:

(1)审计现场签证的提出是否正确。现场签证的提出有相关条件限制,审计人员通过审计现场签证的提出是否满足这些相关条件评价签证提出的合理性。

(2)审计现场签证的处理程序与支付时间是否合规。其中,通过审计支付时间是否与进度款同期支付可评价其合规性。

(3)审计现场签证费用的计算规则是否合理。

(4)审计发包方未签证确认且承包方私自施工并应由其承担的费用是否存在于签证中。

(5)审计签证主体、时限、事项内容、手续等是否合法合规。签证主体必须包含业主、监理、施工三方代表；现场签证需要及时进行，绝不能拖延到工程决算阶段；签证内容要按照所规定的具体内容明确清楚；确定签证手续和资料是否合规、齐全。

（四）对工程款支付进度的审计

对项目工程款支付进度的审计是对国有企业境外工程建设项目投资资金审计的一个重要审计方面。相对于整个工程或某一段特定工程的施工进度，其项目工程款的支付时间是否及时决定了所对应的工程项目投资资金运用的是否及时和有效，故对工程款支付进度的审计是国有企业境外工程建设审计的必要审计环节。

境外工程款支付进度审计是直接对国有资金的流出进行重点审计的关键环节，境外工程款支付严格按照合同约定履行，合同约定内容要明确发承包双方彼此的权利与义务。站在承包方角度，支付款项的及时拨付保证了国有企业建设资金的流转；站在投资方角度，国有企业投资资金的流向为国有企业投资工程建设建立了基础。同时，由于境外投资资金来源的广泛性，对支付进度进行审计确保了其他投资主体支付资金的及时性，确保了国有企业利益。

1. 工程款支付进度审计程序

工程款支付进度主要审计程序如图 8-2-5 所示：

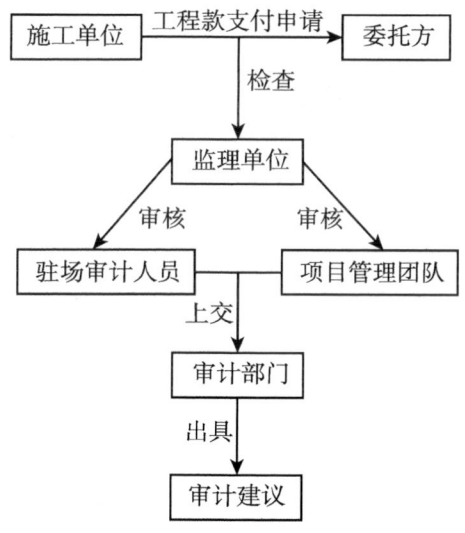

图 8-2-5　工程款支付进度主要审计程序

资料来源：程劲.全过程跟踪审计在 Z 工程项目审计中的应用研究［D］.蚌埠：安徽财经大学，2017：35.

2. 工程款支付进度审计内容

工程款支付进度主要审计内容包括：

（1）审计实际所支付的项目工程款项是否与项目合同中所对应的项目投资金额相符。相对应某段特定的工程进度，在项目合同中有明确的具体投资数额预算，审计实际拨付金额与项目合同预算金额是否相符对国有企业境外工程建设项目投资资金的投资有效性可起到保障作用。

（2）审计工程项目施工方所呈报进度与真实工程进度的相符程度。

（3）审计相关工程款项支付的调整。有关工程款项支付的调整可由诸多影响因素导致，但由于工程款支付的不及时、款项金额不足的情况同时出现，则可引申出资金流向不明、投资方资金拨付存疑问题以及施工项目信息失真、工程质量低下等相关问题。

（五）对工程索赔的审计

工程索赔是指在工程建设中的合同当事人因非己方问题而利益受损，按照合同的事先约定或者法律法规的规定向应当承担责任的另一方提出赔偿要求的行为。

索赔行为是对本方权利的主张，在满足索赔成立的条件下，利益受损方通过提出工程索赔要求使本方利益得到补偿。但由于实际工程项目的复杂性所致，也会出现利益受损的合同当事人利用工程索赔途径进行恶意索赔的现象。工程索赔如若未合理处置则可能会导致利益双方纠纷现象的产生，从而会对国有企业境外投资资金产生不利影响，因此，工程索赔审计也是国有企业境外工程建设审计中应当关注的重点。

在境外工程索赔审计中要关注项目发包方所发包项目性质以及易发生工程索赔的环节，对国有企业境外投资活动而言，为了确保项目投资资金的利用效率，审计工作应着眼于境外政策导向和法律风险因素，因不利的投资环境而引发的单方向工程索赔会对国有资金造成影响，并且难以规避。

1. 工程索赔审计程序

工程索赔审计主要程序如图 8-2-6 所示：

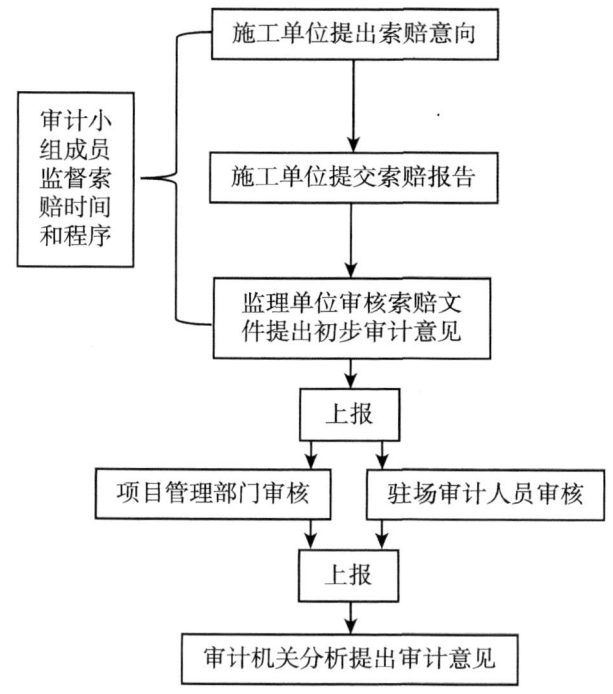

图 8-2-6 工程索赔审计主要程序

资料来源：程劲.全过程跟踪审计在 Z 工程项目审计中的应用研究［D］.蚌埠：安徽财经大学，2017：35.

2. 工程索赔审计内容

工程索赔主要审计内容包括：

（1）审计索赔申请程序的规范性。工程索赔的申请程序是一套系统化的流程，审计小组成员从施工单位提出索赔意见开始进行全过程跟踪审计，审计人员通过审计索赔申请流程是否遗漏、形式化以及出现关联舞弊现象评价索赔申请程序的规范性。

（2）明确责任归属。谨防责任不明而导致的利益相关当事人产生纠纷，审计人员要明确工程索赔中合同当事人的责任归属。

（3）审计索赔证据的充分性和真实性。索赔证据是确定索赔金额、索赔责任而使用的所有信息，索赔证据的充分性和真实性是保证索赔金额客观、真实、可量化的必要前提，也是明确索赔责任的信息来源。

（4）审计索赔报告是否在有效期内提出。

四、项目竣工验收阶段

国有企业境外工程建设项目的竣工验收主体会根据境外地域的不同产生差异，且被投资方根据工程性质和政策规制的限制有不同的工程竣工验收标准。境外工程建设项目竣工验收阶段，可依据境外地域的政策规制与暂行办法进行具体实施，此外，工程施工企业以及相关利益机构也应参与协同验收工作。

（一）工程竣工验收审计

工程进行竣工应当符合一定的要求，境外工程验收所应符合的验收要求同样应当包含境内的验收要求条件，其中境内外的验收要求条件在内容上大同小异，但对境外工程验收工作而言，由于境外的地域限制，其验收要求内容的确立是因其地域独有的验收标准基础的不同而进行设置的。那么，对一般性的境外工程建设项目，在程序上应满足相关工程验收要求的限制条件进而组织竣工验收。

境外工程的竣工验收工作的一般性程序是：首先，由施工单位向建设单位提交工程竣工报告；其次，由建设单位组织验收并制定相关验收方案，并且，建设单位应当将验收的时间、地点以及验收组名单书面通知工程质量监督机构；最后，组织进行竣工验收。而针对境外不同地域间所组织执行的竣工验收或质量评价会有不同的评定标准，例如，新加坡建设局对工程项目质量进行评估采用的是一套特定的建筑工程质量评价系统，名为"CONQUAS 建筑质量评估体系"。

工程竣工验收审计包含对验收工作的审计和报告内容的审计。

1. 审计工程竣工验收工作

（1）详细查阅关于设计、建设、施工、监理、勘察单位对项目工程合同的具体履行情形以及涉及工程建设各阶段对相关单位合规性和强制性标准履行情况的文字记录；

（2）查看并检阅设计、建设、施工、监理、勘察单位的工程档案记录；

（3）以具体质量评估体系为标准实地审计查验工程质量；

（4）审核对比在此阶段出具的工程竣工验收意见与对工程建设具体实施阶段中各环节的品控、质量、管理等方面所得评价内容是否真实、一致。

2. 审计工程竣工验收报告及其内容

建设单位会在竣工验收合格之后出具工程竣工验收报告。审计小组需要对验收报告进行形式上与内容上的审计，合格的竣工验收报告应包含以下内容：

（1）工程概况；

（2）建设单位执行基本建设程序情况；

（3）对工程勘察、设计、施工、监理等方面的评价；

（4）工程竣工验收时间、程序、内容和组织形式；

（5）工程竣工验收意见。

审计小组需要对工程竣工验收的组织形式、验收程序、执行验收标准等情况进行监督评价，并有权对违反相关规定与合约的行为责令整改。

（二）工程竣工结算审计

工程竣工结算审计是在工程竣工验收合格后，审计小组对发承包双方所完成的工程建设项目的工程价款进行的计算、调整和确认的形式、程序、内容进行的审计。

境外的工程竣工结算审计通常以工程建设归属地域的实地政策和规定为依据，并根据施工合同约定的结算方法，在合同中所约定的工程签约价款基础上，对工程实施过程中双方认定的合同条款的调整到缺陷责任期届满的最终结清过程进行审查核定。

经审查核定所确定的工程竣工结算价款是编制竣工结算的直接依据，在境外工程竣工结算审计中，如图8-2-7所示，审计主要按照以下程序进行：

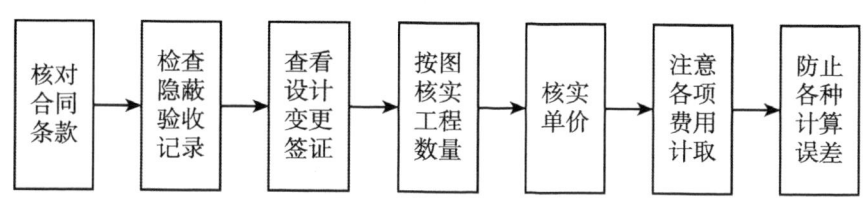

图 8-2-7　工程竣工结算审计程序

工程竣工结算审计具体审计内容主要包含对其依据、范围、程序、资料以及价款的审计。

1. 对工程竣工结算的依据、范围的审计

（1）审计工程项目的合法合规性、有效性；

（2）审计实际结算的范围、内容与合同所约定的结算范围内容是否相符、一致；

（3）审计工程量、相关价款、索赔的计算规则、方法的真实性及与合同规定的一致性。

2. 对工程竣工结算的程序、资料的审计

（1）审计其程序、资料的充分性、完整性；

（2）审计发包方与承包方双方交接资料的程序合法性；

（3）审计结算资料的真实性、完整性以及具有的法律效力。

3. 对工程竣工结算的价款的审计

审计境外工程项目的竣工价款结算是否按照被投资方的相关规定制定的计算公式或方法进行结算，与合同约定的价款计算规则是否相符。

(三) 工程竣工决算审计

工程竣工决算是指在整个建设项目竣工之后,以竣工结算为基础,由建设单位的财务部门进行编制,可以反映从筹建到竣工投产的全部费用、工程建设成果以及财务情况的文件材料的行为。

境外工程决算审计的实施前提与境内一致,均以工程竣工结算为基础,审计的内容、范围同样表现为对能够反映从筹建到投产的所有费用、建设成果以及财务情况的具体文件的审计。而突出境外工程决算审计内容上的不同点在于,由于境外地域政策规定及相关法律的差异性,境外工程建设项目投资可能会因此受到被投资方的政策约束,一般表现为通过一些财政、货币政策给境外投资带来不确定性,例如,贸易保护主义。因此,相关的政策风险和法律风险会对工程决算带来不确定性因素,同时降低了国有资金的投资流向准确性并加大了实现有效投资效益的难度。

竣工决算审计主要按照图8-2-8所示程序组织进行:

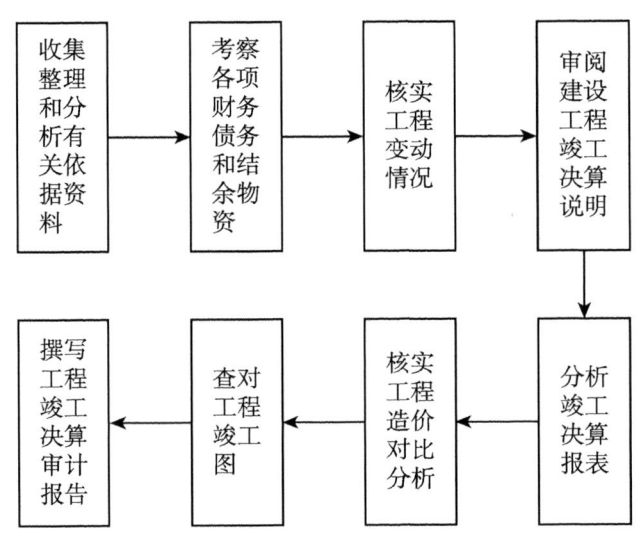

图8-2-8 工程竣工决算审计程序

境外竣工决算审计的内容应当依据被投资方相关文件规定要求确定,其主要包括:

1. 竣工财务决算说明书的审计

(1) 审计工程建设项目的总体概况,包括工程进度、工程质量、安全品质及工程造价这几个方面;

(2) 审计工程建设项目的资金来源与使用;

(3) 审计分析项目建设中各项经济技术指标。

2.竣工财务决算报表的审计

审计竣工财务决算报表,包括对基本建设项目概况表的审计、对建设项目竣工财务决算表的审计、对建设项目交付使用资产总表的审计、对基本建设项目交付使用资产明细表的审计。

一般而言,竣工决算审计还应对建设工程竣工图和工程造价对比分析进行审计,考虑到境外工程建设投资项目的特殊性,应当根据当地政策文件要求确定审计的可行性,在没有确定的情况下,应保证符合法律法规的条件下根据审计小组的实际需求对其进行审计,以期保证境外工程竣工财务决算审计的完备性。

第三节 国有企业境外工程建设审计案例分析

一、案例背景介绍

(一)项目介绍

J公司是国资委监管的国有企业,是一家全球领先的特大型基础设施综合服务商,主要从事交通基础设施的投资建设运营、装备制造、房地产及城市综合开发等,是中国最大的国际工程承包公司、中国最大的高速公路投资商。

N公路项目是J公司在海外投资建设的首个交通领域BOT项目,该项目位于牙买加,是牙买加历史上规模最大的交通运输类项目,这条公路南起西班牙镇,北到奥乔里奥斯,总长度为66.163千米。该项目初期由法国B公司负责,后来因地质勘探不充分、预算超标等原因无法继续进行。

J公司下属的五家子公司共同出资在牙买加成立了投资公司。该投资公司全资控股设立牙买加南北高速公路公司作为项目公司,项目公司与牙买加高速公路运营建设公司签订协议正式获准取代法国B公司以BOT方式承建运营牙买加N公路项目。2012年12月,牙买加南北高速公路公司与中国港湾工程有限责任公司签订了EPC总承包协议,约定该项目于2013年1月开工,建设期3年,运营期50年,将于2066年移交。

(二)项目风险分析

1.融资风险

项目建设期耗用的资金量巨大,因此,能否及时从银行获取足够的资金是工程能否顺利实施直至完成的关键,那么项目的融资问题是一开始就需要关注的事情。N 公路项目的贷款是由国家开发银行提供的,项目本金约 1.5 亿美元,贷款额度为 4.255 亿美元和 2 亿人民币,资本金与贷款的比例为 1∶3;贷款期限为 20 年,其中宽限期 3 年(含建设期),还款期为 2017—2033 年,足够的资金为该工程项目的实施提供了雄厚的保障,降低了融资风险。

2. 完工风险

在公路施工时可能实际的地质条件比预期的地质条件更为复杂,导致施工难度增大,进度会受到一定的影响,可能不能按期交付,因此,在设计概算时就应当准备好应对各种突发情况的措施。同时,牙买加本地公司由于技术方面的障碍以及人员问题导致施工缓慢也会影响施工进度。因此,在施工前就要请专业技术人员对项目的成本、难度以及容易出现的问题做出细致的评估,以保证项目按时、保质、保量地完工。

3. 运营风险

牙买加 N 公路项目的运营期为 50 年,也就是说在建设完成后,J 公司有 50 年的特许经营权,等 50 年运营期后再移交给牙买加。在高速公路运营过程中我们应当考虑路上的车流量和收费的标准是否能够达到预期效益,维护成本是否过高等问题。同时,应当重点关注公路的安全风险等问题,考虑自然灾害,例如,洪水、地震等对公路运营的影响,对安全事件进行评估和管理,做好预防、控制和紧急预案工作。

二、审计组人员配置

由审计署境外审计司组织,抽调五位从事企业审计的人员,三位从事大数据审计的人员,再聘请两位社会中介机构的注册会计师和 J 公司的两位内审人员共同组成审计组。如果项目规模较大,可继续增加审计组成员。通过合理的人员结构安排,保证国家审计境外项目的审计质量,实现对境外工程建设项目有效监管,防范境外工程项目投资建设中的风险,促进境外国有资产的保值增值。

三、项目决策阶段

基于境外现场审计时间短、资源有限的特点,审计组首先在国内对该项目的母公司 J 公司进行调查,采用传统审计方法、境外送达审计以及大数据审计对该项目的立项决策、决策可行性、资金的来源和使用、设计概算四个方面进行审计。

(一)检查纸质资料

审计组要求 J 公司提供与 N 公路项目决策相关的资料,包括前期调研报告、可行性研究报告、会议纪要、董事会审批材料、相关法律法规等。以清单形式了解该项目筹备阶段各项工作完成情况，重点审计该项目决策程序的规范性，是否遵循J公司境外投资项目管控体系中的规定，按照项目筛选策划、立项、尽职调查、可行性研究、论证评审和投资审批等环节进行。审计人员认真梳理了该项目所涉及的集团内部和外部相关的法规制度，除了我国和牙买加当地的相关法律、法规及规章要求外，还包括反商业贿赂法、反腐败法、反垄断法、相关国际组织要求、资本市场监管要求、相关会计法和会计准则等。审查该项目是否符合J公司海外业务合规管理体系。

（二）利用云平台进行审计监控

项目的盈利或亏损主要取决于设计方案、施工能力、融资成本和运营能力（陈莹婷，2016）。牙买加N公路项目的银行贷款全由我国国家开发银行提供，因此审计组对设计概算进行审计，目的是加强对项目的前期监管，保证国有资金使用的效益。牙买加N公路项目采用动态设计，分期提交图纸，通过设计优化降低工程造价，J公司内部设计管理部门实时跟进设计进度，将设计的总体目标、设计管理策划书、设计提交清单等上传至云管理平台，为国内集团母公司、内审部门、国资委以及审计署等对该项目的监督管理提供资料。审计组通过信息化平台可以清楚看到该工程项目的设计图纸、交付情况、项目进度执行情况等，对照牙买加南北高速公路项目设计工作管理办法审查设计文件的内容、格式、技术标准和报批程序是否符合规定。

四、项目招投标阶段

J公司以"BOT+EPC方式"承建并运营牙买加N公路项目，由于EPC总承包合同是总价固定和工期固定的合同，并且招标人在招标文件中倾向于把合同范围内可能产生的绝大部分风险转移给投标人。因此，审计组在此阶段不仅需要审计招投标程序的合规性，分析和研究项目可能存在的风险因素也是防范国有资金流失的审计重点。

（一）利用大数据审计

审计组要求J公司将N公路项目的可行性研究报告、投标文件、J公司的投标合规实施细则以及业主的招标条件等资料导入境外投资大数据审计平台，依次完成数据采集、数据预处理和数据分析。审计人员借助大数据审计相关技术支持，分析J公司在该项目投标中是否符合规范、是否对该项目进行了充分调研，分析该项目建设运营中面临的风险，根据分析情况与相关部门负责人进行询问与讨论，确定是否需要对投标文件进行修改。

（二）利用第三方工作

在 N 公路项目审计中，由于项目位于境外，审计组人员出境时间有限，因此需要利用第三方机构的工作成果。J 公司聘用了财务、税务、法律、产业分析、规划设计、工业地产调研等第三方专业咨询机构对项目发展环境、市场预测、布局规划、运营模式、相关政策等内容进行了深入分析。审计组利用第三方专业咨询机构收集资料并对该项目进行调查分析，了解和把控项目的风险。

五、项目实施阶段

由于国际工程项目在项目实施阶段的复杂性和多变性，N 公路项目在其具体实施建设中采用了严格的质量管理控制措施。

通过建立项目质量保证体系，质量控制主体可对工程项目进行全方位、全员、全过程的质量管控，以期达到项目建设高水平的质量保证。此外，在 N 公路项目中，业主还通过引入专业咨询工程师间接实现了对工程的质量、安全、进度等相关因素的有效监控，实现了工程质量管理的多方参与和多形式监管。

上述条件为审计工作提供了便利，在此阶段，审计组一方面要深入施工项目进行实地审计，另一方面要在保证项目质量体系完善的条件下，合理运用联网审计对体系中的数据进行类比分析，并有效利用第三方工作信息进行审计。

（一）实地审计

在有效的出境时间内，审计小组成员在工程项目施工阶段通过派遣 J 公司的内部审计人员以及对工程建设有更丰富经验的企业审计人员对工程建设进行实地审计，是审计组在此阶段的审计工作中直接获取真实、可靠、客观的审计证据的有效途径。在隐蔽工程中，审计人员如果没有进行实地审计而通过利用第三方审计工作进行审计，其审计证据的真实性无法保证且难以通过合理的手段对证据进行查证。工程变更审计、现场签证审计对工程实施阶段的驻场审计成员有程序性要求，在整个项目工程质量控制中，审计人员履行审计工作已纳入具体项目质量保证体系的程序性条款。

（二）利用联网审计实时监控

在 N 公路项目中运用联网审计方法是通过互联网对此 EPC 项目进行中的工程、财务和管理等信息进行实时监控。在此阶段运用联网审计工作，通过提前进行数据规划准备，以及运用该项目的专用审计软件工具将项目整体实施过程阶段分类，并将程序性审计工作预案以及额外审计事项进行区别汇总，在连接被审计项目服务器的基础上，将上传于服务器的工程施工、财务数据、管控情况信息进行数据分类及可视化分析。

互联网系统对数据的高效处理减少了人力成本,实现了实时监控,通过系统软件的分析便于明晰境外工程建设投资风险,根据数据显示相关情况,审计方可与项目投资责任人商讨确认是否对投资进行变动。

(三)利用第三方工作分析对比

专业咨询工程师的引入为审计工作提供了便利,在N公路项目中,业主委托美国的L公司对工程质量、施工安全、施工进度、费用真实性、合同可靠性等进行管控,从而间接实现业主对项目过程的全方位、全过程的监督。但在利用第三方工作结果前,须测验准备利用的第三方工作的可靠程度,再通过有效程序进行信息输入。审计成员将专业咨询工程师对此项目跟踪管控的结果进行筛选收集,选择可利用的信息资源进行联网审计分析,与被审计服务器传导的联网实时审计结果以及实地审计结果进行对比,抓住差异点进而确认高危风险点、分析风险程度。

六、项目竣工验收阶段

国有企业境外工程建设项目在项目竣工验收阶段需根据境外地域独立的验收标准进行验收,具体可依据相关政策规制与暂行办法以及地方基建验收方法加以实施。在牙买加N公路项目中,J公司在工程完工后向牙买加政府提交竣工报告,申请竣工验收,继而通过组织勘察、设计、施工、监理等单位组成验收组进行验收,此外,对在整个工程建设中存在的重大工程和技术复杂工程,牙买加政府组织了工程部相关专家加入验收组进行协同验收。

竣工验收阶段涉及多个验收方,相关纸质文件和具体验收实施方案的情况记录是审计的重点,查验工程质量要求驻地审计小组合理分配人员实施,同时,核实多方验收评价一致性也是竣工验收阶段发现舞弊风险的重要手段。

(一)利用第三方工作实地查验

竣工验收审计对项目工程质量的把控是评判多方验收结果的重要标准,在审计成员的使用上,分配1名企业审计人员和2名J公司内审人员进行查验审计,用上述与实施阶段审计类似的条件的目的在于同样可以利用业主委托监管项目施工的咨询工程师的质量管控结果来判别所需审计工程质量,此外,牙买加政府所提供工程部相关专家的验收记录是审计小组的重要信息资料。利用专家的工作能高效地发现工程质量问题并能依据资料记录路径得以解决,审计小组将各方所提供的工作结果通过服务器接入,且在第一时间联系大数据审计人员进行联网审计工作,将资料备份处理。

（二）大数据审计

审计工作需要实施竣工验收的建设、勘察、设计、施工、监理单位提供对工程合同的履约情况以及在工程建设各个环节执行法律、法规及工程建设强制性标准的情况记录，以数据形式了解以上两种情况，并重点审计相关记录文件的规范性和程序性，是否遵循牙买加 N 公路项目竣工验收审核标准，有无关联交易的存在；同时，审计组要审计验收组人员签署的工程竣工验收意见对相关工程建设关于质量和管理所作评价的一致性，将验收意见以数据形式导入服务器，并依次完成数据采集、数据预处理和数据分析。审计人员通过大数据技术运用，分析验收工作的合规性，是否对工程项目以所规定的验收标准进行验收，分析审计组成员验收评判的差异程度以及工程档案资料的充分性，并依据分析情况进行讨论。

七、形成审计报告

在牙买加 N 公路项目中，审计人员通过将传统审计与大数据审计结合、利用第三方审计工作等方法对项目进展的各个阶段进行审计，根据所收集的审计证据，撰写审计取证单，并将在本次项目审计中所发现的问题及针对问题所提出的建议与被审计单位讨论沟通，最终在达成一致意见的基础上撰写审计报告上报审计署。

通过审计本次牙买加 N 公路项目，对 EPC 总承包国际项目特点进行总结，完善并优化相关 EPC 总承包工程建设类审计模型，以期为往后相似工程项目审计提供借鉴。对国有企业境外工程建设项目审计，工程部分需重点关注项目内的重大工程和技术复杂工程，严格把控质量控制体系的应用；资金部分尤其要关注项目投资资金流向、工程款项的支付进度、资金链的流动程度。J 公司作为该 EPC 项目的承包方，在承建工程方面要体系化、系统化、程序化，确保工程进度和完成质量齐驱并进，项目建设过程中严格遵守合同条款和法律规定，避免发生法律纠纷，确保国家形象不受损害。

国有企业的境外投资活动在结束之后应依照程序编制年度境外投资完成情况报告，报告应当涵盖项目投资完成情况、投资效果及投资存在的主要问题及建议。投资完成情况报告作为本次境外投资的完成总结，不仅可以从企业的自身角度出发优化投资决策、提高投资效率，并且能够为今后境外投资活动提供经验上的参考。

本章小结

工程建设项目是国有建筑企业实现"走出去"战略的主要方式,也是国有企业境外投资的重要组成部分,对国有企业境外工程建设项目进行审计也是国家审计机关的职责所在。本章首先介绍了国有企业建筑行业境外投资基本情况和国有企业境外工程建设项目投资合作模式。接着介绍了国有企业境外工程建设项目审计的主客体、审计范围、审计目标及审计重点。然后从工程建设项目决策阶段、招投标阶段、实施阶段和竣工验收阶段逐步分析每个阶段的审计内容及国有企业境外工程建设项目审计的程序和方法。最后引入我国国有企业 J 公司投资建设牙买加 N 公路项目的案例,将理论与案例相结合,介绍了如何通过将传统审计与大数据审计相结合、利用云平台、利用第三方工作等方法实现对境外工程建设项目的审计。

第九章　国有企业境外投资涉税审计

2015年3月,《推动共建丝绸之路经济带和21世纪海上丝绸之路的愿景与行动》的发布使得"一带一路"建设成为我国的重要合作倡议。近年来,企业"走出去"的规模不断扩大,我国企业境外投资规模和金额呈逐年上升趋势。从事境外投资的国有企业要面临复杂多变的投资环境和国际税收环境,同时语言、文化等障碍使得企业存在违反被投资方税收法律法规的可能性。因此,从事境外投资的国有企业如何控制风险并保障高效率运营成为其首要任务。涉税审计是识别企业内部控制缺陷、保证企业税收利益的重要手段之一。本章所述的涉税审计包含两个方面,一是税务机关执行的税务审计,即税务机关针对存在税务风险的企业开展的审计;二是国家审计机关执行的税收审计,即审计署依照国家法律、法规对税务机关的征税情况和纳税人的税款缴纳情况实施审计。本章首先整理现存的有关国有企业境外投资的涉税事项;其次分别梳理了审计机关和税务机关执行境外投资审计时的审计范围、目标和重点;再其次结合境外投资涉税审计发展现状,分析涉税审计存在的问题;最后提出完善国有企业境外投资涉税审计的建议,并结合国有企业境外投资实例展现涉税审计在境外投资中的应用。

第一节　国有企业境外投资的主要涉税事项

一、国有企业境外投资涉及中国税法的主要事项

(一)国有企业境外投资涉及的企业所得税

目前我国国内税法中与国有企业境外投资相关的企业所得税政策主要包括五个方面:一是居民企业参股外国企业信息报送规定,目的是了解企业境外投资状况;二是企业境外所得税抵免政策;三是境外子公司在国内负有全面纳税义务的境外注册中资控股居民企业管理政策;四是旨在打击企业国际避税行为的各项特别纳税调整措施;五是跨境资产重组特殊性税务处理规定。

1. 居民企业参股外国企业信息的报送

2014年6月30日,国家税务总局为规范从事境外投资居民企业的税收管理工作,发布了《国家税务总局关于居民企业报告境外投资和所得信息有关问题的公告》(国家税务总局公告2014年第38号),该公告主要内容如表9-1-1所示。公告表明从事境外投资的境内居民企业需要向税务部门汇报其境外投资所得和其他信息及方式,并且履行这种义务的企业需要尽早和被投资方企业沟通。公告要求符合规定的外国企业需要向中国税务机关报告其财务报表。该公告的目的是使税务局能够了解企业境外投资的情况,完善中国居民企业境外投资的信息申报工作。

表9-1-1 《国家税务总局关于居民企业报告境外投资和所得信息有关问题的公告》的主要内容

适用情形	1.居民企业发生规定的境外投资或取得境外所得、居民企业成立或参股外国企业,或者处置已持有的外国企业股份或有表决权股份。 2.非居民企业在境内设立机构、场所,取得发生在境外但与其所设机构、场所有实际联系的所得
企业所得税预缴申报时需要向主管税务机关填报居民企业参股外国企业信息报告表的情形	1.在本公告施行之日,居民企业直接或间接持有外国企业股份或有表决权股份达到10%(含)以上。 2.在本公告施行之日后,居民企业在被投资外国企业中直接或间接持有的股份或有表决权股份自不足10%的状态改变为达到或超过10%的状态。 3.在本公告施行之日后,居民企业在被投资外国企业中直接或间接持有的股份或有表决权股份自达到或超过10%的状态改变为不足10%的状态
企业所得税年度申报时需填报受控外国企业信息报告表的情形	1.居民企业应该按照《企业所得税法》第45条规定,将其控制的境外企业未分配利润中应归属于本企业的部分计入本企业当期收入。 2.居民企业因属于设立在国家税务总局指定的非低税率国家(或地区);或者主要取得积极经营活动所得;或者年度利润总额低于人民币500万元,而无须将其控制的境外企业未分配利润中应归属于本企业的部分计入本企业当期收入
判定境外股权投资或处置行为已经发生的标准	按照中国会计制度确认境外股权投资或处置行为发生的时间和数量
附报按照中国会计制度编报的年度独立财务报表的外国企业类型	1.居民企业分得的来源于中国境外的股息、红利等权益性投资收益纳入抵免范围的,由其直接或者间接控制的外国企业。 2.由居民企业,或者由居民企业和中国居民控制的设立在实际税负明显低于25%税率水平的国家(或地区)的企业
未按规定报告境外投资和所得应承担的法律责任	按已有信息合理认定相关事实,并据以计算或调整应纳税款

2. 企业境外所得税抵免

根据《企业所得税法》第 23 条，已经被我国法律认定为居民企业的企业在办理汇算清缴时，其取得的境外所得已在境外缴纳的所得税可以从当期应纳税所得额中抵免。该抵免需以该项所得按照国内企业所得税适用税率计算的应纳税额作为限额，超过抵免限额的部分可以在以后 5 个年度用当年的抵免限额抵免当年应抵税额后的余额抵补。这项政策使得企业在国内实际缴纳的税款仅为本国应纳税款与已缴境外税款的差额，有效地避免了双重征税。

在计算应纳税额时，境外所得税的抵免分为直接抵免和间接抵免这两种。企业采用以纳税人的身份按照其境外所得缴纳的所得税直接在我国应纳税额中抵免的方式是直接抵免。直接抵免政策普遍适用于企业境外利润已在境外缴纳的所得税，发生在境外的股息等权益性投资所得，利息、租金、特许权使用费政策等所得在境外适用源泉扣缴的预提所得税。境外企业以分配股息前利润缴纳的国外所得税额中实际上由境内居民企业就该项分得的股息性质的所得间接负担的部分在我国应纳税额中抵免，称之为间接抵免。《企业所得税法》规定，企业汇总境内、境外所得计算应纳所得税时，不能用境内营业机构的盈利来抵减境外营业机构的亏损。企业为取得境内外所得而在境内外发生的共同支出，其中与境内外应纳税所得有关且合理的部分，则可以在境内外应税所得之间按照合理的比例进行分摊后扣除。

3. 境外注册中资控股居民企业

我国是以注册地和实际管理机构所在地作为是否为居民企业的判定标准。若在境外注册成立的企业是由中国内地企业或是集团作为主要控股投资者的，有可能其实际管理机构是在境内，这时就会被认定为中国居民企业。这种情况下该企业被称之为境外注册中资控股居民企业。

我国法律对境外中资控股企业的纳税申报义务做了详细规定：一是该类企业应就其来源于境内外的所得征收企业所得税；二是其获得的来源于境内符合规定的股息、红利属于免税收入；三是该类企业向非居民企业支付利息、股息、特许权使用费等性质的价款时应依法代扣代缴企业所得税。该政策可以用于判断境外子公司在我国是否负有全面纳税义务，同时运用该政策能够有效地减少税款流失，保证税收收入。

4. 特别纳税调整

为避免税收筹划行为恶意侵蚀本国税基，我国在国内税收法律法规中做出了反避税规定等针对国际避税的主要手段，以抑制跨国公司向境外转移利润。

针对转让定价的税法规定，《企业所得税法》明确规定，对关联方不按照独立交易原则进行业务往来而确定的计价标准收取或支付价款费用，导致企业或者关联方减少应纳税收入或者所得额的,税务机关有权进行合理调整。关联方包括存在关联关系的企业、其他组织和个人。

针对成本分摊的避税方法,由于涉税事项较为复杂,我国税法在认可成本分摊协议的同时,要求达成成本分摊协议的企业必须在税务机关规定的期限内,按照税务机关的要求报送有关资料。

针对预约定价安排,我国税法规定,企业可以向税务机关提出与关联方之间业务往来的定价原则和计算方法,税务机关与企业协商、确认后,达成预约定价安排。企业正式申请谈签预约定价安排前,应向税务机关提出谈签意向。

针对受控外国企业,受控外国企业取得的前述利润中应归属于中国居民企业股东的部分应当视同股息分配,计入该中国居民企业的当期收入予以征税,已在境外缴纳的境外所得税可以按照有关规定抵免。

针对资本弱化,我国税法规定企业从其关联方接受的债权性投资和权益性投资的比例超过规定标准而发生的利息支出,不得在计算应纳税所得时扣除,其中金融企业的标准为 5 : 1,其他企业的标准为 2 : 1。

针对隐蔽的或者不可预见的避税可能性,《企业所得税法》设立了一般反避税条款,2014 年国家税务总局制定了《一般反避税管理办法(试行)》,规定企业滥用税收优惠、滥用税收协定、滥用公司组织形式、利用避税港避税或者实施其他不具有合理商业目的的安排而减少其应纳税收入或者所得额的,税务机关有权按照合理方法调整。

5. 跨境资产重组特殊性税务处理

企业在境外进行上市融资或是跨境并购重组时,居民企业向境外企业投资产生的资产转让、股权转让所得,适用税收法规规定的特殊性税务处理。

(二)国有企业境外投资涉及的增值税

1. 跨境应税行为零税率或免税政策

境内的单位和个人销售的下列服务和无形资产,适用增值税零税率:境内单位提供国际运输服务、航天运输服务、向境外单位提供的完全在境外消费的部分服务以及财政部和国家税务总局规定的其他服务。

境内的单位和个人销售的下列服务和无形资产免征增值税:工程项目在境外的建筑服务;工程项目在境外的工程监理服务;矿产资源在境外的工程勘察勘探服务;为出口货物提供的邮政服务、收派服务、保险服务;向境外单位提供的完全在境外消费的部分服务与无形资产等。

2. 境外投资的出口货物退（免）税政策

按照我国现行税收政策，对出口企业或其他单位出口货物（境外投资等视同出口货物行为）、对外提供加工修理修配劳务，实行免征和退还增值税政策。上述出口货物，如果属于消费税应税消费品，免征消费税；如果属于购进出口的货物，退还前一环节对其已征的消费税。

（三）国有企业境外投资涉及的其他税种

除企业所得税和增值税中的政策，其他税种也为企业境外投资提供支持。按照我国消费税的税法规定，对出口企业或者其他单位出口货物（境外投资等视同出口货物行为）、对外提供加工修理修配劳务，如果事项属于消费税的征税范围，则免征消费税；如果属于购进进口货物，则退还前一环节对其已征的消费税。

二、国有企业境外投资涉及税收协定的主要事项

"十三五"期间，在"一带一路"倡议下，国家税务部门积极开展国际税收合作，为国际税务事项提供"中国方案"，努力发出中国声音。根据国家税务总局的统计，从2016年至2020年9月，中国国家税务总局与部分国家开展双边协商497次，为跨境企业消除重复征税145亿元。同时，国家也在不断地扩大和完善税收协定的网络。据国家税务总局国际税务司司长介绍，截至2020年9月，中国的税收协定覆盖至全球111个国家和地区，为国有企业境外投资创造了开放、合作、共享、共赢的税收环境。通过与他国（或地区）签订税收协定，使得所得来源国（或地区）的税率降低或是提高了征税门槛，从而限制其按照国内税收法律征税的权力。同时允许居民国对境外已缴纳的所得税款进行税收抵免。税收协定有效地降低了境外投资企业在被投资方的税负，有效消除双重征税和通过相互协商的机制妥善地解决涉税争议等。表9-1-2和表9-1-3是我国部分税收协定签订的信息：

表9-1-2 我国与亚洲部分国家签署税收协定情况

序号	国家	签署日期	签署地点	生效日期	执行日期
1	日本	1983.9.6	北京	1984.6.26	1985.1.1
2	马来西亚	1985.11.23	北京	1986.9.14	1987.1.1
3	新加坡	1986.4.18	新加坡	1986.12.11	1987.1.1
		2007.7.11	新加坡	2007.9.18	2008.1.1
4	泰国	1986.10.27	曼谷	1986.12.29	1987.1.1

续表

序号	国家	签署日期	签署地点	生效日期	执行日期
5	巴基斯坦	1989.11.15	伊斯兰堡	1989.12.27	1989.1.1/7.1
6	韩国	1994.3.28	北京	1994.9.27	1995.1.1
7	印度	1994.7.18	新德里	1994.11.19	1995.1.1
8	以色列	1995.4.8	北京	1995.12.22	1996.1.1
9	越南	1995.5.17	北京	1996.10.18	1997.1.1
10	土耳其	1995.5.23	北京	1997.1.20	1998.1.1

资料来源：国家税务总局．"走出去"税收指引［EB/OL］．［2020–11–03］.http://www.chinatax.gov.cn/chinatax/n810219/n810744/n1671176/n2884609/c2884646/content.html.

注：我国与亚洲国家签署税收协定35个，生效35个。

表9-1-3 我国与欧洲部分国家签署税收协定情况

序号	国家	签署日期	签署地点	生效日期	执行日期
1	法国	1984.5.30	巴黎	1985.2.21	1986.1.1
		2013.11.26	北京	2014.12.28	2015.1.1
2	英国	1984.7.26	北京	1984.12.23	1985.1.1
		2011.6.27	伦敦	2013.12.13	2014.4.6（所得税和财产收益税），2014.4.1（公司税）
3	比利时	1985.4.18	北京	1987.9.11	1988.1.1
		2009.10.7	布鲁塞尔	2013.12.29	2014.1.1
4	德国	1985.6.10	波恩	1986.5.14	1985.1.1/7.1
		2014.3.28	柏林	2016.4.6	2017.1.1
5	挪威	1986.2.25	北京	1986.12.21	1987.1.1
6	丹麦	1986.3.26	北京	1986.10.22	1987.1.1
		2012.6.16	哥本哈根	2012.12.27	2013.1.1
7	芬兰	1986.5.12	赫尔辛基	1987.12.18	1988.1.1
		2010.5.25	北京	2010.11.25	2011.1.1
8	瑞典	1986.5.16	斯德哥尔摩	1987.1.3	1987.1.1

续表

序号	国家	签署日期	签署地点	生效日期	执行日期
9	意大利	1986.10.31	北京	1989.11.14	1990.1.1
		2019.3.23	罗马	（尚未生效）	（尚未执行）
10	荷兰	1987.5.13	北京	1988.3.5	1989.1.1
		2013.5.31	北京	2014.8.31	2015.1.1

资料来源：国家税务总局."走出去"税收指引［EB/OL］.［2020-11-03］.http://www.chinatax.gov.cn/chinatax/n810219/n810744/n1671176/n2884609/c2884646/content.html.

注：我国与欧洲国家签署税收协定39个，生效39个。

（一）境外设立子公司

1. 从境外取得股息、红利

签订税收协定的国家不同，相应的税收协定对征税权的划分标准也不同。部分税收协定约定，当企业持有支付股息的公司股份达到特定比率（通常是25%）时，其取得的股息在被投资方的税率更低。若被投资方对股息、红利的预提税率高于协定税率，则取得股息、红利的境内股东可以在境外申请享受税收协定待遇，从而获得低一些的税率。同时，按照税收协定规定税率缴纳的所得额税可以按照规定在境内应纳税额中抵免。

2. 从境外取得股权转让收益

大部分税收协定规定，转让主要财产为不动产的公司股份取得收益应在不动产所在国征税。对于转让不动产公司股份以外的股权转让收益，部分协议约定，若转让方参股25%以上，则由被转让股份的公司所在国征税。部分协定约定，股份转让收益全部由转让方所在国征税。

3. 子公司与其他境内企业开展业务

境外投资时，企业在境外设立的子公司大多数情况下会构成境外当地的税收居民企业，因此这类境外当地居民企业在与境内企业开展业务交易活动时，也会涉及我国与境外当地签署的税收协定问题。一方面，从境内取得的所得可以按照规定申请享受税收协定待遇；另一方面，如果境外子公司未在境外申请享受税收协定待遇，则需向中国境内支付利息、特许权使用费等。因此，税收负担最终还是由境外子公司承担。

（二）境外设立分公司、办事处

部分境外投资企业在境外设立了分公司、办事处等机构，这些机构通常是相对固定的经营场所。根据国际上通行的常设机构判定法则，其归属于常设机构的利润也需要在境外缴纳所得税。

（三）对外提供贷款

大部分税收协定上通常通过设定限制税率以限制来源国的征税权。我国签订的大部分税收协定都对支付的利息作了规定。例如，从中国人民银行或完全由政府拥有的金融机构贷款而支付的利息在来源国免税，部分协定将由政府全资拥有的金融机构或保险的贷款也包括在内。

第二节 国有企业境外投资涉税审计范围、目标和重点

一、国有企业境外投资税收审计范围、目标和重点

（一）国有企业境外投资税收审计范围

由国家审计机关执行的税收审计主要包含国税部门年度预算执行审计、税收征管情况审计、税收政策落实跟踪审计以及领导人任期经济责任审计。而与国有企业境外投资密切相关的税收审计主要包括税收征收管理情况审计和税收政策落实跟踪审计。因此，本书将国家审计执行的针对境外投资国有企业和其主管税务机关的税收审计范围分为以下两种。

1.税收征收管理情况审计

税收征收管理审计主要包括：一是确保从事境外投资的国有企业依照税法和税收协定的规定进行纳税申报和缴纳税款。从事境外投资的国有企业往往具有规模大、经营环境复杂的特点，这类企业通常会在境外设立子公司或是办事处，企业内部的经营和交易活动也较为复杂。企业既存在规避税款缴纳的情况，也存在违反国内国外税收法规的情况。税收审计既要对企业税款缴纳情况进行调查，确保企业及时足额缴纳税款，保证财政收入；也要对企业适用的国内外相关税收政策进行审查，检查企业政策的使用是否合规，减少企业的经营风险。二是审查主管税务部门是否履行相关职责。境外投资国有企业的主管税务机关负责该企业的税务登记管理、税款征收和纳税检查

等一系列工作。税收审计要查清税务部门是否按规定为企业办理税务登记手续，查明是否存在少登等情况；当企业发生变更、注销时，税务部门是否及时跟进并督促企业办理变更、注销手续；以及税务部门是否及时按照法律规定收集报送信息等。三是审查和监督税务机关对目标纳税人的账簿、凭证管理以及税务机关内部对税收证明、完税凭证的管理是否合规、严格，有无漏洞；审查税务机关对目标纳税人的纳税期限规定是否合规、合理，有无擅自延长纳税期限；审查对目标纳税人的纳税申报资料的管理是否符合国家有关规定以及是否按税法规定严格进行纳税申报审核。同时，税收审计要查明税务机关是否按《税收征收管理法》等法律法规的规定，及时并足额征收应收税款等，是否存在职权的滥用；审查税务机关发票管理制度是否健全等。

2. 税收政策落实跟踪审计

从事境外投资的企业除了适用常规的税收政策以外，往往还适用多种特殊性的税收优惠政策。我国税务机关出台了许多有利于企业境外投资的税收政策，目的是进一步推进企业"走出去"，然而税务机关是否已经落实这些政策还有待进一步评估与监督。国家审计是促使相关税收政策落实的极为重要的保障。

税收政策落实跟踪审计主要包括：一是通过税收审计促进针对国有企业境外投资的税收政策落实到位。审计机关要监督和审查税务机关是否及时全面地落实国家重大减税降费政策，以及从事境外投资的国有企业所适用的税收政策或与其他国家（或地区）签订的税收协定是否落到实处，有无错征、漏征和多征的情况。另外，要通过税收审计审查税务机关的减免税管理情况，关注税务部门是否严格按照法定原则进行税收的减免，确保税务机关在执行政策过程中不存在遗漏或者擅自进行减免的情况。同时，确保税务机关严格按照税法规定处理目标纳税人和涉税违法案件。审查是否对涉税违法案件做到依法处罚，有无该罚不罚、重罚轻罚的情况。二是通过税收审计促使针对国有企业境外投资的税收政策不断完善。我国有关部门和地区不断地推出规范或者促进企业境外投资的税收政策或税收协定，但这些政策和协定是否恰当却不得而知，有时会存在政策不完善、不恰当的情况。通过税收审计监督和调查针对国有企业境外投资的税收政策在运行中出现的新情况和新问题，并积极地提出建议，推动相关税收政策不断完善。三是通过税收审计监督和促使针对国有企业境外投资的税收政策发挥实效。国家针对国有企业境外投资活动出台各项税收政策目的是进一步规范管理国有企业以及鼓励和推动企业"走出去"，这些政策能否发挥实际效果关系到企业境外投资的风险和收益问题。税收审计应以相关的税收政策为重点，监督政策落实到位，促进政策不断完善并发挥实际效用。

（二）国有企业境外投资税收审计目标

1. 促进税务部门加强管理，提高税收征管水平

随着国有企业境外投资的步伐逐渐加快，现阶段对我国税务部门的税收征管工作提出了更高的要求。面对境内境外错综复杂的营商和税收环境，税收管理的任务更重、难度更大、风险也更多，迫使税务部门必须建立更加健全的纳税申报、税务检查和税务稽查制度，也要响应号召为"走出去"企业提供更多便利。根据资料发现，在2014年审计署组建了税收征管审计司，该司的主要工作是组织审查税收征收管理和社会保险费的征收和缴纳情况、组织审计国家税务总局、海关总署的预算执行情况、决算草案等任务。目的是税收审计兼具监督与服务职能，能够有效地提高税务部门工作效率，促使税务部门积极加强自身税收征管和管理水平。

一方面，通过税收审计，我们能够及时揭示税收征管制度存在的漏洞和税收管理环节中的薄弱环节，促进征管机制的完善，强化依法治税。税收征收管理水平的提高有利于减少国有企业税款的流失，确保国有企业相关税款及时足额入库。另一方面，税收审计具有服务职能，通过执行审计能够对税务部门进一步完善提出建议，有效提高税务机关征收管理工作的效果和效率，督促税务部门不断调整和完善内部机构设置和工作安排。先进的税收征收管理水平也有利于更好地加强与其他国家（或地区）审计机关、税务机关的合作。

2. 提高涉税政策使用合规性，助力国有企业"走出去"

改革开放以来，国有企业是国家经济的顶梁柱，为我国经济发展作出了重要贡献。同时，从事境外投资的国有企业通常是国家税收收入的重要来源，涉及较多的税收法律法规条款。税收审计应对从事境外投资的国有企业投入更多的审查，以确保税收政策落到实地，并揭示涉税政策落实的堵点。

一方面，通过税收审计来监督境外投资国有企业涉税政策是否落到实地，确保鼓励企业"走出去"的税收政策落到实处，同时，判断企业、税务机关对政策的适用是否存在错误，确保政策的适用是合规的。另一方面，通过税收审计来评估政策的效应问题，深入并且全面地分析税收政策顶层设计和征管机制的运行情况。评估境外投资涉税政策"鼓励"效应，判断相关政策是否起到推进国有企业"走出去"的效果，是否有效减轻国有企业境外投资的阻力，并从政策端提出完善的方案和建议，助力境外投资高质量发展。

(三) 国有企业境外投资税收审计重点

1. 税收征收管理情况审计重点

税收征收管理情况审计的重点在于：一是审查境外投资纳税人是否按照税法规定办理纳税登记和税款缴纳。审查从事境外投资的国有企业是否按照规定向税务部门报送相关信息和资料。判断国有企业是否存在伪造、篡改、隐瞒或擅自销毁会计账簿、原始凭证或记账凭证的情况。另外，对从事境外投资的国有企业纳税情况进行审查，审查纳税人是否在规定期限内缴纳税款，判断是否存在税务部门漏征或不征的情况。二是判断税务机关是否按照税法征收管理税款，是否存在应征却未征，或是少征多征的情况。审查税务部门是否按照规定对企业账簿、记账凭证等资料进行设置和保存，对不符合规定的企业涉税行为是否责令限期改正以及纳税人是否改正。三是审查税务机关中的工作人员是否存在违反相关规定，私自与境外投资企业人员勾结，形成舞弊的现象。例如，擅自决定税款开征、停征，私自给企业少征或多征等其他违法行为。

2. 税收政策落实跟踪审计重点

税收政策落实跟踪审计的重点在于：一是检查从事境外投资国有企业是否合法、合理、合规地适用相关税收政策。同时，通过税收审计来评估针对境外投资的税收政策或税收协定是否有值得完善的地方，也可以评估这些具有针对性的税收政策对企业境外投资活动是否真的有益处。二是税收审计监督和评估税务机关是否将针对国有企业境外投资的相关财税政策和税收协定落到实处，检查税务机关是否依照税法的规定对纳税人所适用的税法和税收协定政策进行管理。我国财税部门出台了多种措施以助力企业"走出去"，作为境外投资国有企业的主管税务机关，必须确保将这些鼓励政策落实到每一个境外投资的企业。税收审计恰好可以助力税务部门更加完善和全面地落实税收政策。同时，从事境外投资的国有企业若是想要享受部分税收优惠，则必须向税务部门提交相关资料。税收审计应严格审查税务部门是否认真收集并保存纳税人的资料和信息报告。三是国家审计应注重对政策效应的评估。通过税务部门的政策和数据来判断政策在运行过程中的效用，从而完善税收政策，使其真正起到规范和鼓励的作用。

二、国有企业境外投资税务审计范围、目标和重点

(一) 国有企业境外投资税务审计范围

1. 国有企业境外投资纳税情况的审计

税务审计以国家相关政策和法规作为准绳和武器，对企业纳税情况进行审计。大

多数情况下，境内投资企业只需掌握境内税收法规即可。而从事境外投资的企业往往面临错综复杂的营商环境和税收政策，如何做好该企业的税收管理工作值得税务人员进一步思考。税务部门对从事境外投资国有企业执行的税务审计范围不应超过《税收征收管理法》规定的范围。税务机关有权力对境外投资国有企业的下列情况进行税务审计：检查境外投资国有企业的信息报送和税务登记，全面掌控企业境外投资规模、安排情况和国有资产相关情况，掌握国有企业境外并购和新建投资运行情况；查阅纳税人的会计账簿、纳税报表和抽查原始凭证及记账凭证等资料，摸清部分存疑企业的具体纳税情况；检查承担代扣代缴义务的扣缴纳税人的相关凭证和资料，规范代扣代缴行为。税务部门也需要查阅纳税人、代扣代缴纳税人按规定提供的涉及纳税或代扣代缴的文件、证明资料和相关报送信息材料；税务机关需要掌握境外投资国有企业在被投资方的纳税情况，明确对境外已纳税款境内抵扣的抵扣方式、计算方法；税务人员也需要到纳税人生产或经营活动现场以及企业存货、固定资产存放地进行现场盘点和检查，盘点纳税人应纳税的商品、货物或是其他有形资产；主管税务机关需要对企业及其他分支机构在车站、码头、邮政企业等地点获取的单据、凭证进行检查，有必要时可以进行实地考察。同时，税务机关有为检查对象和检查资料保密的义务，所检查的相关资料不得用于税收征管以外的其他用处。

2. 国有企业境外投资适用税收优惠政策的审计

随着"一带一路"建设的步伐加快，国家为鼓励企业"走出去"，减轻企业税收负担和经营成本做出诸多努力。针对企业境外投资的"鼓励"行为主要以税收优惠政策的形式存在，包括法定税收政策和单边、双边以及多边税收协定的形式。由于国有企业境外投资所在国（或地区）众多且各国（或地区）间由于政治、经济、文化等差异，采用的税收管辖权、税制类型也存在较大差异。为进一步推动企业更加顺利地"走出去"，国家税务总局在2019年编制了《国别（地区）投资税收指南》，随着境外投资范围扩大，投资所在国从40个国家（或地区）扩大到64个国家（或地区）。针对不同的国家（或地区），详细盘点了该国税收和各类型税收政策，同时包含中国与这些国家（或地区）签订的税收协定，也囊括了境内企业在此投资可能会存在的税务风险。《国别（地区）投资税收指南》让企业明确了自身适用的税收政策，减少企业因为国别差异导致做出错误的投资决策。税务机关在执行税务审计政策落实时也有了决策的依据。

境外投资国有企业作为"走出去"企业的"领头羊"，通常适用多项税收优惠政策。被投资方为鼓励境外企业前来投资，往往也设立多项优惠政策。税务机关执行税务审计时需要面临的是中国和其他国家（或地区）的税收政策。税务部门需要检查和监督纳税人正确适用相关税收规定，不得冒用、乱用和滥用税收协定来满足自身需要。在现实经营中，跨境投资企业经常采用跨国转让定价、转移境外利润和滥用税收协定来规避全球税负，严重损害了国际税收利益。作为国有企业的居民国，税务机关应严格执行境外投资国有企业税收优惠政策审计，确保纳税人按规定享受税收优惠政策，在保障纳税人权益的同时维护国家税收利益。

3. 国有企业境外投资税收风险的审计

2009年，国家税务总局印发《大企业税务风险管理指引（试行）》，首次提出把税务审计作为大企业风险应对核心手段。

税收风险是指影响企业纳税准确性的企业涉税行为，并可能在未来某一时点导致企业的利益流出。越来越多的企业"走出去"开展投资活动，企业的业务活动和经济事项复杂性逐渐提高。但随着企业境外投资的规模扩大和外资合作程度逐渐加深，企业投资活动存在的税务风险也逐渐暴露出来，对企业境外投资活动影响极大但又容易被忽略。面对这样的现实问题，税务审计既要发挥监督作用，也要具有服务意识。通过税务审计披露国有企业境外投资存在的税收风险，减少税务机关纳税活动中存在的困难，同时将企业税务风险降到最低。

税务风险的构成较为复杂，国有企业境外投资的税收风险更甚。从事境外投资的国有企业不仅面临来自被投资方的风险，即税收制度和经济发展水平差异，还包括来自居民国本身的税收风险，譬如居民国税收征管水平不足等。在"走出去"企业的被投资方中，政治局势也影响着税收制度和税收政策的制定。而经济发展水平主要影响了国家税种的设定和职能安排。例如，在发展中国家，主要税种是流转税类，而在发达国家，主要税种是所得税类。税制的稳定性影响着税务机关的税款征收、检查和企业纳税申报，这在一定的程度上增加了企业境外投资税务风险。来自居民国自身的税务风险，例如，税收征管水平落后会导致境外投资企业避税活动频出，严重损害我国税收利益。又如，税务部门对国际税收问题的不够关注或者对被投资方税制不了解同样会导致企业未能重视税制差异问题，进而使得境外投资企业不得不面临触犯境内外税收法规的风险以及相关罚款。同时，境外投资企业选择不同的投资模式以及投资所处的不同阶段也会导致税收风险频出。

税务审计通过收集国有企业境外投资模式、规模、运营等情况，了解企业境外投资状况和特点，深入查找企业风险点，掌握企业面临的税收风险，进一步引导和帮助企业建立、完善和加强税收风险的控制机制和解决机制。

（二）国有企业境外投资税务审计目标

1. 提高从事境外投资国有企业的税收遵从度

税务审计具有检查和监督职能，能够显著提升企业的税收遵从度。《2002年—2006年中国税收征收管理战略规划纲要》中第一次提出税收遵从这个概念，如图

9-2-1所示，税收遵从分为综合意义上的税收遵从和一般意义上的税收遵从。综合意义上的税收遵从包括纳税人的税收遵从和征税人的税收遵从。纳税人的税收遵从是查看纳税人是否全面地遵从税法，征税人的税收遵从是考察税务组织是否科学、完善地执行税法的相关要求。一般意义上的税收遵从是指法定纳税人应该以税法为依据来履行自己的纳税义务，包含及时向税务部门申报、准确申报纳税义务和按规定时效缴纳税款这三个准则。国家税务总局专设大企业税收管理司履行大企业的税收征管、税收风险分析、税收经济分析和税源监控等工作职责，而从事境外投资的国有企业绝大多数都是属于大企业名录的。税务机关审计部门在体制内对从事境外投资的国有企业实施税务审计，核查目标企业纳税情况、政策落实和税收风险管理等方面，规范了企业税收管理活动，纠正了不合理的纳税行为，监督纳税人遵从税收相关法律法规，实现依法治税、依法征税的纳税氛围。

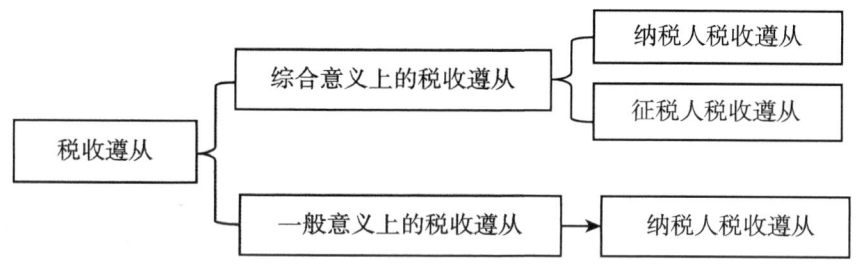

图 9-2-1　税收遵从框架

对于那些尚未发生税收违法违规的境外投资国有企业来说，税务审计具有监督和威慑作用，违规违法成本高和代价大有助于其内部保持良好的运行。一方面，提高了企业管理人员加强对税务管理的重视；另一方面，引导和约束企业财务人员自觉遵从税收法规，最大限度提升了纳税人的纳税遵从度，保证国家税收收入足额、及时入库，能够在一定程度上降低相同风险发生的概率。

实施税务审计的过程中，可以揭露被审计单位可能存在的问题，深入探索税务机关和企业存在分歧的根源，为税收政策的进一步完善提供现实参考和建议。这在一定程度上有利于保持税收政策的连贯性和统一性，从而减少因税收政策变动而给企业正常的生产和经营活动造成干扰。

2. 规范境外投资国有企业的税务管理水平

税务审计工作的目标之一是提高企业税收管理水平。在税务部门的税务审计工作中，税务人员利用特定方法审查、稽核企业的财务系统和管理系统，并发现其可能存在的漏洞，同时将审计结果反馈给被审计单位。税务机关通过监督行为与被审计单位共同改善，进而促进管理水平的提高。通过对境外投资国有企业的税收违法违规行为进行监督检查，保证税收政策顺利发挥税收调节作用，助力"走出去"的企业提高收益和扩大规模，同时还能保障国家税收收入及时足额入库，落实税收法定原则。根据审计结果和法定程序，督促企业合法履行纳税义务。

税务审计通过对被审单位存在的问题进行剖析，指导企业规避相应的税收风险和完善内部管理制度。税务审计工作对企业和税务部门均有益处。税务审计能够督促企业依法依规纳税，促使企业税收管理水平得到提升，同时，还可以为企业完善税收管理体系提出建议。

（三）国有企业境外投资税务审计重点

1. 国有企业境外投资纳税情况的审计重点

对从事境外投资国有企业纳税情况的税务审计重点在于企业纳税合规性和企业偷逃抗骗税行为的审查。

在税收征管方面，境外开展投资业务的国有企业相比在境内开展业务活动的企业需要履行更多的有关信息报送、纳税检查和税款缴纳等方面的规定，例如，居民企业参股外国企业则需要将企业信息报送给国家税务总局。税务审计应重点关注国有企业的信息报送、纳税申报、税款缴纳等活动是否符合《企业所得税法》《税收征收管理法》等法律条文的规定。

现如今许多"走出去"的中国企业与国际避税地联系密切，或是采用税收筹划方案以减少企业应税所得，进一步减轻国内税负。近几年，曝光的国有企业偷税漏税情况层出不穷。当前，国有企业存在的偷漏税措施主要有：（1）利用税目进行偷税，例如，账外设账隐瞒实际收入，企业兼营业务的收入不申报纳税；（2）利用税率进行偷税，例如，兼营不同税率的商品，按较低的适用税率纳税，并试图混淆基本税率、利用低税率等；（3）利用税收优惠进行偷税，例如，设立假合资企业、虚报残疾人人数等；（4）利用多列支出偷税，例如，多列支出、虚列预提费用、偷逃所得税、违规摊销以及扩大产品材料成本等；（5）利用少报收入偷税，例如，隐瞒或者少记实际销售收入、减少营业收入、隐瞒投资收入以及隐瞒其他业务收入等；（6）利用发票偷税，例如，改变发票内容、虚开税务发票、盗用和偷用发票等。税务审计应该加强对企业可能存在的偷逃抗骗税行为和企业采取不恰当的税收筹划行为进行审计，以减少财政损失，保证税款足额入库。

2. 国有企业境外投资适用税收优惠政策的审计重点

对国有企业境外投资适用税收优惠政策的审计重点在于检查企业享受的税收优惠政策是否真实、合法，是否存在税收协定滥用的情况，并且是否按照规定的程序来办理。

企业享受税收优惠政策能够减轻企业税负和经营成本，但要想享受税收优惠政策和税收协定待遇，往往需要一定的门槛，需要满足规定的条件，例如，参股外国企业的居民企业若要享受优惠政策，必须按要求报送企业的信息和上缴所需求的资料。因此，税务机关人员应对企业享受的境外投资税收优惠政策进行审查，主要是审查企业享受的税收优惠政策和税收协定待遇是否真实、合法，是否按规定的手续和程序来办理，是否存在虚构的税收优惠政策和税收协定待遇，是否存在滥用税收协定的现象，是否利用虚假的税收优惠政策进行偷逃税，企业为享受税收优惠政策而上缴的资料是否存在虚构和隐瞒等情况。

3. 国有企业境外投资税收风险的审计重点

（1）双重征税风险。税收管辖权分为居民税收管辖权、公民管辖权和地域管辖权。不同的国家（或地区）采用不同的管辖权。若境内和被投资方采用不同的税收管辖权，极有可能发生境内和境外对境外投资企业进行重复征收所得税，使得境外投资企业的纳税负担加重。尽管我国与其他各国（或地区）签订了避免双重征税的税收协定，但多种原因导致企业经常未能成功适用税收协定。国有企业境外投资时是否承担了双重税负应是税务审计的重点关注内容。税务部门应该审查是否存在居民企业在我国境内遵守居民管辖权，而在被投资方遵守地域管辖权的情况，这时国有企业就负担了双重纳税的义务。

我国采用的是居民管辖权和地域管辖权相结合的形式，所以税务审计一方面要核查国有企业境外投资的收入是否承担着双重征税的义务，或是否存在少交税、漏交税的情况，当存在这些现象时，则表明违反了国内和被投资方的税收法律法规，进而导致企业可能需要负担高额的罚款；另一方面执行税务审计的人员也要关注企业是否存在过重的纳税义务，确定国有企业境外投资收入在扣除双重征税后是否存在偿债风险或盈利风险，更有甚者导致现金流不足的情况，从而考虑这种情况对境外投资国有企业财务报表层次和认定层次的重大错报影响，并根据相应的情况执行审计工作（方芳、陈佩华，2017）。

（2）境外企业组织结构风险。随着经济迅速发展，企业利用税收筹划减轻税收负担的方案也是千变万化，其中利用公司组织架构规避税负是一个切实可行的方式。国有企业在境外进行投资时可能设立子公司，或是分公司，可能是直接控股，也可能是间接控股，不同的方式对企业税负产生的影响有所差异。审计人员首先应调查清楚国有企业在境外设立企业的性质，再根据企业的性质审查其是否按规定享受相关权利和履行义务：

①境外子公司获得的利润需要在被投资方缴纳预提税，汇回母公司的股息一定是缴纳过预提税的利润；

②分公司已经在境外缴纳预提税的利润汇回国内时，缴纳的预提税可以在我国应纳税额中抵免，但这项政策只适用于境外设立的分公司，并不适用子公司。

③与境外子公司相比,非独立法人的分公司不能享受被投资方的税收优惠待遇,审计部门应该着重关注这类分公司是否足额纳税。

(3)转让定价风险。跨国公司常用转让定价方式进行国际避税。税法上对这类情形也有规定:滥用转让定价达到避税和减轻税负目的的境外投资企业,该类企业不仅需要补缴税款还要加收,且加收的这部分利息不允许在计算应纳税额时扣除。税务人员实施工作时应重点关注从事境外投资的国有企业是否存在利用转让定价避税的情况,若是存在则按照法定程序执行惩罚措施并及时督促企业补交税费。另外,也要着重关注补缴税款对企业造成的影响,对企业现金流和盈利情况产生的影响。

(4)税收饶让的风险。税收饶让抵免规定近几年在税收协定中频繁出现,目前我国与越南、意大利、泰国、马来西亚等多个国家的税收协定中已有税收饶让抵免规定。审计人员应该重点审查从事境外投资的国有企业是否享受这项税收协定政策,如果被投资方没有与我国签署税收饶让协定,那么审计人员就应该重点关注该企业是否按照规定补缴税款,并且是否存在税负过重的情况。由于过重的风险会导致各种舞弊现象,进而影响多项认定,因而审计人员应给予重点衡量。

(5)资本弱化风险。常规情况下企业的融资方式分为债权融资和股权融资,根据我国税法规定,债权融资产生的利息费用允许在税前进行扣除,而股权融资产生的股息是在税后进行利润分配,对比之下可知债权融资的税收负担比股权融资轻一些。然而从目前的趋势来看,许多国家(或地区)开始注意到企业的资本结构,过高的债权比例会引起税务部门的注意,并面临反避税调查。有关资本弱化的审计,一方面,税务部门需要重点关注企业在境外投资时适用的利率是否过高,是否是有利于避税的;另一方面,税务部门要关注境内企业是否大量借债给境外的企业,由此关注利息费用的扣除。除此之外,审计人员还应该考虑企业是否存在负债比例过高,导致企业资不抵债权的情况,当存在这种情况时企业可能存在财务报表层次的重大错报风险。

第三节 国有企业境外投资涉税审计的现状与问题

在国家"走出去"战略中,国有企业是极为重要的力量。加强对国有企业境外投资业务的涉税审计监督,是适应境外业务规模和金额不断扩大的现实需要,是保障国家资产完整和国家经济利益的需要,同时也是实现国家"走出去"这一战略目标的迫切需要。理清涉税审计发展现状和存在问题，明确影响涉税审计工作效率和工作质量的现实因素，将促进企业发展和完善涉税审计体系。

一、国有企业境外投资涉税审计的现状

（一）税收审计发展现状

近年来，我国税收审计在"优化税收制度，完善税收政策，规范权力运行，健全征管机制"这一战略目标的指引下，取得了丰硕的成果。2014年底，审计署组建税收征管审计司，税收审计职责任务进一步明确，人员进一步充实。党的十九届三中全会通过改革方案对税收征管体制进行改革。为此，2019年3月29日，审计署、国家税务总局联合发布了《审计署 税务总局关于税收征管体制改革后有关审计工作的通知》，该通知规定对税务部门的审计监督工作是由审计署统一组织实施。2019年7月15日，审计署办公厅印发《关于贯彻落实税收征管体制改革后有关审计工作通知的实施意见》，进一步完善税收审计体系，推进税收征管工作的顺利完成。与其他发达国家相比，我国税收审计发展速度很快，但起步较晚，依然不够成熟和完善（沈葳，2019）。

（二）税务审计发展现状

目前，我国的税务审计是税务机关对大企业进行轮查而对中小企业进行抽查的审计。税务审计始于三十多年前的海洋石油税收工作。如表9-3-1所示，税务审计源于涉外审计，经过多年发展，2008年正式用于大企业税收管理，大企业税收管理司开始针对国家税务总局定点联系企业开展税务审计工作。2012年7月召开了"全国税务系统深化税收征管改革工作会议"，国家税务总局在会议中提出"推行大企业税收风险管理，建设全国大企业税收服务与管理信息平台，试行大企业税务审计"。由此，大企业税收管理司开展了包括风险评估、企业自查、税务审计和反馈提高的全流程税收风险管理工作。2014年发布的《国家税务总局关于加强税收风险管理工作的意见》要求创新税务审计，规范审计环节和工作底稿等内容，发挥大企业税务审计的实质作用。

表 9-3-1 税务审计发展历程

时间	名称	主要事件
1982年	海洋石油审计	1982年海洋石油税务管理局成立，不久后开始向西方国家学习税务审计经验。1984年正式启动审计工作，1990年海洋石油税务管理局制定了《海洋石油税务审计规程》
1999年	涉外税务审计	1999年，国家税务总局海洋石油管理局制定了《涉外税务审计规程》，该规程提出涉外税务审计的含义

续表

时间	名称	主要事件
2004 年	联合税务审计	2004 年，国家税务总局印发了《涉外企业联合税务审计暂行办法》，该办法强调各地应充分认识税务审计的作用并采取措施发挥其功能。2007 年 3 月 27 日，国家税务总局印发了《涉外企业联合税务审计工作规程》
2008 年	大企业税务审计	2008 年，国家税务总局成立了"大企业税收管理司"，发布《国务院办公厅关于印发国家税务总局主要职责内设机构和人员编制规定的通知》。该司负责对大型企业提供纳税服务工作，实施大企业税源的监控与管理，开展纳税评估，组织实施反避税调查与审计等工作（沈葳，2019）

自大企业税收审计在我国起步以来，税务审计工作有了长足的进步，但面对当前世界和中国的经济发展，税务审计起步晚，税务审计现行制度和技术都还不完善，审计人员对被投资方法律制度知之甚少，专业审计人才缺乏以及税务审计的跨国合作不充分等一系列问题亟待解决，税务审计工作的现状不容乐观。

二、国有企业境外投资涉税审计的问题

随着全球化的不断发展，我国涉税审计工作逐渐得到社会各方的重视。然而，涉税审计本身存在的问题，对涉税审计工作效率和工作质量产生影响，导致涉税审计发展裹足不前。这些问题带来的风险，使得涉税审计难以有效发挥其税务管理和风险管控的作用。

（一）涉税审计立法层次较低

从前文有关涉税审计发展现状的研究来看，我国涉税审计起步较晚，发展缓慢，立法层次较低。就税收审计而言，直到 2014 年底，审计署才组建税收征管审计司。2019 年 3 月 29 日，审计署、国家税务总局联合发布了《审计署 税务总局关于税收征管体制改革后有关审计工作的通知》，该通知规定对税务部门的审计监督工作是由审计署统一组织实施，明确了税收审计的内容，强调了税收审计的重点。2019 年 7 月 15 日，审计署办公厅印发《关于贯彻落实税收征管体制改革后有关审计工作通知的实施意见》，该意见的颁布进一步完善了税收审计体系，强化了税收审计职能。就税务审计而言，税务审计最先运用于海洋石油税务审计，在借鉴发达国家先进经验的基础上尝试开展海洋石油税务审计工作。1999 年出台了《涉外税务审计规程》，在全国的涉外税务部门进行试点和推广。到 2007 年，国家税务总局印发《涉外企业联合税务审计工作规程》，但未能广泛实施。2008 年，国家税务总局成立大企业税收管理司，主要负

责我国大企业税务管理工作。

纵观税收审计和税务审计发展历程,我们会发现现有涉税审计的规定立法层级都比较低,现行的《税收征收管理法》中也没有明确税务审计的职能定位和职责范围,国家税务总局也没有出台相应的涉税审计规程,在境外投资涉税审计操作过程中缺乏统一的执法标准。与美国和澳大利亚这类设立专门的税务审计机构的国家相比,我国专业人员在执行涉税审计过程中容易产生不一致的现象,难以有效发挥涉税审计的作用。

(二)涉税审计跨国合作不充分

"一带一路"背景下,国有企业沿线进行境外投资。沿线国家众多,不同的文化、政治体制和经济发展水平导致国家之间税收制度和审计制度差异巨大,对税制和审计制度的认知也存在较大差异。

通常情况下,各个国家(或地区)为了维护自身税收利益,往往采用不同的税收管辖权。被投资方的税收制度会使境内税务部门对国有企业境外投资情况认知产生阻碍,难以判断企业境外涉税具体情况,税务审计工作也遇到阻碍。境内审计部门在境外开展审计时需要获得被审计单位的大量内部或外部资料,但由于属地管辖权的存在,被投资方的相关机构和部门并没有配合审计的义务,也很难获得被投资方政府或司法机关的允许和支持,税收审计工作面临巨大挑战。客观来说,境内国有企业境外投资的涉税审计要想顺利进行,必须加强各国(或地区)政府和机构之间的合作与交流,开拓多角度、多维度的沟通和协商渠道。共同研究怎样进一步建设国有企业境外投资涉税审计协同。

北京市税务局网站于2017年5月披露了一个案例,某中国企业在埃塞俄比亚建设了多条生产线。当时,埃塞俄比亚税务部门拟按10%的税率对其项目征收股息预提税,这与中国-埃塞俄比亚税收协定中规定的5%的股息预提所得税税率不符。经企业的申请,当地税务局立即协助该企业向埃塞俄比亚财政部门递交申诉信。经反复的沟通与协商,最终埃塞俄比亚财政部回函承认了该中国企业的立场,该中国企业由此节约税款30万美元。由此可见,与被投资方及时沟通和协作,有利于提高涉税审计效率,减轻企业纳税负担同时巩固了税收协定的约束作用。

(三)涉税审计体制建设不完善

纵观国内外涉税审计工作,绝大多数国家都设立了专门的审计制度。但由于各国(或地区)税制结构、征管方式差异较大,各个国家(或地区)的审计机关法定权限、机构设置等也存在较大差异，因而涉税审计在各国（或地区）具有不同的模式。

从 1985 年的《国务院关于审计工作的暂行规定》、1988 年的《中华人民共和国审计条例》、1989 年的《中华人民共和国审计条例施行细则》的颁布，到 1995 年的《中华人民共和国审计法》的实施、1996 年《中华人民共和国国家审计基本准则》的颁布，再到 1997 年的《中华人民共和国审计法实施条例》的颁布，直至 2006 年 2 月 28 日全国人大常委会第二十次会议审议通过的《全国人民代表大会常务委员会关于修改〈中华人民共和国审计法〉的决定》，我国审计法律法规进行了多次修改和完善。但到目前为止，国家审计相关法律法规中并没有一个专门的税收审计法律或者法规。在审计过程中发现的违法违规行为的处罚较为模糊，导致税收审计工作无法可依，审计难度较大，难以发挥税收审计应该具备的作用。同理，税务审计也不具备专门规范审计业务的法律法规，缺乏统一的标准和统一的审计流程。审计工作很大程度上受到审计人员自身工作行为的影响，缺少标准化的工作规范，最终使得税务审计工作面临较大的风险（沈葳，2019）。

（四）涉税审计从业人员专业素质有待提高

无论是审计机关开展的税收审计还是税务机关执行的税务审计，境外投资涉税审计从业人员专业素质有待进一步提高都是普遍存在的问题。一方面，在实际运营中，税务部门和企业对境外投资涉税审计都不够重视，因此开展涉税审计的从业人员也未必专业。除少数从业人员深入了解一些投资所在国（或地区）的税收政策情况，大部分从业人员对投资所在国（或地区）的税收政策缺乏充分了解，对国家（或地区）间避免双重征税的协定内容更是认识有限，税务机关也就无法合理审查政策运用是否恰当。另一方面，境外投资涉税审计从业人员的准入门槛不高，审计人员队伍中存在大量非专业的人员。这会导致审计机关难以发现其审计的税务机关可能隐藏的问题，同时也难以发现纳税人即从事境外投资的国有企业在投资过程中可能存在的税收风险和纳税缺陷。例如，在柬埔寨投资水电项目，要充分研究柬埔寨《国家电力法》《投资法》和《BOT 法》等法律内容，确保法律规定优惠措施能够实现（赵宝永，2019）。以基里隆水电站为例，对被投资方涉税政策和法律不明晰导致了企业在无意中触犯了被投资方法律，从而受到惩罚。企业境外投资需要了解被投资方法律体系；税务部门需要了解企业适用税收政策和自身需遵守的税收法律；审计部门需要在遵守审计准则的基础下，了解税务部门和企业的相关涉税法律法规。只有做好充分准备，才能合理规避可能出现的风险。

第四节　完善国有企业境外投资涉税审计的建议

前文分析了一些境外投资国有企业涉税案例。通过案例的佐证，详细说明了国有企业境外投资涉税审计存在的问题，为了进一步完善国有企业境外投资涉税审计，现提出以下建议。

一、加强对国有企业境外投资涉税风险的审计

加强对国有企业境外投资税收风险的审计有利于增加企业收入水平。企业在境外投资的过程中，通过采取税务风险应对措施，可以从两个方面减少税收成本，增加企业利润。一方面，目前我国"走出去"企业的税收成本中，非税成本要高于纳税成本，这主要是因为企业税务风险防范意识淡薄，常常在无意识的情况下违反被投资方税法，从而遭到税务机关的惩罚。另一方面，企业通过对被投资方税法以及与我国签订的税收协定的合理利用，能够充分享受税收优惠政策；同时，加强对税收风险的审计也有助于创造合法经营的环境，为了更好地融入被投资方进行经营往来，投资企业必须对被投资方税收法律持续学习，一旦对被投资方税收征管制度、反避税条例以及税收协定掌握不到位，就会面临违法的风险，从而对生产经营带来不利影响。

基于境外投资的视角，结合国有企业对外投资经营的主要过程，针对"走出去"的经济活动可能面临的跨境涉税风险，加强对国有企业境外投资税收风险的审计，可以及时维护企业的合法税收权益。

二、深入推进国有企业境外投资涉税审计的跨国合作

主权问题和属地管辖原则的存在影响了境外审计工作的顺利进行。对境外投资国有企业的涉税审计往往限制于被投资方的属地管辖。要想顺利开展境外涉税审计，充分发挥涉税审计的实质作用，客观上来说需要加强各国（或地区）机构和政府之间的合作，开拓多角度、多维度的沟通和交流渠道。这需要我们一方面重视和利用现存的各国（或地区）审计机关和组织等双边机制，加强各国（或地区）审计协同，另一方面将涉税审计协作纳入税收协定，从税收协定层面建立涉税审计的跨国合作机制。最后，在国际审计准则基础上，与各国（或地区）审计机关就审计准则和标准进行磋商和协调，在审计实务上进行指导和协同，进一步减少审计机关执行境外投资涉税审计的困难。倡议和发起国际审计交流，为各国（或地区）审计人员提供互相学习和沟通的机会。

国有企业境外投资审计

在国际合作监管领域,许多机关和部门已经成功建立许多境内外沟通、交流和合作机制。如图9-4-1所示,这是国家税务总局建立的较为完善的"一带一路"征管合作机制,旨在提高"一带一路"沿线国家的税收征管合作与征管能力,解决境外投资过程中的税收争议。

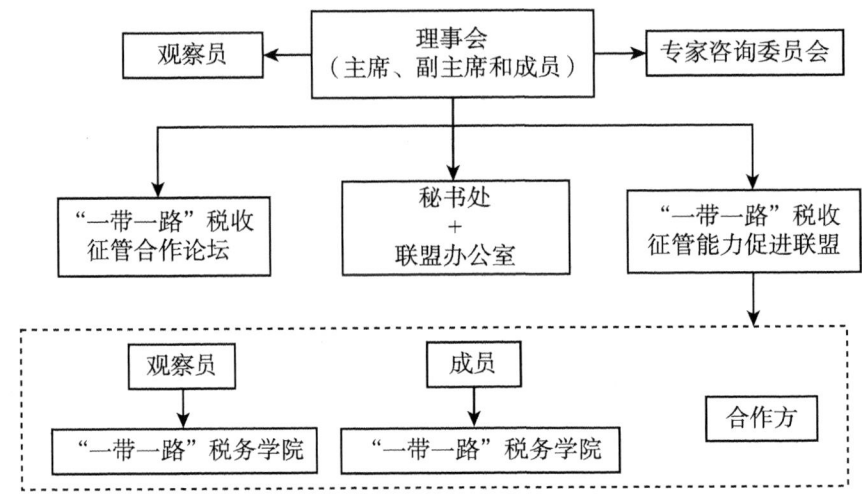

图9-4-1 "一带一路"税收征管合作机制框架

资料来源:国家税务总局.中英对照:图解第一届"一带一路"税收征管合作论坛[EB/OL].[2020-11-03]. http://www.chinatax.gov.cn/chinatax/n101290/c4324827/content.html.

如图9-4-1所示,在国际合作监管领域,许多机关和部门已经成功建立许多境内外沟通、交流和合作机制。国家税务总局建立"一带一路"税收征管合作机制,助推企业"走出去",为企业境外投资保驾护航。这些已经建立的沟通与合作途径都为国有企业境外投资审计提供了借鉴和铺垫。我国应注重对"一带一路"沿线国家涉税审计服务平台的建设,与被投资方携手构建企业投资公共服务平台和税收风险预警体系,让企业充分掌握相关信息,从而做出科学和正确的海外投资决策。另外,我国应积极与各国(或地区)签订或升级双边税收协定,在投资双方居民地设立涉税审计合作机制,有效促进双方审计和税务部门的合作,进一步明确税制差异并减少双方行使征税权的冲突,规范企业投资行为,提高税务部门征管效率和强化审计部门监督功能(张述存,2017)。这也能够克服境外企业的抵触,增强税企之间的配合。从现实情况来看,我国税务部门也在积极促成国际征税合作。为推进境外投资企业更加顺利的"走出去",国家税务总局在2019年4月召开了税收征管合作论坛,有85个国家(或地区)、16个国际组织以及多家学术机构、跨国企业代表出席了论坛。此外,国企境外投资涉税审计也可以由政府依法委托给合格的第三方,借助社会审计并购买服务的方式由第三方从事境外投资审计,将第三方审计报告或会计信息当作外部证据,由审计机关在法律规定范围结合内部审计工作再进行审计。

三、调整国税地税合并后涉税审计的方式

1994 年中央进行分税制改革，税收审计工作随之一分为二：国家税务局系统由审计署及特派员办事处负责审计，地方税务部门由地方审计机关负责审计。历经 24 年国地税分离之后，2018 年国税地税正式合并为一家。国税地税机构合并，税务部门在职责职能和管理方式上，比合并前有实质性的不同。机构合并之后，税收收入、非税收入由一个部门征管；中央预算、地方预算（税收）由一个部门执行；建立了以国家税务总局为主与省（自治区、直辖市）人民政府双重领导的管理体制。面对上述变化，税务机关如何依法高效地开展国有企业境外投资税务审计，是合并后的税务机关必须面对的一个课题，在这里提出以下两点建议：

第一，把税务审计当作维护企业利益的有效手段。税务审计的目标是规范境外投资涉税行为，提高企业税收管理水平，因此，税务审计应该作为防患于未然的手段，而不应该以惩罚为目的。在国税地税合并稳定后，税务机构有了统一的执法口径，企业应该结合自身实际的经营情况，与税务部门做好沟通与协商，确保税收政策落到实地，维护企业利益。在国税地税合并的背景下，税收审计应成为政府和企业之间沟通的良好纽带，及时并准确地将企业的涉税事项变化和诉求传达给税务部门。同时，企业要想稳定且长久的发展，则必须不断强化税务管理工作和完善税收管理水平，积极地与税务机构沟通，才能完整地享受国税地税合并带来的好处。

第二，将税收审计作为实现审计全覆盖的工具。随着涉税审计的快速发展，现在的税务审计范围进一步拓宽。税务机关应顺应国税地税合并的趋势，对部分职能部门做出相应的调整。由税务审计对企业进行纳税审计，由审计机关对税务部门进行全面审计，并进行适当的延伸审计，税务审计和税收审计做到互补互利，共同参与存在较多问题的纳税人审计工作，实行分头检查、统一调度、信息和成果共享的审计策略，调动各级审计资源实现审计全覆盖。

四、推进涉税审计的制度建设

完善的制度是保障涉税审计工作有效运行的前提，但是目前我国的涉税审计却依然存在许多问题需要去解决。

首先，国家审计能够进一步提升企业税收优惠政策的激励效果，审计的监督和调节效应受到法律环境的影响，地区法律制度较好，审计效果越好。因此，有必要加强涉税审计的法制建设，出台专门的涉税审计法律法规，规范涉税审计工作。明确税收审计和税务审计概念、审计工作和职能的差异，划分各自工作和职能范围，避免审计工作存在大量重合部分。同时，我们需要完善从业人员的选培制度，提高审计人员的专业胜任能力。应注重从业人员的外语、计算机、熟悉国际税收条例以及反避税等方

面的能力,建立一支专业能力强且能够胜任的审计工作队伍,提高涉税审计工作效率,降低审计风险。

其次,部分西方国家为加强涉税审计力度,设立了专职涉税审计机构。例如,加拿大政府为加强税务审计工作,专门成立审计工作指导委员会,负责对税收违章案件的选案和审查。同时,政府授予审计部门一定的权力(刘志芳、郭东,2018)。美国除成立专门的审计班子外,还特别强调严格执行税务审计程序(夏智灵,2015),这些国家的做法值得我国借鉴。为了强化我国对国有企业境外投资涉税审计的力度,我国可以在审计部门设置专职的境外涉税审计机构,作为一种常规性的境外税收监督手段。

最后,境外投资企业具有较为先进的战略管理理念、复杂的跨国交易事项,国有企业也往往具有健全的财务核算体系和较为完备的信息管理系统。大数据时代,依托数据库建设的税务管理系统是必然趋势。大企业股权、经营结构庞大,经营范围广,其包含会计经营信息量巨大,采用传统的税务审计方法监督,无法识别当今全球化背景下各大企业纷繁复杂的手段。建立现代化大数据管理的税务管理平台,能够为涉税审计工作提供便利。因此,现代化税收审计系统应当具备大数据管理分析、实时监测企业异常变化、对企业进行常规或不定期监测检查等复合型功能。让审计工作人员开展工作时,拥有一个数据完备、分析能力强劲的支撑平台(李成艾、何小宝,2019)。各级审计局应在理论和实践上探索境外投资税收审计的信息化建设,以提高税收审计的工作效率和质量。

第五节 国有企业境外投资涉税审计案例分析

为进一步研究税务审计在国有企业境外投资项目中的实际应用问题,本节以境内国有企业C公司在肯尼亚承包工程项目公路B作为分析对象,运用风险导向的税务审计方法,按照普遍采用的税务审计流程,对该项目实施税务审计。案例分析首先简要介绍C公司当前运营和B项目经营情况,然后对公路B项目境外投资涉税情况进行分析,最后按照"审计准备—案头审计—现场审计—审计结果"的审计流程对该项目开展税务审计。

一、境外工程承包业务背景介绍

(一)案例选取

在前文分析国有企业境外投资审计的过程中,我们发现,近年来境外承包工程项目在国有企业境外投资中所占比重逐渐增长，承包工程项目具有金额大、周期长以及经营复杂的特点，是我国国家审计重点关注的对象。肯尼亚是我国"一带一路"倡议中合作较多的国家，其特色的经济环境在"一带一路"沿线国家中具有较强的代表性。C公司是我国国有企业境外投资的领军企业，连续多年入选国际工程承包目录，其专业资质水平较高，配备完善的产业链条，具有独立承接大型工程项目的能力，代表了大多数"走出去"的工程承包企业。

在选取案例时，除了考虑承包项目所在国及承包企业外，也参考了该项目的工程造价的涉税情况。该工程不仅涉及中国的增值税、企业所得税，还涉及肯尼亚的企业所得税、增值税、关税以及常设机构认定和经济环境判断等方面的问题，具有鲜明的代表性。

（二）B项目背景介绍

C公司是国有控股的上市公司，系一家大型工程承包企业，同时开展境内、境外工程承包活动。作为福建省最早"走出去"的对外经营龙头企业，C公司已在全世界30多个国家和地区建设了100多个项目，并连续25年跻身美国《工程新闻纪录》(ENR)杂志"全球最大250家承包商"，在市场上十分具有竞争力。在澳大利亚、菲律宾、肯尼亚等国以及中国香港和内地部分省市设立子公司、合资公司和分支机构，公司拥有全资及控股企业40多家。

公路B项目位于肯尼亚，是一条行程为150千米的A级公路，工程造价折合人民币9.81亿元，建设周期36个月，项目横跨多个平原、丘陵、河谷，施工勘测与工程图纸绘制需要较高的技术含量。B项目是一条重要公路的中间段，距离肯尼亚最大的港口蒙巴萨的直线距离420千米，距离肯尼亚首都内罗毕400千米，是一个重要的交通枢纽中心。

（三）B项目涉税环境介绍

2017年前后，肯尼亚已与全球几十个国家签订了双边投资保护协定，整体投资环境较好。肯尼亚重视外资引进，1964年该国颁布了《对外投资保护法》，鼓励外资企业和外国资本与当地政府开展项目合作进行投资。2015年7月，肯尼亚财政部长宣布废除外资对本地公司所有权的限制，以吸引外资。同时，肯尼亚也存在税务管理电子化水平不足、设备较为落后、税收征管不够规范、监管漏洞较多的情况。由于整体发展不够科学，肯尼亚也存在贪污腐败情形，导致外来投资企业的综合运营成本较高。这也表明税务审计的职能可能具有较大的发挥空间。

中肯两国于1963年12月14日建交，签署了《中华人民共和国和肯尼亚共和国经济技术合作协定》《中华人民共和国和肯尼亚共和国贸易协定》等双边经贸文件。自 2013 年中肯共同决定建立全面合作伙伴以来，中国已经成为肯尼亚第一大贸易伙伴、第一大工程承包商来源国以及第一大贷款国。2017 年，肯尼亚与我国税务总局签订了《中华人民共和国政府和肯尼亚共和国政府对所得避免双重征税和防止逃避税的协定》及议定书，但需要注意的是，中国虽然已与肯尼亚签订避免双重征税协定，但这些税收协定截至 2021 年初仍未生效，因此中国居民赴肯尼亚投资仍应遵循肯尼亚国内税法相关规定。

二、境外工程建设项目涉税情况分析

（一）项目涉及肯尼亚税收法律情况分析

肯尼亚的主要税种有企业所得税、增值税、关税和消费税这四种，其中公路 B 项目在肯尼亚主要涉及企业所得税、增值税和关税这三类税种。

1. 企业所得税

肯尼亚税收法律认为，一家企业如果是按照外国法律注册成立的，且其管理活动和控制权都不在肯尼亚境内时，那么该企业构成肯尼亚的非居民企业。同时，非居民企业在肯尼亚通过固定场所（如办事处、分支机构、工厂、车间等）开展经营活动将构成常设机构，超过 6 个月的建筑工地也会构成常设机构。我国 C 公司通过在肯尼亚设立分支机构来承包公路工程项目，由于驻扎时间较长，超过了 6 个月，因而该分支机构被视为常设机构，C 公司也属于在肯尼亚设立常设机构的非居民企业。除特定行业享受企业所得税减免外，肯尼亚对本国居民企业统一实行 30% 的企业所得税税率制度。外国企业设立在肯尼亚的分公司和常设机构的营业收入，适用的企业所得税税率为 37.5%。

2. 增值税

C 公司在肯尼亚承包建设 B 公路时，需要在当地购买工程材料和服务，因此需要负担当地的增值税。根据肯尼亚税法规定，纳税人销售商品或提供服务产生的应税销售额在 12 个月内达到或者超过 500 万先令（肯尼亚币）时，就要登记并承担纳税义务，增值税的一般税率为 16%。年营业额不超过 500 万先令的居民纳税人可按照季度营业额 3% 的税率缴纳税款，3% 的税率不适用于租金收入、管理费和培训费等费用。同时，在这种情况下纳税人也不需要注册成为增值税纳税人。

3. 关税

肯尼亚境内劳动力资源较丰富，技术性资源却较为缺乏，然而公路 B 项目对设计、勘测等技术性服务需求量较大，因此项目组只得从肯尼亚境外进口服务，这一过程涉及关税计算的问题。肯尼亚目前仍使用单式税则，关税类型是从价税。肯尼亚征收关税的纳税义务人为肯尼亚进口货物的企业和个人。B项目组在进口货物和服务时，要清晰界定货物类型和对关税金额进行准确的测算。目前，肯尼亚依据《东非共同体海关管理法》征收关税，东非成员方共同对外关税税率主要分为三档，如表9-5-1所示：

表9-5-1 东非部分关税税率

货物类型	税率
原材料、生产资料、纯种动物、药品	0
半成品	10%
产成品	25%
其他	—

（二）项目涉及中国税法情况分析

从事境外投资的国有企业要按照国内税法规定缴纳企业所得税、增值税等常规税收事项，派遣出去的中国员工也要注意个人所得税的申报问题。该工程项目除了需要执行一些必要的备案手续、提交证明材料以外，往往还涉及多种税收优惠条款。在境外设立分支机构并构成常设机构的企业，其境外已纳税额可以在中国企业应纳税额中抵扣。境内企业在境外投资获得的股息、红利也免予缴纳增值税。值得注意的是，该项目所在国经济发展水平不高，在技术、设计和制造等方面发展较为落后，可能需要工程项目组从境内大量进口货物或服务，因此，关税的情况也值得关注。

除了税收计算问题以外，企业和税务部门还需要重点关注企业在肯尼亚投资可能遇到的税收风险。我国国家税务总局出具的《中国居民赴肯尼亚投资税收指南》中指出，投资企业需要格外关注信息报告、纳税申报、调查认定和享受税收协定待遇等风险，充分了解国内和被投资方的法律，避免企业投资过程中存在较多税务问题隐患。

三、境外工程建设项目税务审计分析

如图9-5-1所示，在实务中，税务机关开展税务审计的流程一般是：审计准备—案头审计—现场审计—审计终结，本次案例分析也按照该审计流程，力求最大限度还原税务审计实况。

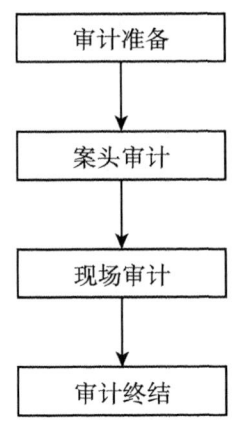

图 9-5-1 税务审计流程

(一) 税务审计准备

1. 风险评估

在了解肯尼亚发展情况时发现，该国的税务部门行政工作效率较低，税务管理水平不高，互联网设备发展比较落后，税制的漏洞也比较多。因此，外来企业在该地投资时面临较为昂贵的沟通成本和经营成本。同时，该公路工程承包项目建设路线横跨多个平原、丘陵、河谷，施工勘测与工程图纸绘制需要的技术含量极高，对专业技术和专业人员的需求量极大，而肯尼亚在这方面的人才极其匮乏，导致工程建设人才与技术人才存在较大的缺口，且肯尼亚本国的技术与设备也较为落后，无法满足工程项目建设需求。另外，我国虽已与肯尼亚签订税收协定，但实际上税收协定并未落到实处，那么外来投资企业可能面临多种税收争议等问题，面临双重征税的风险，并缺乏相应的双边协商机制，因此企业可能承担较大的税负成本。

2. 企业自查

企业自查主要是由税务审计项目组下发自查文件，要求企业内部组织人员填列指定资料，然后将结果上交审计项目组。自查的主要目的是帮助企业对自身涉税情况进行自我梳理和了解。本次税务审计项目企业自查工作从 C 公司开始，逐渐向 B 项目延伸。B 项目作为境内企业跨境工程承包项目，需要向当地主管税务机关提交必要的文件证明等材料，也需要进行纳税情况、投资情况等的报备，除此之外企业需要对表 9-5-2 中列明的自查要点内容进行自我检查。

表 9-5-2 项目自查要点

要点	具体项目
B 项目经营数据	主营收入、期间费用、采购费用、特许权使用费等
B 项目税负情况	增值税、企业所得税、关税等
B 项目税收政策适用情况	税法条例、税收协定、税收减免等
其他	税企争议事项、以前年度审查事项等

3. 审计计划

审核企业为一家大型工程承包企业，在肯尼亚从事工程承包活动。有关活动从 2016 年开始，至今已有近 4 年，但工程尚未全部完工。在实施 2019 年度税务审计时，应重点关注企业的纳税金额、程序是否准确、合规，企业 2019 年填报过程中是否按照正确的计量方式确认可在 2019 年税前扣除金额以及具体的纳税情况等。审计小组开展审计的计划主要有以下方面，如表 9-5-3 所示：

表 9-5-3 公路 B 项目税务审计计划

要点	内容
已知存在的问题及拟实施的重要审计程序	提交的资料是否准确、合规，期间费用扣除是否正确，固定资产折旧计量是否合规，所得税汇算清缴是否正确等
重要性水平	税务审计项目无重要性水平，只要发现应纳税调整事项，就应建议企业认可调整，否则应在报告中报告有关风险以及我方责任免除项目
项目组安排	一共 8 人，包括 1 个项目经理、1 个现场负责人、5 个审计助理和 1 个复核人员
工期	预计现场工作工期为 15 个工作日，成本约 10 万元，收费 12 万元，成本覆盖率为 83%
其他说明	本项目比较复杂，标准化底稿不适用，需要现场工作人员根据具体情况编制适用底稿

（二）税务审计实施

1. 案头审计

案头审计是指税务审计人员在不进入现场的情况下，通过文件审查方式，对企业及其关联企业的职能进行综合分析，了解被审查单位的生产活动内容、方式、收入确认、财务核算等内容。

国有企业境外投资审计

经过前期的税务审计准备阶段,项目组成员对 C 公司的内部管理和控制情况有了大致了解,对 C 公司 B 项目的收入、运营情况、税收环境、涉税等情况基本掌握。由于该工程项目位于境外,境内只有较多的纸质资料和文字记载资料,因此可以进一步开展案头审计。项目组通过对工程项目纳税情况、工程项目税收优惠政策适用情况和工程项目面临的税收风险等进行系统的排查,选取疑点和风险较明显的地方进行进一步核查。

(1)审查境外承包工程项目纳税情况。根据肯尼亚税收法律规定,驻扎满 6 个月的分支机构会构成肯尼亚的常设机构,需要承担一定的纳税义务。C 公司从事境外承包 B 项目需要在被投资方设立分支机构,项目组首先应判断该分支机构是否构成常设机构,再确定分支机构的盈利情况,判断该架构在中国和肯尼亚分别承担的涉税事项和税负问题,最后审查该公司的纳税情况。

根据公开资料,审计人员列明该项目取得的收入在肯尼亚适用的税率,如表 9-5-4 所示:

表 9-5-4 B 项目涉及的部分税种、税率及具体内容

国别	税种	税率	具体内容
中国	增值税进项	17%	项目运营单位在项目建设方面主要以信托资金作为项目建设的可抵扣部分
		6%	营改增后境外工程适用税率 17%
	进口关税	0	在六个月内的施工机械设备采购总额
	印花税	0.5%/0.3%	工程现场勘察基于合同价款的 0.5% 建筑安装承包合同基于项目投资利润的 0.3% 合同购销总金额的 0.3%
肯尼亚	所得税	37.5%	中国企业设立在肯尼亚的常设机构的营业收入,适用的企业所得税率为 37.5%
	增值税	16%	应税销售额在 12 个月内超过 500 万先令时,增值税的一般税率为 16%
	预提税	10%	在肯尼亚国内获得的利润所得汇回国内时需要向肯尼亚缴纳 10% 的预提税

根据财务资料,审计人员整理出该常设机构的营业收入、支出以及营业外收支,并获得了利润总额的情况,如表 9-5-5 所示:

表 9-5-5　2019 年营业收支、营业外收支及利润总额情况

类别	项目	金额/元
利润总额计算	一、营业收入	52206311.07
	减：营业成本	31027764.27
	减：税金及附加	6830650.21
	减：销售费用	5238851.39
	减：管理费用	4359878.14
	减：财务费用	-118446.15
	二、营业利润	4867613.21
	加：营业外收入	824180.47
	减：营业外支出	237741.00
	三、利润总额	5454052.68

除了审查财务数据以外，审计人员还应查阅常设机构的信息报送和税务登记是否合规，并根据纳税申报表、完税凭证等资料审查 B 项目的纳税情况是否合规，结合分析人员已经掌握的税负预测，观察企业是否正确地运用税率和纳税程序。同时，要密切关注该境外承包工程项目是否存在国际避税、偷税、漏税和不当的税收筹划情况。

根据有限的纸质资料判断该常设机构的纳税情况，结合以前年度审查事项结果，依据重要性原则，选取重点涉税风险进行进一步的核查，进而对深层次的税务风险进行识别、验证和确认。

（2）利用云平台发现税负疑点。B 项目位于较远的东非国家，审计人员难以及时有效地获取更多详细信息。此外，B 项目是 C 公司在肯尼亚承接的第一个大型工程建设项目，投资所在国在工程机械设备与技术方面发展较落后，存在一定的欠缺，因此项目在建设过程中使用的大部分机械设备都由中国制造。通过云平台对 B 项目工程材料采购进行监控时发现，C 公司利用在肯尼亚设立的子公司与 C 公司在迪拜设立的子公司签订设备代购合同。C 公司在迪拜设立的子公司按照 5000 万元的设备采购价格从 C 公司采购相关的设备，然后按照 8000 万元的价格将其转卖给在肯尼亚的子公司。根据迪拜和肯尼亚税法规定，迪拜子公司在这过程中多出的部分无须缴纳任何税款，企业成功实现了减轻税负的目的。审计人员需要继续深入审查，寻找该税收筹划是否违规，是否存在涉税风险。另外，根据企业上交的纳税申报情况表，审计人员发现 C 公司在一些费用和固定资产的处理上，与税法的规定存在一些差异，如表 9-5-6 所示：

表 9-5-6　分支机构部分费用处理的税会差异

事项	差异
业务招待费	《中华人民共和国企业所得税法实施条例》规定："企业发生的与生产经营活动有关的业务招待费支出，按照发生额的60%扣除，但最高不得超过当年销售（营业）收入的5‰"；会计上在计算会计利润时允许全额扣除
职工福利费	《中华人民共和国企业所得税法实施条例》规定职工福利费不得超过职工工资总额的14%；会计上在计算会计利润时允许全额扣除
行政罚款	《中华人民共和国企业所得税法》规定在计算应纳税所得额时，罚金、罚款不得税前扣除；会计上在计算会计利润时允许全额扣除
税收滞纳金、加收利息	《中华人民共和国企业所得税法》规定税收滞纳金和加收利息不得税前扣除；会计上在计算会计利润时允许全额扣除
固定资产累计折旧	企业采取的固定资产预计寿命和折旧方法与税法规定存在差异；会计上按照企业会计准则计算固定资产累计折旧

税会差异可能会引起企业少交、多交或是漏交企业所得税，进而违反税收法律导致受到税务部门的罚款，因此，审计人员需要进一步查明差异。

（3）审查境外承包工程项目税收优惠政策适用情况。B项目是中国国有企业在境外开展的工程承包项目，适用中国国内税法、肯尼亚税法以及享受一定的税收优惠政策和税收协定等，因此税务人员要审查企业是否正确地适用相关税收优惠政策。依据现行国内税法、审计法和相关会计准则等法律条文，结合企业已有纸质资料审查A公司境外投资时向税务部门提交资料的真实性和合规性，审核适用的税收法规政策、税收优惠政策是否符合规定，同时判断是否向主管税务部门提交关于免税、减税等政策适用的资料报备或是申请材料，审查是否存在错用、漏用和虚假适用税收政策或协定等情况。

（4）核查境外承包工程项目税收风险情况。B项目是"一带一路"倡议中典型的境内企业跨境承包工程项目投资活动，涉及中国与被投资方的政治、文化、法律、税制差异等很多方面的差异。工程项目涉及大额资金流动，牵涉的法律条文也较为繁杂。因此，需要格外关注税收风险方面的问题。根据前文的分析可知，该项目采用转让定价规避了部分税负，那么审计人员需要重点关注双重征税、转让定价、资本弱化等涉税风险，帮助企业进行合理的税收筹划，科学运用双方税收政策和相关协定，避免企业陷入滥用税收优惠政策进而滋生偷逃税的想法。审计人员帮助企业发现税务风险后进一步引导和帮助企业建立、完善和加强税收风险的控制机制和解决机制。

2. 现场审计

针对上述案头审计环节重点关注的内容和发现的疑点、风险，审计项目组成员进一步开展现场审计工作，审计人员综合运用检查、观察、咨询等审计程序，按照税收法律的规定，实地排查分析疑点，获取所需要的审计证据，并进行纳税调整。具体来说，首先，审计人员观察相关业务流程和人员工作过程，考察工程建设场地具体施工情况和场所构成，并进行影像和纸质记录。其次，采用约谈、检查、专题调研等方式，与重要项目组人员进行沟通，对上述重点关注和疑点问题进行确认，综合考察之下获取最接近真实的信息。最后，结合大数据审计和第三方审计工作成果初步确认所获取的审计证据的真实性和有效性，挖掘更多隐蔽的涉税信息，保障与前面审计流程中所获得信息的一致性。若发现与前面流程中获得的信息有不一致的地方，则需要对有争议的地方采用多方信息和调查来核实其正确性，要充分发挥税务审计的监督职能。

经审计，2019年该分支机构需要进行纳税调整的项目如表9-5-7所示：

表9-5-7 税务审计所得税汇算清缴调整

纳税调整	项目	金额/元	税务审计小组意见/元	企业意见
纳税调增事项	业务招待费	52539.45	调增额：52539.45	同意
	视同销售收入	201962987.53	调增额：201962987.53	同意
	职工福利费	65262.60	调增额：65262.60	同意
	税收滞纳金、加收利息	134750.00	调增额：134750.00	同意
纳税调减事项	视同销售成本	171687444.69	调减额：171687444.69	同意
	其他收入	1262707.17	调减额：1262707.17	同意
	特定行业纳税调整	18786136.49	调减额：18786136.49	同意

将整理好的纳税调整项目与企业计算出的利润总和相结合，按照肯尼亚税法规定，计算C企业的B项目境外所得应承担的被投资方税负，如表9-5-8所示：

表9-5-8 B项目年度纳税调整明细

类别	项目	金额/元
应纳税所得额计算	利润总额	5454052.68
	加：纳税调整增加额	215090062.64
	减：纳税调整减少额	184258375.88
	纳税调整后所得	36285739.44
	应纳税所得额	36285739.44

续表

类别	项目	金额/元
应纳税额计算	税率	37.5%
	应纳所得税额	13607152.29
	应纳税额	13607152.29
	实际应纳所得税额	13607152.29
	减：本年累计实际已缴纳的所得税额	7862409.22
	本年应补（退）所得税额	5744743.07

根据现场审计的结果，结合前文审计准备、案头审计所获取的信息和资料，形成审计报告，给出审计意见。

（三）税务审计终结

审计人员依照流程完成审计工作后，需要汇总相关的税务审计结果，出具企业税务审计管理建议书。让C公司全面了解其项目运行情况、税务管理水平以及税收风险防控问题，帮助C公司规范税收筹划、税务管理，提高税收风险防控和建立更完善的涉税风险内控制度。同时增强企业对项目管理、纳税遵从的意识，最终帮助C公司更加顺利地实施境外工程建设项目活动，降低其经营成本、规避税收风险并减轻其纳税负担。

本章小结

从2020年两会政府工作报告和人大代表、政协委员的提案来看，企业"走出去"和"一带一路"倡议依然是两会重点关注的议题，也是未来经济建设重要方向。在这过程中，国有企业境外投资的涉税审计工作需要发挥其职能作用。在国际税收环境剧烈变化下，传统的涉税审计难以满足促进纳税遵从、提高征管水平和规范企业管理等要求。本章从税收和税务两个维度，首先，梳理了国有企业境外投资的主要涉税事项，理清涉税审计的范围、目标和重点，阐明了涉税审计现状。其次，列举部分国有企业境外投资实例，揭示国有企业境外投资涉税审计存在对税收相关法律法规不甚了解、跨国合作不充分和审计体制建设不完善等问题。再其次，提出需要通过加强境外投资税务风险审计，促进国有企业境外投资涉税审计的跨国合作、调整国税地税合并后涉税审计的方式和完善涉税审计的制度建设等举措来应对挑战。最后，部分引用了国有企业 C 公司在肯尼亚承包的公路 B 项目，对 B 项目实施了税务审计，展现了税务审计在实务中的应用情况，帮助读者更加直观地理解税务审计，并更好地了解国家审计在国有企业境外投资中的应用问题。

主要参考文献

北京市地方税务局,2017.服务"一带一路"战略 助力企业"走出去"税收指南[M].北京:中国税务出版社.

本刊,2017.2017年二季度国外智库多边机构观点综述[J].中国财政(15):78-80.

蔡春,朱荣,蔡利,2012.国家审计服务国家治理的理论分析与实现路径探讨:基于受托经济责任观的视角[J].审计研究(1):6-11.

陈庭玮,吴岳,2018.国有企业领导人经济责任审计风险成因与管控措施探究[J].会计师(23):49-50.

陈新秀,2017.加强国有企业境外投资审计的若干思考[J].时代金融(6):119.

陈莹婷,2016.投建营一体化重铸企业核心竞争力[J].国际工程与劳务(11):40-41.

陈昱帆,2018.中央企业境外投资业务审计问题研究[J].商业会计(17):85-87.

褚威,2018.基于云平台架构下的协同审计模式探讨[J].企业改革与管理(5):109-110.

方芳,陈佩华,2017.我国企业境外投资的涉税风险及防范[J].税务研究(12):96-98.

高晓霞,2018.论党和国家监督体系中的审计监督:政治逻辑、治理功能与行动路向[J].江海学刊(6):122-128,255.

顾燚,2019.政策效果审计在我国的完善与应用研究[J].江苏商论(12):83-87.

国家税务总局,2019.国别(地区)投资税收指南[EB/OL].[2019-11-25].http://www.chinatax.gov.cn/chinatax/n810219/n810744/n1671176/n1671206/index.html.

郝玉贵,赵晨,郝铮,2016.中国"一带一路"战略与沿线国家协同审计[J].财会月刊(1):63-67.

《境外企业审计》课题研究组,1994.关于境外企业审计的综合研究报告[J].审计研究(2):1-7.

李成艾,何小宝,2019.大数据审计组织方式的探索与创新[J].审计研究(5):23-29.

李慈强,2014.完善国有企业境外投资监管的法律制度[J].唯实(3):58-60.

李海燕,李新净,任双梅,2010.境外国有资产审计探讨[J].财会月刊(2):66-67.

李俊锋，王朋吾，2017. "一带一路"境外投资风险防范机制研究［J］. 改革与战略，33（11）：171-173，186.

李兰雄，2017. 国有企业境外投资审计的重点［J］. 中国国际财经（14）：109-110.

李淼，2010. 论境外国有资产审计的基本问题［J］. 财会通讯（28）：130-132.

李清文，2008. 我国境外投资风险防范的几点构想［J］. 湖南工业职业技术学院学报，8（6）：43-45.

李琬珩，唐滔智，2015. 国有企业境外资产审计研究［J］. 商业会计（20）：14-16.

李晓冬，2020. 精准扶贫政策落实跟踪审计三维逻辑框架的构建：基于公共政策评估标准视角［J］. 财会月刊（3）：113-116.

李学岚，2011. 我国境外国有资产审计探析［J］. 现代审计与经济（5）：8-9.

李铮，2018. "一带一路"国际项目融资风险及管控措施分析：以老挝某电力投资A项目为例［J］. 财务与会计（14）：14-16.

李志鹏，沈梦溪，2015. 中国企业境外并购财务安排现状、问题及改进建议［J］. 中国注册会计师（4）：65-68.

厉国威，葛鹏辉，2020. 新时代国家审计机关与中央审计委员会的功能融合［J］. 会计之友（17）：127-130.

梁晋，2016. 工程项目承包模式类型及优缺点［J］. 中国招标（24）：34-37.

林忠华，2016. "一带一路"战略背景下国有控股企业境外资产审计研究［J］. 新疆财经（2）：22-27.

刘家义，2016. 刘家义审计长全国审计工作会议上的讲话［EB/OL］.［2016-12-29］. http：//www.yueyang.gov.cn/sjj/8718/content_674327.html.

刘建波，2010. 企业并购财务分析及财务风险控制［J］. 财政监督（4）：70-71.

刘伟，2017. 加强境外国有资产审计 服务"一带一路"战略［J］. 审计月刊（10）：17-19.

刘志芳，郭东，2018. 国外税收审计的经验分析与借鉴［J］. 商学研究，25（1）：53-58.

鲁心逸，2015. 加强境外国有企业并购审计监控［J］. 新会计（2）：46-48.

吕超，2019. 中国企业对外投资的特征、政治风险与应对策略［J］. 河南社会科学，27（5）：68-74.

马广军，2017. 加强境外审计的必要性及路径［J］. 现代审计与经济（3）：35-37.

马海涛，王爱君，2010. 后危机时代经济应对方略研究：从罗斯福新政谈起［J］. 财经问题研究（4）：28-35.

马金城，2011. 资源目标型企业境外并购的困扰因素与改进策略［J］. 宏观经济研究

（11）：10-16.

马轶群，倪敏，李男，2020."一带一路"倡议、国有企业境外投资风险和国家审计治理［J］. 山西财经大学学报，42（7）：114-126.

迈尔-舍恩伯格，库克耶，2013. 大数据时代［M］. 盛扬燕，周涛，译. 杭州：浙江人民出版社.

牛彦绍，2017. 论政策措施落实情况跟踪审计的内涵和目标［J］. 河南工业大学学报：社会科学版，13（6）：57-60.

潘孝珍，燕洪国，2018. 税收优惠、政府审计与国有企业科技创新：基于央企审计的经验证据［J］. 审计研究（6）：33-40.

乔依德，陈竹，范晓，等，2018. 中国企业海外直接投资风险识别与防范［J］. 科学发展（10）：72-80.

秦伊，2017. 央企境外业务政府审计研究［J］. 时代金融（5）：228，234.

瞿良泉，2015. 浅谈境外国有资产审计［J］. 时代经贸（7）：88-91.

单淑敏，2014. 基于境外投资风险点的国有企业境外业务内部控制审计新路径选择研究［J］. 中国管理信息化，17（4）：6-9.

沈华，史为夷，2017. 中国企业海外投资的风险管理和政策研究［M］. 北京：商务印书馆.

沈葳，2019. 认真贯彻落实"两统筹" 大力推进税收审计全覆盖［J］. 中国审计（15）：25-26.

审计署贸易审计局课题组，虞伟萍，汪春贵，张玉竹，2013. 中央财政专项转移支付资金分配审计的思考：基于2011年内贸发展专项资金分配审计的探索［J］. 审计研究（1）：43-48.

审计署上海特派办理论研究会课题组，居江宁，高杰，王岳剑，等，2020. 大数据技术在国家重大政策措施落实情况跟踪审计中的应用研究［J］. 审计研究（2）：14-21，56.

石佳友，2014. 中欧上市公司审计监管合作法律问题研究［J］. 法学家（1）：142-152，179.

苏丽娟，2018. 中国药企海外并购面临的风险与防范策略［J］. 对外经贸实务（3）：77-80.

陶短房，2007. 六大风险笼罩中国海外投资［J］. 南风窗（21）：48-50.

王克玉，2015. 境外国有企业法律风险管理审计探讨［J］. 审计研究（5）：14-19.

王克玉，2014. 论境外国有企业的审计管辖与法律适用［J］. 中央财经大学学报（6）：60-65.

王乐锦，王群，2018. 境外国有资本投资监管体系构建［J］. 财务与会计（19）：66-69.

王琳，张尤凤，2020. 基于区块链技术的持续审计模型构建研究［J］. 会计之友（19）：154-160.

魏祥健，2014. 云平台架构下的协同审计模式研究［J］. 审计研究（6）：29-35.

夏智灵，2015. 风险导向的现代化税务审计：美国大企业税收管理的经验和启示［J］. 国际税收（5）：51-55.

肖军，刘玉明，2016. 我国国有企业从事境外工程承包业务的现状及发展趋势研究［J］. 建筑经济，37（8）：15-19.

徐薇，2015. 国家审计监督全覆盖的实现路径研究［J］. 审计研究（4）：6-10.

徐源，2014. 境外工程项目审计的重点与难点［J］. 中国内部审计（4）：59-61.

许晖，姚力瑞，2006. 企业国际化进程中国际风险变化特征识别研究［J］. 经济经纬（6）：70-73.

杨宏恩，孟庆强，王晶，等，2016. 双边投资协定对中国对外直接投资的影响：基于投资协定异质性的视角［J］. 管理世界（4）：24-36.

于丁一，2010. 国有企业国外投资风险及其防范对策研究［J］. 金融经济（16）：59-62.

张安康，2019. 政府审计与社会审计资源整合的障碍与克服［J］. 市场论坛（10）：49-51.

张帆，2017. 政府审计与内部审计联动路径创新研究［J］. 财会通讯（28）：84-87.

张红香，2018. 大数据时代下协同审计模式的研究［J］. 中国市场（35）：188-189.

张龙平，李淼，2014. 国有企业境外审计的制度瓶颈及其修正创新［J］. 商业会计（13）：6-10.

张述存，2017. "一带一路"战略下优化中国对外直接投资布局的思路与对策［J］. 管理世界（4）：1-9.

张晓权，2019. "一带一路"沿线国投资法律风险及其防范［J］. 煤炭经济研究，39（9）：79-84.

张欣，2017. "一带一路"背景下国有企业海外并购的趋势、挑战与对策［J］. 国际贸易（11）：34-40.

章迪诚，2008. 国有企业改革30年回顾：改革启程［J］. 中国监察（18）：36-38.

赵宝永，2019. 国有企业境外投资研究：以基里隆电站为例［J］. 水电与抽水蓄能，5(5)：117-120.

郑石桥，2014.政府审计嵌入责任政府制度建设路径研究［J］.学海（3）：116-122.

郑崴，徐峰林，2011.浅析企业对外投资的财务风险及其对策［J］.商业会计（6）：65-66.

周家义，吴超，2017."投建营一体化"实施经验与建议［J］.施工企业管理（9）：35-37.

周美玲，2020.云审计平台下协同国家经济审计模式构建与实施研究［J］.当代会计（7）：85-86.

朱殿骅，2019.政治性是新时代国家审计权的首要属性［J］.审计月刊（10）：8-10.

后 记

不知不觉，从选题讨论到书稿完成经历了 2 年时间。我要感谢为本书提出宝贵修改意见的审计署原副审计长、现审计学会会长孙宝厚，感谢西南政法大学商学院郑国洪教授，感谢给我鼓励和帮助的同事，也要感谢我的研究生谢明珠、汤一凡、陈鸿洋、贾新莉、王学华和凌森同学，在他们的协助下我才顺利完成书稿。

这本书是审计与法治研究中心打造的审计与法治系列丛书之一。选题源于与实务人员的讨论，我们讨论时发现国有企业在"走出去"的过程中遇到一些问题，尤其是投资项目半途而废、资金有去无回等问题，造成了国有资产大量流失。境外投资业务具有特殊性，面临诸多的国际风险，例如，政治风险、法律风险、经济风险和文化风险等。某外经贸公司在非洲投资工程建设项目，项目负责人伪造合同价格转移资金，项目管理不善、偷税漏税，与当地政府关系不融洽，工程进展不顺，投资无法收回。某粮食集团在巴西买地种大豆，投资八九亿元，因法律问题一直没种下大豆，同时因汇率下跌造成巨额资金损失。听到这些，我心头一惊，不禁叹息国有资产的流失，深深意识到我们缺乏对境外投资的有效监管体系，因此，我们审计人员的责任重大。然而，当我翻阅了很多资料，咨询了很多专家后得出的结论是：境外投资业务很难实施审计。于是，决定动笔探讨这个难题，试图为境外投资审计提供微薄的理论依据和实务证据。

本书虽然针对国有企业境外投资审计面临的问题确定了审计范围、目标和重点，并探讨了实现审计目标的多种途径，例如，完善对外投资审计法律环境、利用其他审计机构的工作、协同各审计主体以及利用信息技术联网审计等。但是由于笔者缺乏实务经历，所用语言可能有些枯燥或不符合实际情况，欢迎广大读者提出宝贵建议。本书安排了四章内容，采用案例方式来介绍大数据审计、境外并购审计、境外工程建设项目审计和境外投资涉税审计，试图给实务工作者提供一点参考。但是限于案例资料的完整性和流程设计的合理性,作者仍然担心这些方法是否有价值、是否具有可操作性。

写到这里又想起了孙会长的鼓励:只要有一点点贡献,做研究就有价值,就应该坚持完成!

最后,希望本书能对审计理论界和实务工作有一点点贡献!

吴先聪

2021 年 2 月